数学的な授業を創る

実践編

齊藤一弥 編著

東洋館出版社

はじめに

　早いもので現行学習指導要領が告示されて6年半余りが過ぎ，次期基準の方向性が話題になる時期となりました。この間，多くの授業実践で能力ベイスの算数の授業づくりが試みられてきました。能力を始発点とした目標設定や見方・考え方を基盤に据えた系統の見極め，教科の本質としての内容や方法の再検討，さらには数学的活動の授業への実装など，その取り組みは教育DXなどの動きと連動しながら試行錯誤的に繰り返されてきました。しかし，その一方でコンテンツを基軸に据えた教育課程や旧来の教材分析のままの学習課題の見直し，形式的なプロセスを辿る数学的活動の捉え直しなど，授業づくりの根幹を問い直すための課題が多いのも現状です。

　このような状況を踏まえて，学校における授業づくりのプラットフォームである「NPO法人 エデュ・ネットワーク・プラン」に参加する仲間の学習会においては，「【WHY】なぜ学ぶのか―育成すべき資質・能力の見極め―」「【WHAT】何を学ぶのか―学習対象（内容・方法）の明確化―」，そして「【HOW】いかに学ぶのか―教科らしい文脈の設定―」の3つの視点から，これからの算数の授業づくりの方向性とその具体を真摯に追究してきました。そして，実践研究を通して，授業づくりの始発点として「資質・能力の明確化」「内容と方法の両面からの教材分析の徹底」，そして「数学らしく学び進む文脈の見極め」が大切であり，それが今次学習指導要領に基づく算数の授業づくりの根幹であることを改めて確認しました。

　今回，拙著『数学的な授業を創る』（2021）の続編として，これまでの学習会での研究成果をとりまとめて発信するとともに，今後の実践研究の足掛かりとすることにしましたが，これが資質・能力ベイスのこれからの算数の授業づくりの在り方を語り合うきっかけになると同時にその実現に向けてチャレンジする方々のネットワーク構築を推進することにつながることを期待しています。

　本書を作成するにあたり，NPO法人エデュ・ネットワーク・プランの会員の皆さんには実践研究の提供及び原稿作成に積極的にご協力いただきました。ありがとうございました。また，東洋館出版社の畑中潤氏には刊行に至るまでの企画・編集等に多大なご支援をいただきました。ここに記して感謝申し上げます。

令和5年秋

齊藤 一弥

NPO法人エデュ・ネットワーク・プラン代表理事

https://edu-network-plan.org/

目　次

本書（第2章）の見方

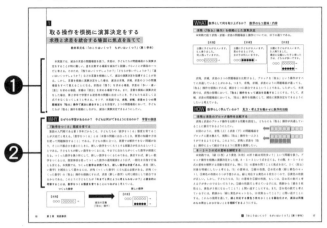

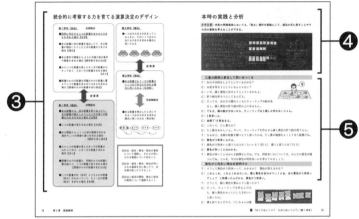

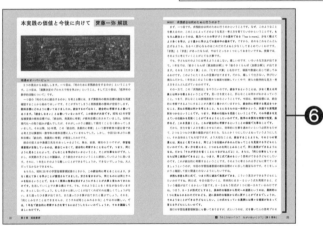

❶ 単元における課題をもとに本実践の
　テーマや取り組みについて書かれてい
　ます。

❷ 「WHY（単元を通して身に付ける資
　質・能力）」「WHAT（学習すべき思考
　対象）」「HOW（数学らしい文脈）」の
　視点から教材分析を行っています。

❸ 本実践の内容を学年間の系統の中で位
　置づけています。

❹ 本時の目標と板書写真です。

❺ 実践記録です。

❻ 齊藤一弥先生による実践の指導コメン
　トです。「なぜ、この授業をするのか」
　「内容の本質は何か」「何を意識して授
　業していけばいいか」等を解説してい
　ます。

第 1 章

論 説

「WHY」「WHAT」「HOW」で描く能力ベイスの学び

■ 子どもが主語

　令和3年1月（同年4月更新）に中教審答申が出され，その中で現行学習指導要領の趣旨実現へ向けた「令和の日本型学校教育」の方向性が示されました。これからの日本の学校教育では，それまでのよさを継承しつつも，現行学習指導要領で目指している「主体的・対話的で深い学び」の実現に向けて，「個別最適な学びと協働的な学び」を一体的に充実させていくことが重要であると指摘されています。

　現行学習指導要領において「資質・能力ベイス」による「主体的・対話的で深い学び」という新しい視点が示され，それを具体化していくために，今度はその実現に向けた「個別最適な学び」と「協働的な学び」の一体的充実という新たな方向が打ち出されたわけです。今，それらをつないで取り組んでいかなければ，学校現場では混乱が生じるだけで現行学習指導要領の趣旨に基づく授業の実現は難しくなってしまうでしょう。

　現行学習指導要領の趣旨を改めて確認すると，**大切にしたいこととして「子ども」を主体にしているということ**が挙げられると思います。令和3年答申の「個別最適な学び」「協働的な学び」も，同様に「子ども」を主体にした学びの在り様を考えていくことを重視しています。教科目標の柱書きにおいても子どもの潜在的な能力としての「数学的な見方・考え方」を引き出すとともに，「数学的活動」を通してそれをより鍛え，広げ，深めていくことが求められています。このように考えると，現行学習指導要領が目指す能力ベイスの授業とは，子どもが潜在的に有する有能さを引き出し，それを活かしていくことを目指していることと言えるでしょう。つまり，これまでは**「個に応じた指導」「補充的・発展的指導」**として，**「指導」の主語が「教師」に置かれていた**ことから，**「主体的・対話的で深い学び」「個別最適な学び」「協働的な学び」に共通する「学び」の主語を「子ども」に置き換えたことに注視すること**が大切です。「子どもがいかなる学びに取り組むのか」と問うていると言えるのです。

　改めて教科目標の柱書きを確認してみましょう。「数学的な見方・考え方を働かせ，数学的活動を通して，数学的に考える資質・能力を次のとおり育成することを目指す」とあります。この中で「数学的な見方・考え方」を働かせるのは誰でしょうか。それはもちろん「子ども」です。また，「数学的活動」を描き推し進めるのは誰でしょうか。これも「子ども」です。さらには，「数学的に考える資質・能力」を育成するのは誰でしょうか。ここで，能力を育成するのは「教師」であると捉えると，それぞれの主語が「子ども」「子ども」「教師」となってしまい整合しません。ですから，最後の主語も「子ども」にしたいわけです。**能力を育成するのは「教師」ですが，「子ども」が数学的に考える資質・能力の成長を自覚するということが必要**と考えれば三者の整合がとれます。つまり，「子ども」が自己の成長をメタ認知するということを意味しているわけです。そして，それが「子ども」が自身の数学的な見方・考え方を成長させていくことにつながっていくのです。もちろん，**子どもの有能さには幅はありますが，必ず何らかの形での見方・考え方を有しており，数学的活動を通して確認して，それを引き出して，活かしていく授業づくりを目指すことが大切になるでしょう。**

■ 子どもの有能さを引き出し，それを活かす授業

　子どもの有能さを引き出し，それを活かすにはどのように学びを創り上げていけばいいのでしょうか。小学校5年で扱う「測定値の平均」の実践事例を通して，授業づくりの具体を考えてみましょう。現行学習指導要領では「量と測定」から「データの活用」へと領域変更になった内容です。

　「弁当屋さんの第4週目の売上数を予想しよう」という場面設定です。弁当屋さんの社長が，「毎週弁当を仕込むのだが，ある週は予定数よりたくさん売れたり，ある週はたくさん売れ残ってしまったり…」と悩んでいます。

第4週の仕込みの量をどのようにして考えるか

	曜日	水	木	金	土	日
第1週	天気	晴	晴	曇	曇	雨
	個数	75	70	50	55	25
第2週	曜日	水	木	金	土	日
	天気	雨	雨	晴	晴	晴
	個数	20	20	80	75	85
第3週	曜日	水	木	金	土	日
	天気	雨	曇	曇	曇	雨
	個数	15	60	55	70	30

　このような状況が続くものだから，なんとかして会社の経営改善を図るために無駄のない仕込み数を考えたいと思っているわけです。そこで，より効率的に売り上げを求めていきたいと子どもたちに「第4週の仕込みの量がうまくいくように設定するにはどうすればよいか」と相談をしたという設定です。そのデータが上表です。数学的活動（統計的探究プロセス）の局面ごとに授業の様子を紹介します。

局面1　数学化　～算数の問題設定～　一応の解決

T：弁当屋さんが販売店を出しています。第1週，第2週，第3週の売り上げが書いてあります。この弁当屋さんは週5日制です。月曜日と火曜日はお休みで，水曜日から日曜日までしかやっていない。この弁当屋さんの社長が皆さんに，「第4週のために一体何個弁当を作ったらいいかを考えてほしい」と言っています。何をお願いされているかわかりますか？

C：はい。

T：第4週も週5日は変わりません。そこで第4週のために弁当を何個仕込んだらいいかということを考えているのですが，どうしたらいいと思う？

C：1週目，2週目，3週目の平均を求めたらいいと思う。

T：第1週から第3週の平均を使ったらいいのではないかということかな。一週間の平均の求め方を知っていますか。

C：はい。

T：どうですか。今のH君の考えは。

C：いいと思います。

T：では，1週目，2週目，3週目，平均を求めてみてください。（平均を求める）

> ここまでがいわゆる**数学化のプロセス**で「平均で求めてみる」という算数の問題を設定しました。最初に教師が提示した「仕込む数をどのように設定するか」は，日常の事象における課題で，既習経験を踏まえて「平均」を使えば解決できると考えて問題を作りました。

C：1週目，2週目，3週目の平均は260個です。

T：260個。つまり，各週の1日の平均の平均を使って考えると260個。これだけ仕込めば いいというわけですね。いいですか。260個で。

C：う〜ん。それでもいいかもしれないけれど，天候でも個数が変わっているから来週の天 気を調べて……。

C：来週の天気がわかれば……。

T：Y君は何が言いたかったのですか。

C：雨の日と，曇りの日と，晴れの日で売れる個数が違うから。

局面Ⅱ　問いの設定　〜批判的思考〜　問いの解決

T：来週の天候がわかればいいというのはどういうことですか。もう一度，説明してくれる かな。

C：雨の日と，曇りと，晴れの日で売れる個数が違うから，天候が雨の日と，曇りと，晴れ の日の平均を求める。

T：今，Y君が何を言っているかわかりましたか。

C：第4週の天気と照らし合わせて……。

T：晴れの日の売れている個数と，雨の日の売れている個数というものを比べてみると，天 気によって売れている個数が違う。だから，来週の天気がわからない限り，個数がわか らないということでいいですか？

C：はい。

T：では，来週の予想天気を教えます。「雨・雨・曇り・晴れ・晴れ」。これでわかりますか？

C：はい。

T：これで計算し直してみてください。どうぞ。ちなみに今度は，晴れの日の平均と，曇り の日の平均，雨の日の平均，列ごとにやってみよう。（列ごとに天候による平均を出す）

（自力解決）

T：晴れ，曇り，雨の売り上げの平均はいくつですか。

C：晴れは77，曇りは57，雨は22。

T：それを今度はすべて合わせてみるよ。計算するといくつになりますか。

C：$22 + 22 + 57 + 77 + 77 = 255$

T：これを全部合わせてみると255個になった。どうですか。さっきの皆さんの問いに対 してどのような結果が出ましたか。相談してみてください。

C：（相談中）

ここから「焦点化された問い」を設定していくことになります。一応の解決はできまし たが，ここで「これで本当に大丈夫か（批判的思考）」という問いが生まれました。 子どもはPPDAC（統計的探究プロセス）のサイクルを回して新たなデータを要求してい くことに慣れていません。「子どもを主語に」「数学的活動を子どもが回す」にしていく ためには，その方法知を指導していくことが大切です。子どもたちの有能さにどのよう にして磨きをかけていけばよいのかが鍵となります。

C：これまでの天気を見て，来週の天気がどうなっているかを調べることが大切ということがわかった。

T：第4週の天気が肝心なわけですね。もし来週ずっと雨だったらどうでしょうか。

C：22（個）×5（日）だから110個。

T：では来週ずっと晴れだったら？

C：77（個）×5（日）

C：385個。

T：全然違いますね。110個と385個では全然違います。だから来週の天気を調べないまま，255個仕込んで，もしも雨続きだったらどのくらい弁当が売れ残りますか。

C：145個。

T：145個って言ったら半分以上売れ残るってことです。逆に全部晴れだったら週に300個以上売れるわけで，毎日売り切れになってしまうよ。最初は平均（260個）で考えていたけれど，それに比べて何個減ったわけですか。

C：5個減った。

T：5個も減っている。一週間で5個だよ。1年だとどうなりますか。大体50週あるけれど。

C：250個。

T：そうだよ。1年間で250個も無駄になるわけですね。でも，天気の平均だけで大丈夫ですか。（データを）よく見てみて。

C：曜日によって売れる個数が違う……かな。

T：データをよく見てみると，もう秘密はないですか。（天気の平均の）数字だけを信用していいですか。

統計的探究プロセスの2巡目を回すことになります。

このように「もう大丈夫か」「本当にこのデータを信用して大丈夫か」「もうこれ以上分析の余地はないのか」と批判的に思考し続けることが大切です。これが「データの活用」領域が設定された趣旨です。このように「数学的な見方・考え方」を磨いていくことが重要です。しかし，子どもたちは自然発生的にこのような関わり方ができるものではありません。授業の中での対話と可視化による明示的指導を繰り返していくことによって子どもが自発的に事象との関わり方を身に付けることになります。

展開Ⅲ　問いの再設定　～批判的思考～　問いの解決

C：曜日によって売れる個数が違う。

T：曜日によって売れる個数が違うわけですね。いつが売れているのですか。

C：日曜日とか土曜日とかが売れている。

C：週末の方が売れる，曜日によって売れる数が違う。

資料には天気と曜日という二つの質的データと売れた個数の量的データが示されています。この質的データと量的データの両面から分析することについて関心をもっています。

C：曜日の売り上げが変わるから，曜日別の平均と天気による平均をかけ合わせるというか……。

T：天気によっても売り上げは変わるし，曜日によっても売り上げが変わるからということかな。

C：はい。

T：水曜日の雨は決まっています。だから水曜日の何を調べたらいいのですか。

C：水曜日に雨が降った場合だから，雨の水曜日には何個売れたのかを調べるということ。

C：曜日別の天気別を出す。

（中略）

T：とりあえず簡単なのは日曜日の晴れですね。いくつですか。

T：足りないのも困るし，売れ残りも困るって言ったときには，この3つのデータのどれを一番信用しますか。どれが大丈夫かなと思いますか。

C：17 + 20 + 50 + 75 + 85 = 247 個。

T：247 個。だからやはり曜日を組み合わせた方がいいということですか。

C：255 個。

T：255 個ですか。

T：これだったらどうなりますか。

C：売れ残る。

T：これは売れ残るね。ということは，これは信用するのかしないのか。

C：しない。

C：その2つの中間かな。

T：この2つの中間ですか。

C：たしてわる。

T：今日ずっと勉強してきて何か気付いたことはありますか。最初みんなは平均で求めようと言ったわけです。だけど……。

C：どんどん問題点が出てきた。

C：一回できたと思ったらまた問題点が出てきて。解決して。また問題点が出てきて……。

T：いいこと言うね。一回大丈夫だと思ったら問題点が出てきて。また「大丈夫かな？」が出てきましたね。また「終わったかな」と思ったら「あれ，大丈夫かな？」が出てきたわけですね。「これ，本当に大丈夫かな？」って考え続けることは大切なことなのです。

クロス集計について考え始めています。2つのことを組み合わせようとしているわけです。同じ晴れでも，週初めと週末では売れる量が違うから，今度は曜日ごとに平均を求めなくてはいけないということです。現行学習指導要領の6年生であれば代表値を用います。3週間よりも多い半年間ぐらいのデータがあれば最頻値や中央値などを用いて考えることもできます。そのような可能性を含んでいます。

この領域の最も特徴的とも言える場面で，最適解，納得解を求めていく場面です。ここでは一人ひとりの主観が入ってきます。追究の最終段階では，客観的な分析だけでなく最後に決めるのは自分というところが他の領域と違うところです。例えば，折れ線グラフの形をどのように解釈するかなども同じです。それは個々の主観であり感覚でもあります。

C: それで段々近づいてくる。

T: 何に近づいてくるの?

C: 正解。

T: でも,この弁当の数っていうものに正解はありますか。

C: ない。

T: ないよね。やってみなくてはわからないものね。

C: いろいろな条件を組み合わせる。

T: そう組み合わせる。条件を組み合わせていくと,段々数字がどうなっていくのかな。

C: 少なくなっていく。

T: 確かに少なくなっていきましたが……この数字は何に近づいていくのかな。

C: 答え。正解。

C: 正解っていうか,第4週に売れる個数に近づいていっている。

T: 要するに売れる個数に近づいていっていると。このことがとても大切だっていうことが今日わかったわけですね。もうこれ以上先はないかな。もう無理ですか。

C: いや。まだある。

T: まだありそうですね。

C: まだありそう。(以下略)

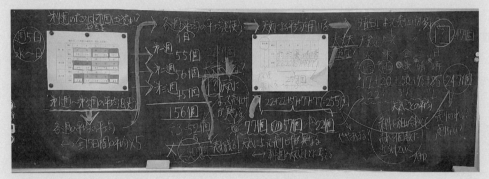

最後の場面では,解決結果の検討ということで,「この授業を通して何をしたのか」を振り返ります。数学的活動の局面でいうとDの局面にあたります。この授業を通して何ができるようになったかということを確認します。今回の授業では正解がありません。解を求めようとするとまた問題が出てきて,それを解決して「いいかな?」と思ったら,また問題が出てきて解決するという繰り返しです。この問題(環境)の中では最適解,納得すべき解を求めていくというプロセスそのものが重要であることを子どもが学んでいくということが肝要です。「データの活用」においては,統計的な問題解決では,結果が定まっていない不確定な事象を扱うため,データの特徴や傾向を捉えても,結論を断定できない場合や立場や捉え方によって結論が異なってくる場合があります。そのため,自分たちが行った問題設定や集めたデータ,表やグラフを用いての分析の仕方など,問題解決の過程や結論について異なる観点や立場などから多面的に捉え直してみたり,誤りや矛盾はないかどうか妥当性について,批判的に考察したりすることが重要になるわけです。

■ 能力ベイスの授業づくりの3つの基本

　この実践を踏まえて，能力ベイスの算数の授業を創るために，「WHY（単元を通して身に付ける資質・能力）」「WHAT（学習すべき思考対象）」，そして「HOW（数学らしい文脈）」の視点から教材分析を行うことの重要性を提案したいと思います。

■ WHY（なぜ・単元を通して身に付ける資質・能力）を問う

　なぜ「データの活用」では「統計的探究プロセス」を重視しているのでしょうか。「科学の言語としての数学」とともに，統計学が有する「科学の文法としての統計的方法」の重要性が強調されて，統計的探究プロセスを経験することで科学的なマネジメントを行いながら自立的に問題解決ができるようにしていこうと，小中高等学校すべての校種の学習指導要領の算数科・数学科に「データの活用」が入ってきました。先進国の中でも統計教育については極めて遅れていて，それが我が国の算数・数学教育の課題でもありました。そこでデータ分析に基づく合理的意思決定や協働して解決過程に納得するという合意形成といった統計的倫理を含んだ民主主義のプロセスを学ぶことを大事にしていこうとしたわけです。

　この領域の内容はもちろんのこと，問題解決の道具としての「統計」をいかに用いて学び進むかというプロセスそのものも能力として極めて重要です。本稿で紹介した事例では，なんとかして会社の経営改善を図るために無駄のない仕込み数を考えたいという問題解決に向けて，より効率的かつ経済的な仕込みの量をうまく設定するという行動改善のために，この統計という一つの道具を使ってよりよい生活を営んでいこうとしました。まずはこのような学習活動を通して「統計を学ぶ価値」を明確にすることから始める必要があると言えるでしょう。

　算数教育においては，多くの授業が演繹的な考察で正解を求めてきましたが，統計学習の場合，答えが一意に決まるとは限りません。今まで答えは一つだと言われてきた子どもにとって，答えの追究の仕方が変わってくるわけです。「問題発見」「関係性追究」「結果検証」の一つひとつを子ども自ら行うことが期待されるわけで，自分で求めた結果については，責任をもって自分で確認することができることが必要になります。

■ WHAT（何・学習すべき思考対象）を問う

　次に，統計的探究プロセスを経験することの価値の確認をします。

　まずは，データの相関関係や順序性等の観察・分析です。事象へ統計的に着眼する力を磨くことが求められています。次に，創造性を発揮した事象の構造・規則性・法則等の発見です。創造性を発揮するというのは，「無駄のない弁当の個数を求めるには一体どうしたらよいか」「様々な質的・量的データをいかに組み合わせていくとよいか」と思考し続けることになります。さらに，データを通した批判的な分析です。その前提としては論理的推論も要求されます。

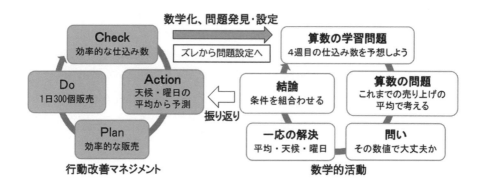

どのように物事を考えていけばよいかという数学らしく合意形成していくプロセスのことです。

　統計的探究プロセスは，多目的最適化という複数の目的関数を最適化するプロセスでもあります。そのため，扱われる事象には複数の関数（目的関数）が存在しています。本稿の事例では，「曜日（質的）」「天気（質的）」「売り上げ個数（量的）」という3つの関数があり，これを操作しながら解決を目指していきました。小学生ならではの試行錯誤的な思考の積み上げによって目的関数を最適な状態にしていこうとしましたが，それを支えるには数学的コミュニケーションの充実も欠かすことができません。

　統計的探究サイクルとは，「ある問題の解決の必要」から統計という道具を用いて探究しているということから，おおもとのPDCAのマネジメントとの関係を確認することが必要です。この両者は似ているように認識しがちですが，実は全くの別物であることを確認しなければいけません。PDCAのマネジメントでうまく解決しないので，統計的に処理できるか否かを検討しているわけです。つまり，問題解決（行動改善・質的改善）のPDCAのマネジメントを遂行するために数理的な統計的探究のサイクルを位置付けている（前頁図参照）ということです。

　本稿の事例においても，弁当屋さんにおけるPDCA（行動改善）のマネジメントにおけるズレ（売り上げに合わせた効率のよい仕込みの数が知りたい）が問いの前提にあります。「かなりの売れ残りが出てしまった」「仕込み数が極端に足りない」「もっと効率的にするには……」という問題点が生じて，その解決のためにPPDACのサイクルが回るわけです。そこで目的に対応した情報の収集を行い，原因と結果のモデリングをしていくことになりました。

「天気と曜日ごとをクロスしたもので売り上げ個数を算出すれば，大きく間違えることはない」という結果を得て，行動の標準化，つまり多目的最適化が行われて弁当屋さんは安心して弁当を仕込み続けることができることになったわけです。このズレをいかに解決していくかが「数学的活動」（右図参照）における「算数の学習場面」ですが，そのズレが問題となっている前提及びその問題が解決されて日常生活にいかに役立っていくのかという，授業の「入り口」と「出口」を大切にする必要があるでしょう。

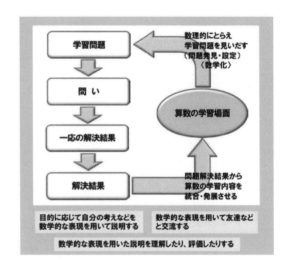

■HOW（いかに・数学らしい文脈）を問う

　では，どのように統計の数理的方法の段階的指導を積み上げていけばよいのでしょうか。数学的活動の具体を描くためには大きく3つの段階を用意することが必要です。

　まず，視覚的に表現することです。つまりデータの可視化です。本稿の場合は表の読み取りがそれにあたります。統計においてはグラフや表などによってそれを丁寧に扱いたいものです。グラフの傾きや向きというものからどのような傾向があるか，表をぱっと見たときにどんなことがわかるかといった見方を育てていくことが大切です。

　次に，数値的に表現することです。本稿の事例で取り上げた「平均」も記述統計量になります。データを加工したわけです。その後，複数の関数を用いながら加工していますが，数値的

な根拠をはっきりとさせて多面的に分析していけるように代表値などの道具を使えるようにすることも大切になります。

　さらに，誤差を含む数値モデルを利用した表現です。これは中学校や高等学校での数学での話になるので，小学校においては視覚的表現と数値的表現を追究し続けていくことを大切にしたいものです。

　結果の分析，最適解へのアプローチも重要になります。結果の意味を吟味する局面を充実させることです。「これが本当にいいのか」と批判的に吟味することを数学的なプロセスに乗せて，きちんと明示的に指導を繰り返すことが大切です。

　まずは，計画を試行してその結果を観察して評価ということで「実測」しています。ここでは「どのようなことがわかったか」ということを明確にします。15日間の平均という事実も大切な問題解決の指標です。

　次に，結果を数理的に予測・推測して評価することです。「来週の天気はどうか」ということを予測・推測するという段階です。天候や曜日の質的データの組み合わせを数理的に「予測」や推測をしたということになります。

　さらに，結果のいずれが最適なのかを感覚的に評価することです。これまで理詰めできているのに最後は個々の「主観」によって判断するわけです。「データの活用」においては，予測結果に経験知を組み合わせながら最適解を判断することが重要であり，最後に決めるのは自分自身ということです。

　事例でも，子どもたちは「正解はない」という反面，「少しずつ本当の解に近づいていくのではないか」と発言しています。また，一方では「でも，やはり真ん中の値をとった方がよいのではないか」「少なくし過ぎると足りなくなったら困る」といった主観も入ります。これらが重要な結果の吟味の局面であり，ここではこれまでの経験知や学習知に支えられた合理的な判断が要求されるわけです。

　生のデータの扱いについてもよく議論されますが，原因と結果の関係には「不確かさ」が存在するということを扱う必要があります。正解主義での学びの経験から，「答えはこのようにならなければいけない」という意識が強く，「ズレる」ということが算数・数学の学びにおいては抵抗がある子どもが多いですが，それは前提条件だということで議論していく必要があります。例えば，「お店付近の天満宮で行事がある場合は，曜日や天候にかかわらず人が集まる」といった，予想したものとは乖離してしまう事実がたくさんあることを確認することです。このように，正解を追究してきた算数・数学での経験との違いを超えて学ぶことの価値を重視したいものです。

　数学的活動をどのように創っていくかという議論では，結果的に方法論で終わってしまうことが多いです。「プロセスを通して学ぶことでどのような力を付けていくか」「どういうものの見方を育てているか」というプロセス志向で捉えることが大切です。「実測・予測・主観」という視点から改めてプロセスで学ぶ価値を再考することは，これからの能力ベイスの学びを描く上でも極めて重要なことと言えます。

引用文献
文部科学省（2018）『小学校学習指導要領　解説　算数編』日本文教出版.
齊藤一弥（2022）「算数の「真正の学び」を描く『学校教育』」広島大学附属小学校 pp.6-13.

第 2 章

実践事例

1

取る操作を根拠に演算決定をする
求残と求差を統合する場面に焦点を当てて

教材単元名：「のこりはいくつ？　ちがいはいくつ？」（第1学年）

　本実践では，減法の求差の問題場面を扱う。求差は，子どもたちが問題場面から演算決定をすることが特に難しい。差を比較する場面を減法だと認識しづらいことが原因の一つだと考える。そのため，「残りはいくつでしょうか？」「どちらが多いでしょうか？」「違いはいくつでしょうか？」などの言葉を根拠にして，減法の演算決定を指導することがある。しかし，言葉を根拠に演算決定をした場合，減法は求残，求補，求差の3つの問題場面をすべて覚えることになる。求残は「残り」を求める場面，求差は「多い・違い（差）」を求める場面，求補は「部分」を求める場面である。また，言葉を根拠に演算決定をした場合，第2学年で学習する逆思考の問題に出合ったとき，子どもたちは正しく立式できなくなってしまうと考える。そこで，本実践では，**求残，求補，求差の3つの問題場面を「取る」操作で減法に統合すること**を目指す。3つの問題場面において，子どもたちが「取る」操作を根拠にしながら，減法に演算決定できるようにしたい。

WHY　なぜその学習があるのか？　子どもは何ができるようになるのか？　<u>学習の価値</u>

■「数学をつくる」態度を育てる

　算数の入門期である第1学年だからこそ，子どもたちの「数学をつくる」態度を育てることが大切だと考える。「数学をつくる」とは「未習の問題に出合ったとき，既習の知識や方法を使って問題解決すること」である。子どもの側に立つと，既習では解決できない問題があり，そこに不都合さを感じたときに，新しい数学をつくろうとする原動力が生まれるということである。子どもたちが新しい数学をつくるには，今までに自分たちがつくった数学が前提になる。つくった数学を拠り所にして，新しい数学をつくるためである。換言すれば，新しい数学をつくるとは，既習事項を使ってつくった数学の適用範囲をより広げ，一般化を目指す行為とも言える。本実践では，**つくった数学は求残であり，新しい数学は求差である。**求差（新しい数学）を減法として認めるには，求残（つくった数学）に立ち返る必要がある。求残（つくった数学）の「取る」操作を根拠にすれば，求差（新しい数学）も同じ減法として統合できるからである。このように子どもたちが**「今までと同じように考えられないか？」**と統合的に考察することは，数学をつくる態度を育てることにつながると考えている。

つくった数学　　　　　　　　　　　　　　　　　　　　　　新しい数学

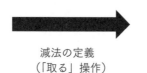

減法の定義
（「取る」操作）

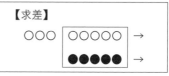

WHAT 数学として何を取り上げるか？　数学のもつ意味・内容

■ 求残（「取る」操作）を根拠にした演算決定

本実践で扱う求残・求補・求差の問題場面と操作については，以下の通りである。

【求残】	【求補】	【求差】
公園に子どもが8人います。 5人帰りました。 何人残っていますか。 ○○○ |○○○○○| →	公園に子どもが8人います。 男の子は5人です。 女の子は何人いますか。 ○○○ |●●●●●| →	公園に子どもが8人います。 5人帰りました。 最初に公園にいた子と帰った子は，どちらが多いですか。 ○○○ |○○○○○| → 　　　 |●●●●●| →

　求残，求補，求差の3つの問題場面を比較すると，ブロックを「取る」という操作がすべてに共通していることがわかる。つまり，求残，求補，求差のように問題場面が違っても，「取る」操作を根拠にすれば，減法を1つに統合できるということである。したがって，本実践では，求残の指導において，**「取る」操作をもって減法を定義する**ことにする。そして，求補，求差の問題場面においても，「取る」操作を根拠にして，減法に演算決定をできるようにしたいと考えている。

HOW 数学らしく学んでいるか？　見方・考え方を働かせた数学的活動

■ 求残と求差のブロック操作を比較する

　求残と求差のブロック操作を比較する活動を設定し，どちらにも「取る」操作が共通していることに着目できるようにしたい。

　右図のように，求残（上）と求差（下）の問題場面をブロックに置き換えて，実際に「取る」操作を一人ひとりができるようにする。このように，求残と求差を「取る」操作によって統合できるように授業を展開したい。

■ 8－5＝3の式の意味を解釈する

　本実践では，「緑（5枚）より黄色（8枚）の折り紙は何枚多い？」という問題を扱う。ブロック操作を根拠に演算決定をした後，8－5＝3という式を立てる。その際，8－5＝3の式の意味を解釈する活動を設定する。特に「5」の意味を問うことに焦点を当て，ひく（取る）対象を明確にしたいと考える。「5」の意味は，①緑の枚数，②お花の数（緑と黄色のセット），③黄色の枚数の3つが予想される。緑と対応する黄色の5枚をひくので，③黄色の枚数が正しい。しかし，子どもたちは，「5」の意味を①緑の枚数，もしくは，②お花の数だと考える子が多いのではないだろうか。①緑の枚数だと考えている子には，教師から「緑を5枚取ると，黄色が3枚になるってこと？」と問い返すことにする。また，②お花の数だと考えている子には，教師から「緑と黄色がセットなら，10枚取るってこと？」と問い返すことにする。これらの発問を通して，**緑と対応する黄色5枚をひくことを顕在化させ，減法は同種のもの同士しかひけないこと**を理解できるようにする。

統合的に考察する力を育てる演算決定のデザイン

第1学年「加法」　合併統合

● 同時に存在する二つの数量を合わせた大きさを求める場合【合併】

● ある数量に他の数量を追加したり，ある数量が増加したりしたときの数量の大きさを場合【増加】

● ある番号や順番から,さらに何番か後の番号や順番を求める場合【順序数を含む加法】

● 大小二つの数量の差と小さい方の数量がわかっており，大きい方の数量を求める場合【求大】

● 異種のものの数量を同種のものの数量に置えて二つの数量を合わせた大きさを求める場合【異種のものの数量を含む減法】

逆演算

第1学年「減法」　求残統合

● ある数量から，他の数量を取り去ったり，ある数量が減少したりしたときの残りの数量の大きさを求める場合【求残】

● 二つの数量の差を求める場合【求差】

● ある順番から,いくつか前の順番を求める場合や,二つの順番の違いを求める場合【順序を含む減法】

● 大小二つの数量の差と大きい方の数量がわかっており，小さい方の数量を求める場合【求小】

● 異種のものの数量を，同種のものの数量に置き換えて，二つの数量の差を求める場合【異種のものの数量を含む加法】

● 二つの数量の和（全体）とどちらかの数量（部分）がわかっていて，もう一方の数量（部分）を求める場合【求補】

第2学年「乗法」

● 一つ分の大きさが決まっているときに，そのいくつ分かに当たる大きさを求める場合に用いられる

逆演算

第3学年「除法」

● ある数量がもう一方の数量のいくつ分であるかを求める場合に用いられる（包含除）

包含除統合

● ある数量を等分したときにできる一つ分の大きさを求める場合に用いられる（等分除）

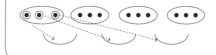

◎ 加法・減法・乗法・除法の意味について理解し，それらが用いられる場面について知ること

◎ 加法・減法・乗法・除法が用いられる場面を式に表したり，式を読み取ったりすること

◎ 加法と減法の関係，乗法と除法の関係について理解すること

本時の実践と分析

本時目標：求差の問題場面においても，「取る」操作を根拠にして，減法の式に表すことやその式の意味を考えることができる。

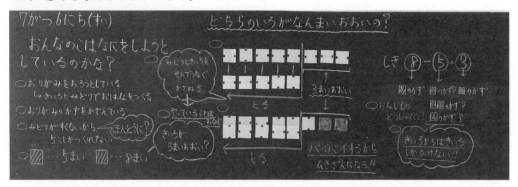

■二量の関係に着目して問いをつくる

T： 女の子は何をしようとしているのかな？

C： お花を作ろうとしているんじゃない？

C： いや，緑と黄色に分けようとしているかもよ。

C： 折り紙を折ろうとしてるんだよ。

C： だってさ，女の子の頭のところにチューリップの絵があるし，緑と黄色の折り紙が机の上にあるもん。

C： でもさ，緑の数が少ないから，チューリップは5個しか作れないじゃん。

C： 3枚多いよ。

C： 全部で13枚あるよ。

C： これって，たし算なの？

C： たし算はおかしいよ。だって，チューリップを作るなら緑と黄色の折り紙を使うもん。

T： なるほど。全部の枚数を調べようと思ったのは，たし算の勉強をよくしてきた証拠だね。

C： 黄色が3枚多いんだよ。

T： 黄色が3枚多いと思う人はどれくらいいる？（32人） 違うと思う人は？（3人）

C： 黄色が多いことはわかる。

T： 黄色が多いことはみんな納得なんだね。でも，何枚多いかについては，みんなの意見が違うんだね。じゃあ，今日は黄色が何枚多いかを考えてみましょう。

■黄色が3枚多い理由を説明する

T： どうして黄色が3枚多いって，わかるの？ 理由が言えるかな？

C： これとこれ，これとこれみたいに，緑と黄色を合わせていくとね，ほら黄色が3枚多いでしょ？ 3枚残ったんだから，黄色が3枚多い。

T： どうして，緑と黄色を重ねようと思ったの？

C： だって，チューリップを作るんだから，緑と黄色をセットにした方がいいと思ったの。

C： 僕も似てるんだけど，○○ちゃんは重

ねてたでしょ？　僕は線を引いたん
だけど，どっちもやってることは一緒
だと思う。

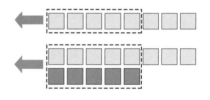

T： 何が一緒なの？

C： 黄色と緑でセットを作ること。

■ ひき算になる理由を考える

T： どうしてひき算が使えると思ったの？

C： だって，こうだもん。（片手を右に動かす）

C： 緑と黄色の折り紙を使うってことは，ブロックを取るから，バイバイしちゃうから，ひき
算だよ。

C： 8から5を取るから，ひき算になるんだよ。

T： 今までは「残りはいくつ？」を考えるときにひき算を使っていたけど，今日みたいに「ど
ちらが多いか？」を考えるときにもひき算は使えるってこと？

C： 使えるよ。

C： えー，よくわからない。

T： じゃあ，整理しよう。「残りはいくつ？」の問題って，どんな問題だったっけ？

C： 例えば，「金魚が8匹います。5匹取りました。残りは何匹ですか」だよ。

T： ブロックでやると，どうだったっけ？

C： 8匹から5匹取って，3匹残るよ。

T： 今日の問題をブロックでやると，どうなる？

C： お花を作ったから，お花の分を5取る。それで，黄
色が3枚残ったよ。

T： 「残りはいくつ？」のときだけじゃなくて「どちらが多い？」のときもひき算は使えそう？

C： 使えそう。だって，どっちもブロックを取ってるもん。

C： 「残りはいくつ？」と「どちらが多い？」の言葉は違うけど，ブロックを取るのが同じ。

■ 8－5＝3の式の意味を解釈する

T： ところで，8－5の8って何のことかな？

C： えっと，黄色の折り紙の数。

T： 8は黄色の折り紙の数，じゃあこの5は何？

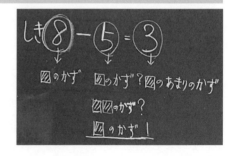

C： 緑の折り紙の数。

T： 緑の折り紙の数なんだね。じゃあ，3は何？

C： 余った黄色の数。

C： 余りというか，緑が足りない。

T： ひき算は取るんだよね？　じゃあ，8－5の5を取ってみてくれる？

C： 緑の5枚を取るんだよ。

T： 黄色の8枚から緑の5枚をひいたら，黄色は3枚
になるの？

C： あれ？　答えが8枚になっちゃう。

T： 緑を5枚取っても黄色は3枚にならないね。

C： 緑と黄色のセットをひくんだよ。だって，お花は緑と黄色で1つなんだから。

T：緑と黄色のセット，つまりお花の5ってこと？

C：そうそう。

T：ちなみに，今何枚取ったっけ？

C：10枚？　5セット？

C：あれ？　8から10はひけない。8－10は3ってこと？　なんかおかしい。

C：私は黄色を取ったと思う。黄色を3枚にするには5枚から3枚ひけばいい。

C：お花作れないじゃん。

C：そうじゃなくて，お花を作るために，黄色8枚のうち5枚を使うでしょ？

T：つまり，8－5の5は，何の枚数なの？

C：黄色5枚。緑に使う黄色が5枚ってこと。

C：あー，それなら答えが黄色3枚になるね。

T：今○○ちゃんが言ったことを，ブロックを使って隣の友達と説明し合ってみましょう。

C：黄色を1，2，3，4，5枚使いました。黄色8枚から5枚使ったんだから，式は8－5。

C：ブロックでやると，黄色8枚から5枚をバイバイすればいい。残った3枚が答え。

■ 実践の考察

　本時では，求差の問題場面においても，「取る」操作を根拠にして，減法の式に表すことやその式の意味を考えることをねらいとした。授業の導入では，絵を使って問題場面を提示したことで，子どもたちは「緑の方が少ない」「黄色が3枚多い」など，8（黄色）と5（緑）の数量関係に着目して，「どちらが何枚多いか？」という問いを設定した。その後，黄色と緑のブロックを一対一対応させて，答えが3になることを確認した。このとき，「これ，ひき算になるね」「8－5で答えは3だもん」など，問題場面からひき算を想像している子が多かった。教師からひき算になる理由を問うと，「8から5取るから，ひき算になる」「折り紙を使うってことは，バイバイだからひき算だよ」など，既習の「取る」操作を根拠にひき算に演算決定したことを説明する子が多かった。

　一方で，子どもたちの中には，感覚的にひき算だと判断している子もいた。その子たちにとっては，「取る」操作を根拠にして，求残と求差を統合する必要感がなかったのだと考える。求残と求差を統合する必然をどう設定するかに課題が残った。

　また，本時では「5」の意味を問うことを通して，ひいている対象を明確にすることをねらった。子どもたちは，「5」の意味を緑の枚数や緑と黄色のセットで考えていた。教師から「緑を5枚取っても黄色は8枚だよ」「緑と黄色を5セットひいたら，10枚ひくことになるよ」などの問い返しを通して，次第に黄色5枚をひいていることにたどり着くことができた。しかし，子どもたちにとって「5」の意味を考える必然性はなかった。ひく対象を明確にすることに焦点を当てるならば，同種と異種を混合にしたひき算の授業を行った方がよかったと思っている。例えば，「子ども8人と帽子5個の数の違いはいくつでしょうか？」という問題である。この場合，子どもから帽子をひくという不自然な場面になる。この不自然さにより，ひく対象を明確にする議論が起こる必然が生まれると考える。

参考文献
齊藤一弥（2021）『数学的な授業を創る』東洋館出版社．
東京書籍（2020）『新しい算数1年』．

本実践の価値と今後に向けて　齊藤一弥 解説

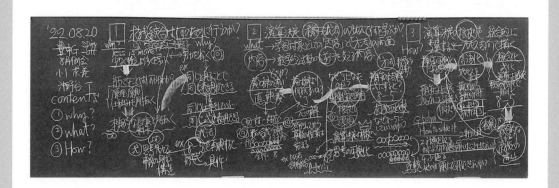

指導のオーバービュー

　３つの視点からお話しします。一つ目は，「何のために求残統合をするのか」ということです。二つ目は，「演算決定のプロセスで何を学ぶか」ということ。そして三つ目は，「低学年の数学的活動について」です。

　一つ目の「何のために統合するのか」を考える際には，まず算数科の教科目標の趣旨を再度確認することから始めてほしいです。そこがずれてしまうと実践提案の意味が空回りします。**教科目標にどのように書いてありましたか。統合するのではなく，統合的に考察すると書いてあります。「統合しなさい」とは書いていないわけで，この部分が大切です。**昭和43年学習指導要領の教科目標では，「統合的，発展的に考察」が教科目標に示されていました。当時は現代化への取り組みが盛んでしたが，それがしっかりと機能して根付くことなく終わってしまいました。それ以降，50年間，この「統合・発展」という数学教育の屋台骨である考え方は算数科・数学科の教科目標に入っていませんでした。しかし，今回50年ぶりに教科目標に「統合的，発展的に考察」が復活したわけです。

　統合の捉えは中島健三先生のおっしゃるように，集合，拡張，補完の３つですが，**学習指導要領が目指しているのは，統合じゃなくて，統合的に考察することなんです。つまり，同じように見ることによって，どんなことを学ばせたいかということ，そこが大事なわけです。**しかし，本実践の子どもとの議論は，どう統合させるかということに終始していたように思います。それに，１年生にそのような難しいことができるでしょうか。できないでしょうね。大人だってなかなかできません。

　もちろん，昭和26年の学習指導要領試案のときから，**この統合的に考えることにより，少なく教えて多くを学ぶことが重視されてきました。労力を省きながら，同じものには同じラベルを貼るということで，なるべく簡単に物事は済ますようにすることが大事と言われてきたわけです。**生活していく上で大事な構えです。でも，そのようなことを１年生が自ら行いますか。きっとしないでしょう。むしろ次々と新しいことが出てくればそれは嬉しくてしょうがない。また違ったひき算が出てきた，また違ったひき算が出てきたと喜ぶでしょう。それを，「同じとみなすことはできませんか，どうすれば同じとみれるかな」とやるのは難しい。**では，１年生で統合的に考察する力を育てるにはどうしたらいいのでしょうか，それを議論してほしいわけです。**

WHY　求残統合は何のために行うのか？

　まず，一つ目です。求残統合は何のために行うのかということです。なぜ，このようなことを教えるのか，このことによってどのような見方・考え方を育てたいのかということです。**もちろん統合というのは，能力ベイスの学びづくりの基本である「less is more」，少なく教えてより多くを学ぶ，より豊かに学ぶ上での基本中の基本です。**ですから，あれもこれもどんどん広げるよりも，なるべく肝心なものはこれだけだよねと少なくしてまとめていくわけです。「求残」と「求差」があったならば，やはりどっちか1つにしておきたいですね。授業では，そのように考えていくことがとても大事です。

　でも，子どもはそのようには考えようとはしない。嬉しいのです，いろいろな方法が出てきて。1年生では，「前さくらんぼ（被加数分解）」や「後ろさくらんぼ（加数分解）」が出てきます。それを「たすひく算」とか，「たすたす算」と名付けて，場面や数値に応じて試してみるわけです。このようにたくさんの言葉が出てきます。だから，嬉しくて仕方ない。学びたい塊なんだから。1年生はこのように様々な場面を経験していく中で，彼らの数学的な見方・考え方をどんどん広げているわけです。

　その一方で，この「求残統合」をやりたいのです。**統合するということは，少なく覚える対象とは何かを教えるということです。**言い方を変えると，肝心なことは何かがわかるっていうこと。つまり，肝心なことは原理原則をつかむということです。今回は，教科目標には，統合的に考察できるようにすることが大事だと書かれていますから，**統合的に考察する視点をつかむこと，束ねる根拠は何かを考えること，もとになるものは一体何かという，共通する原理原則をつかむということです。**つまり，事象の仕組みを見抜くということです。その手続きを支えている仕組みを見抜くことができるようにしたいわけです。**数学の本質的な特徴や性質，条件など，これを見抜くこと。**これが統合的に考察するということの価値で大事なことです。

　だから，労力を省くよさを感じさせるために，効率的に仕事を進めたいという必然をもたせて，2つも3つもひき算の場面が出てきたら，なんとか1つにしたいよねっていうようにしたい。それ自体はとても大切ですが，より大切なことは，**統合することよりも，その2つの背景には，実はよく見てみると，同じような仕組みがあるんだねってことを見抜ける子どもにしたいわけです。言い方を変えると，2つのものを同じとみることで，同じ表現ができるようになる。**だから「それが労力を省くことにつながるんだよ」と，さらに，「**同じ仕事をしているならば同じ表現ができるよ**」と。つまり，**同じ式で表せる**という思考ができる子どもにしたいのです。これが統合的に考察するということです。そのように考えられる子どもに育てていきましょうというのが，今回の学習指導要領の教科目標のイに示した趣旨なのです。そこをしっかりと確認して捉え間違えのないようにしたいですね。

　求残も求差も同じ式で，つまり同じ減法で表現ができる，こういう見方ができる子どもにしたいわけですね。例えば，今日の話でいくと，将来的には8−5という式を再現すると，どういう場面が出てくるかという話です。8−5はもう形式が1つに統一されているわけですね。つまり，8−5が形式だとすると，具体的な場面から形式への道筋というのは，最終的に1つに束ねられるわけだけれども，逆に具体的な場面から式に戻すことができるでしょうか。そのようなことができる子どもにしたい。この式のもっている裏側には様々な場面があるって言える子どもにしたいのです。

　現行の学習指導要領解説にも書いてありますが，式というのは，式を書いた人の思考プロセ

スとか，その式の向こう側にある事象のもつ構造とか，そのようなものがこの式（8−5）の中に含まれていて，それらを式から読むことができることが大切と言っています。だとしたら，今日の場合は式を書く，式をつくるわけですから，この式（8−5）に本当にしていいのかということを議論するべきなのです。その根拠のために，統合を使うわけです。**今日の授業の肝は，演算決定なんです。統合じゃないんです。演算決定をしたいんです。その演算決定の根拠を説明するために，統合的な考察をすることが大切なんですね。**

けれども，今日の提案ではどちらかというと統合したいがために，演算決定の手続きが軽く扱われてしまっている。演算決定の拠り所になる根拠として，求残と求差を統合的に見ようとする展開になっていない。**演算決定をするときに，そこにどんな拠り所となるものが出てくるか，まさにそこに原理原則や仕組みがある。**減法というのはどのようなときに使える手続きなのか，その本質というものを見極めることが大事です。

WHAT　演算決定のプロセスで何を学ぶか？

二つ目は What です。次に何を教えるかということです。今もお話しした通り演算決定ですね。**今回の提案では，求差の場面が減法で表せるかどうか，これを演算決定していくわけです。**では，演算決定のプロセスを通して何を学ぶかです。数学的活動で考えると，一番はじめにどのような活動が位置付きますか。「どちらの色が多いか」ですよね。子どもは直観的に黄色と言うでしょう。次は，では「黄色は緑より何枚多いの」と聞いてみる。これも直観で3と言うはずです。なぜかというと，一対一対応でわかるからです。この3のことを一応の解と言います。まずは，答えを出してしまう。**答えが出てから算数の授業は始まります。**ここまでくると，「なぜ3なのか」という問いが自然に出てきますね。ここでブロック操作が出てきます。ブロック操作は何のためにやるのでしょうか。今回は，**ブロック操作は答えの根拠を説明するための手段**として使います。1年生は言語化が難しいので，具体的な操作によって説明させているわけです。**答えが3になる根拠を説明することは，それが演算決定の根拠になります。**

もう一つ重要なことは，**操作をすることによって思考を可視化することができる**ようになるということです。言葉では説明できないけど，ブロックを置いて，その手続きで表現することはできます。そのプロセスを順序立てて，思考を可視化していくということも重要になってくるでしょう。

さて，思考を可視化した後は，どうしますか。思考の概念化です。操作の結果を式にするとどうなりますか。8−5にしたいわけです。そこで初めて，今まで勉強してきた求残との比較になります。そのような手続きを踏むと，子どもが闇雲に「たし算かな」とか「ひき算じゃないのか」などと演算決定でぐらつくことがない。もう既に3という答えで出ているからです。答えが出ているということは，8から5を取らなければいけないってことですから。さらに言えば，合成・分解のときにそのようなことをやってきているわけですから。「全体が8で，これが5なんだから，だったら3しかないではないか」，つまり**求差の場面でも「なぜ8−5としていいか」**を問いたいわけです。

例えば，8−5になる求残の問題は「8人遊んでいました。5人帰りました。残りは何人ですか」ですね。でも，少し問題を変えて「8人遊んでいました。5人帰りました。元々いた子と帰った子はどっちが多いですか」と聞いたら，求差の問題になりますよね。同じ公園の場面でも，ちょっと問題を変えるだけで，求差にもなるわけですね。

私が言いたいことは，求残と求差の２つの場面の接点のようなものをやっておかなければいけないということです。求残のときから求差につながるように，これは素地を培うと言います。求残だから求残しか出てこない，求差だから求差しか出てこないという授業にはしてはいけないということです。

例えば，求残と求差を図で比較するとこうなります（右図）が，この比較をします。そのときに，ジョージ・ポリアの『いかにして問題をとくか』が参考になる。問題解決には様々な局面がありますが，計画を立てるという局面ではこのようなことを言っています。「似たような問題を解いたことがないか」ということを言っています。つまり，求残のときの演算決定の根拠をブロック操作で説明して，このように取る場合は減法としたことがあるという経験を生かそうというわけです。

さらには，振り返る局面では，「他の問題に応用できないか」と言っています。これだってまさに，今日できるようになったことから考えると，どういうことが言えるのかという話になるわけです。数学的活動のＤの局面がこれにあたります。つまり，Ｄの局面になったときに，この前の公園の問題と同じになるんだなと。つまり，根拠として統合していく。**できるようになったことから，今までやってきた仕事と同じだっていうことが言えるようになることが非常に大事です。**

HOW　演算決定の根拠を統合的に考察する

三つ目，最後は演算決定の根拠を統合的に考察する話をします。演算決定の根拠の説明をこの後お示しする３つの視点を踏まえて丁寧に指導してください。プロセス志向と言いますが，**プロセスそのものが能力として大事で，数学的な，数学らしい文脈そのものが能力になるんです。**これを大事にしていきたい。統合的に考察していくわけです。それを１年生なりにです。

３つの視点の一つ目は操作による思考の可視化です。二つ目は思考の言語化です。そして三つ目が思考の概念化です。この一連の過程が重要です。この３つの過程をつないでいくことが非常に大事です。

まず，操作による思考の視覚化というのは，操作によって演算決定を行うということ。**言葉がなくても操作が同じであれば，これは同じ仕事をしていると考える。ブロック操作による手続き，これが演算決定の根拠になります。**

次に，思考の言語化です。**先生が範を示して，ブロック操作での手続きを言語化する。**今日の場合なら，黄色（8）から緑（5）を取ったら，残りは3になる。**操作したことを図に対応させるようにして，一文ずつ書くことが大事です。**

最後に，最も難しいのは，思考を概念化することです。**思考を概念化するとは，演算による表記です。数学の言葉で一般化するということ。**つまり，8－5になる。そこで，「似たような問題を解いたことがないか」「今まで8－5とはどんな問題だった」と求残を振り返る。例えば，運動場に子どもが8人遊んでいて，夕方になって5人帰りました。残りは何人ですかという話ですよね。**今までの問題と，今日やった問題の整合性がとれているかどうか，この統合的に振り返るということが極めて大事です。**統合的な省察を行うこと。私は振り返り的省察と呼んでいます。

１年生の授業は，数学的活動を２サイクルする。前半20分くらいで1サイクルして，後半20分くらいで2サイクル目を行う。この2サイクル目が新たなる問いの入り口になるわけで

す。

例えば，後半は求残と求差を同じとみれないかと話題にすることです。砂場にいた8人の
お友達から5人が帰ったら，残りは3人という問題がありました。今日は，遊んでた8人と
帰った5人の違いを考えた問題だったけど，似てるだろうかと聞く。そうしたら，似てると
言うでしょうね。「どちらも答えは3になるから」と。では，「式は8－5にしていいのか」
という話になる。でも，ここで焦ってはいけません。「何か似てそうですね。でも，今日はこ
れくらいで終わろうか」でいい。それでまた次の日から何回か同様な場面を繰り返して経験し
ていく中で，次第にこれまでの減法の場面と似ているところがありそうだと学びを少しずつ積
み上げていってあげないといけない。つまり，**「統合は一日にしてならず」**ということです
ね。地道に積み重ねていくうちに，1年生の終わりの頃，いろいろなひき算をやってみると，
結果的にいろいろな場面においてひき算を用いることができるようになる。

また，**具体的な場面から式にはいくけど，式から具体的な場面を想像できるねというところ
もきちんとやらないといけません。**この8－5ってすごいねって。いろいろなことを言い表
すことができるねと，そういうことが言える子にしていくことも大切です。

統合的に考察することを1年生から鍛えていくと，例えば3年生の等分除と包含除におい
ても「包含除にまとめることができるんじゃないか」と考えられる子になります。さらには，
同種と異種の割合を統合できるかどうかにも関心がもてるようになります。

まとめ

実は，「統合・発展」という教科目標で出てくるこの言葉は，教科目標以外ではほとんど出
てきません。3年生の量の単位のところで，統合的にというのが出てきます。それ以外では，
表立ってこれを統合しなさいとは出てきません。統合的に考察するんです。

だから，物事を拡張して見ていくとか，集合として同じものを仲間分けして弁別するとか，
そういう場面において扱っていく。**労力を省くということもありますが，実は仕組み，原理原
則を見抜くことが本質です。**そうやって物事を見抜くことによって，数学の事象を整理して，
より簡潔・明瞭に捉えていく学びを大切にしていくようにしたいものです。

参考文献
G. ポリア，柿内賢信訳（1954）『いかにして問題をとくか』丸善.

既得の内容を関連付けて学び続ける子どもを育む

数概念を第2学年の乗法へとつなげる

教材単元名：同じ数ずつ（第1学年）

　乗法の考え方は，乗除法の関連や倍，単位量あたり，割合，比や比例へと積み上げていく基盤となる考え方である。その乗法につながる素地として，第1学年ではどういったような能力の育成が必要なのだろうか。子どもたちは，いろいろな数の見方と出合い，集合数で直観的に数を把握したり，ものをまとまりで数えたりということを自然と行っている。そういった子どもたちが**日常生活で経験している場面を算数の学習とつなげていきな**がら，数の合成や分解，十進位取り記数法についての基礎的な理解を図ることで，**数概念を豊かにしていく**ことが大切である。例えば，2，5，10ずつまとめて数えることはしても，3ずつや6ずつまとめて数えるといったことはあまり取り上げて学習してこなかったのではないだろうか。また，数の合成や分解においても，10といくつや，いくつといくつで10以外の見方をすることは少ないままということが多い。

　そこで本単元では，まとめて数える学習を通して，**既習の数の見方や計算の仕方と関連付けながら数の見方について考え，数概念を豊かにし，第2学年の乗法の学習へと接続で**きるような素地指導の在り方について考えたい。

WHY　なぜその学習があるのか？　子どもは何ができるようになるのか？　学習の価値

■豊かな数概念の獲得

　これまで子どもたちは，繰り返し数の概念について捉え直し，合成と分解の考えから一つの数を他の数の和や差としてみることや，累加の考えで数えることなどから，数についての感覚を豊かにしてきた。特に，十進位取り記数法の仕組みを理解する基礎となる10を単位とした数の見方についての学習や，他にも2，5，10ずつまとめて数える生活経験を通して，まとまりを作る活動をしている。しかし一方で，扱いやすい2や10のまとまりばかりに着目することは，子どもたちが数を多様な見方で捉えることができることに気付かない原因の一つではないかと考える。そこで数の概念をより豊かにするために，**既習の数の見方や計算の仕方と関連付けながら**，今まで扱ってきた2，5，10以外のまとまりで，**12を多様に表現する活動を行**う。この活動を通して，数についての新たな見方を獲得し，より豊かに数を多面的に見る力を**育成することができると考える。**

WHAT 数学として何を取り上げるのか？　数学のもつ意味・内容

■ 倍概念を既習の内容と関連付けた説明

　これまで 12 は 10 と 2 と表現してきたり，2 とびで数えたりすることが多かった。そこで少し見方を変えて，単位を意識した乗法の「1 つ分の大きさ」×「いくつ分」の考えにもつなげてみる。3 口以上の計算として捉えてきた累加的な考えを取り上げ，その同数累加の処理の同じ数のまとまりに着目させる。その入り口として既習の 2 とびを想起し，まとめて数えたことを式に表すと 12 ＝ 2 ＋ 2 ＋ 2 ＋ 2 ＋ 2 ＋ 2 となり，2 の 6 つ分で 12 という「まとまりのいくつ分」と捉え直すことができる。そこから，「2 のときはこうだったから…」と，違うまとまりだったらどうなるかといった**既習の内容と関連付けて説明できる**子どもを育てたい。

　子ども自ら単位を決めて，つくり上げる楽しさを感じさせながら，12 ＝ 3 ＋ 3 ＋ 3 ＋ 3（3 の 4 つ分）や，4 ＋ 4 ＋ 4（4 の 3 つ分），6 ＋ 6（6 の 2 つ分）など，2 以外の数を単位として 12 を構成していくと，単位が違っても同数累加の処理を「3 の 4 つ分」「4 の 3 つ分」などと，**単位のいくつ分と表すことができること**に気付く。このように，既習の内容と関連付けてまとまりへ着目した見方を広げ，様々な単位の倍概念で数を捉えていくことで，数を多面的に捉え直すことができる。

HOW 数学らしく学んでいるか？　見方・考え方を働かせた数学的活動

■ 日常生活と算数を結びつける力

　子どもたちは生活経験から，**自然と乗法の必要性やよさについて感じ取っている**。まとまりで構成された場面を日常生活とも結びつけ，日常生活の中には同じ数のまとまりで構成されているものであふれていることに気付くことで，乗法構成が日常生活の中で生かされていることが実感できる。例えば，教室の座席の配置や班，靴箱においても，2 列ずつや 4 人班など，長方形で配列されたものは，同じ数のまとまりを生かした構成になって，乗法の必要性へとつなげていくことができる。同じ数のまとまりで並んでいることを，「きれいに並んでいる」「すっきりしている」とよさを子どもに感じさせ，**これまでの経験知を整理し，まとまりに着目することのよさを改めて価値付けていく**ことで，日常生活で同じ数のものの集まりに触れた際に，まとまりで捉える見方を生かしていく。

■ 操作と結びつけて算数らしく表現する力

　本単元は，タイルの図を並べてきれいな四角を作るという問題設定により，同じ数のまとまりに着目できる工夫をしている。きれいに四角に並べるということは，言い換えると同じ数ずつ並べるということである。きれいに四角に並んでいるよさから，**1 列や 1 行に並んだまとまりを意識させる**ことで，「まとまりのいくつ分」の見方へとつなげる。「4 と 4 と 4 で 12」「4 ＋ 4 ＋ 4 ＝ 12」「4 が 3 つで 12」といった多様な表現から「まとまり」「いくつ分」という見方を引き出し，子どもたちが学習の中で意識しながら使える見方・考え方へとつなげていく。

　また，具体物を用いて構成した後，まとまりに着目した図や式，言葉で表現する活動を行うことで，そのよさを感じ取らせる。図を用いることはドット図から次第にテープ図，線分図，数直線へと，より簡潔で適切なものへとつながっていくため，ここでも丁寧に扱い，低学年からの系統立てた指導の素地となるようにする。

数を多面的に見るための単元デザイン

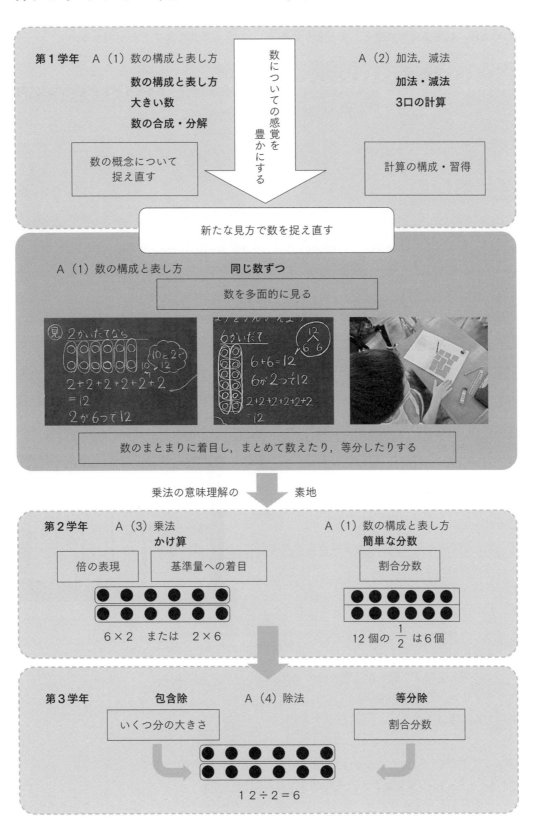

第1学年　A（1）数の構成と表し方

数の構成と表し方
大きい数
数の合成・分解

数の概念について
捉え直す

数についての感覚を豊かにする

A（2）加法，減法

加法・減法
3口の計算

計算の構成・習得

新たな見方で数を捉え直す

A（1）数の構成と表し方　**同じ数ずつ**

数を多面的に見る

数のまとまりに着目し，まとめて数えたり，等分したりする

乗法の意味理解の　素地

第2学年　　A（3）乗法
かけ算

倍の表現　　　基準量への着目

6×2　または　2×6

A（1）数の構成と表し方
簡単な分数

割合分数

12 個の $\frac{1}{2}$ は6個

第3学年　　　　包含除　　A（4）除法　　等分除

いくつ分の大きさ　　　　　割合分数

12÷2＝6

本時の実践と分析

本時目標 数を多面的に捉え，まとまりに着目して 12 を多様に表すことができる。

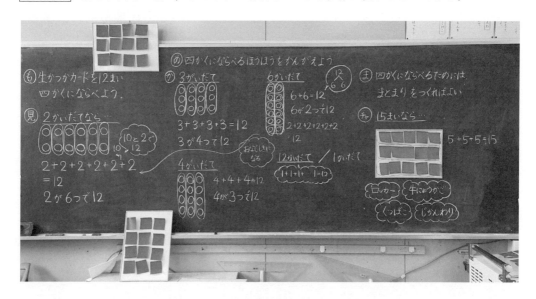

■ 問題場面の把握

T： みんなが昨日書いた 12 枚の生活科カードを，後ろに貼っている画用紙みたいにきれいに四角に並べたいな（問題：生活科カードを 12 枚四角に並べよう）。
まずは 2 階建てにして作ってみよう。前に来て作ることができる人はいますか。

C： （1 人が黒板を使って実際の生活科カードを並べる）

T： これって本当に 12 枚あるのかな？

C： （2・4・6・8…と数える姿）あるよ。

T： 2 とびで数えたの？　みんなで数えてみよう。
さんはい。

C： 2・4・6・8・10・12。

T： 2 とびでまとめて数えると，はやく数えられて
便利だね。このカードは縦に何列あるの？

C： 6 列あります。

T： この考えを今まで使った算数の考えで表すことができないかな。

C： まるの図。たし算で書ける。

T： では，書いてみましょう。（板書する）
2 がたくさん並んでいるね。電車みたいなこんな長い式見たことある？
ここまででいくつ？　10 か！　10 と最後 2 をたすのか，10 と 2 でいくつ？

C： 12 です。10 のまとまりも習った。さくらんぼでやった。

T： こんなふうにまとまりをつくると（板書で記しながら），2 のまとまりがいくつありますか？

C：6つあります。

T：2のまとまりが6つあるのですね。今までは
　10と2で12って学習してきたけれど，違う言
　い方をすると…。

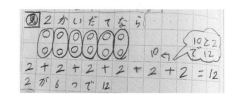

C：2が6つで12。

■ めあての確認・焦点化された問いの設定

T：12枚のカードをきれいに四角に並べる方法は，2階建てだけなのかな？

C：他にもある！

T：他にもあるんだ！　作った考えをまるの図や式，言葉を使って表してみよう。

■ 問題の解決と論理的説明

T：何階建てになりましたか？
　（子どもを指名し，ホワイトボードに作らせておく）

C：**4階建てができました。4 + 4 + 4 = 12です。**

T：4が何回出てきたの？

C：3回。

T：4が3つで12になりましたね。こんな3つの計算の式，前に
　も学習しましたね。
　他に，四角にきれいに並べることができた人はいますか？

C：3階建てができました。3 + 3 + 3 + 3 = 12です。3階建て
　だったら，1つの階に4枚。

T：4のまとまりが3つになったのですね。

C：僕は6階建て。6が2つ。6 + 6 = 12になります。

T：（同じように1階，12階建ても指名し，説明させていく）

■ 5を単位とした場合の比較検討

T：あとは5階建ても作ろうかな？

C：5階は無理！　きれいな四角じゃない。

T：どうしてできないのですか？

C：**5と5と2で，2が余るからできない。あと**
　3枚いる。

T：つまり，きれいな四角に並べるってどういうことなの？

C：同じ数ずつ並べること。足りないのはだめ。

T：同じ数のまとまりでは，5階建てはできないのですね。

■ 統合の素地の経験

T：今，でき上がった6つの並べ方を比べて，似ているところや発見はありますか？
　（ペア→全体で交流）

C：数のまとまりが小さいほど式が長いけど，数のまとまりが大きかったら，大きいほど式が
　短い。
　1 + 1 + …は長いけど，6 + 6は短い。

T：本当だ。どうして数のまとまりが大きかったら，式が短くなるのだろう。

C：3と3で6になって，3と3で6になって，6と6に合体できる。

C：（板書を指さしながら）あと，6階建ては，横で考えると，2＋2＋2＋2＋2＋2になる。2階建ての式と同じだよ。

T：どういうことかな？

C：横に見て，こんなふうに2のまとまりを作ると…，2＋2＋2＋2＋2＋2になる。

T：（まとまりを板書しながら）本当だ。でも，さっきどこかでこの式を見たね。

C：あ！　同じ形になる。**2階建てをこう，横にしたら**
　　6階建てになる。

C：3階建ては，4階建てを横にする。

C：形が同じ。双子！

T：本当ですね，双子ですね。

　　（1階建て・12階建ても確認）

T：どうして双子になるんだろう？

C：さっきの横に見て…ってすると，同じ式になる。

T：見方を変えたら，同じ式になるのですね。他には気付いたことはありますか？

C：6と6とか，4と4と4とか同じ数のたし算になっています。

T：同じ数のたし算になっているのか，それってたまたまなんじゃないかな？

C：だって，同じ数のまとまりだから，きれいな四角になる。

T：そっか，今日は同じ数のたし算をしていたのか。形が違う並べ方をしたけれど，やっていることは同じだったんだね。

　　では，きれいに四角に並べるためにはどうしたらよかったのかな。

C：**同じ数ずつのまとまりを考えて，作って並べたらいい。**

T：では，それを今日のまとめにしましょう。

■ 発展問題　枚数を変え，並べる

T：じゃあ，今度は少し枚数が増えて，さっきのちょっと余っちゃった分を合わせて15枚にすると，きれいに四角に並べられるのかな？

　　作ってみて，できた並べ方を言葉や式で表しましょう。

■ 問題解決の交流

T：縦何列の並べ方ができましたか？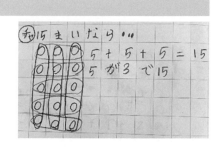

　　（子どもを指名し，黒板で作らせてから）

　　何階かじゃなくて縦何列になりましたか？

C：3列。5階建て。5＋5＋5＝15。

　　で，こうすると3＋3＋3＋3＋3＝15。

T：こんなふうに縦にまとまりを作ると，5のまとまりで5とびだね。

　　これも5と5と5で同じ数のたし算になっているね。他には？

　　（1列，5列，15列を確認）

T：あれ，もう他にはないの？　2列は？

C：2列はできない。2とびで15は出てこないよ。2，4，6，8，10で5はない。

T：12枚のときはできたのに，15枚になったらできないのか，残念。

■ 身の回りの同じ数のまとまりへ目を向ける

T：みんなの身の回り，教室にも同じ数のまとまりで
　　できているものはありますか？

C：ロッカー。時間割も5のまとまり。牛乳カゴも。

T：ロッカーはいくつのまとまりでできているのか
　　な？

　　他にもみんなの身の回りにどんな数のまとまりの
　　ものがあるのか，発見したら教えてね。

■ 実際の考察

　構成したものを既習の数の見方や計算と結びつけ，数を多様な見方で見ることによって，まとまりに着目した新たな数の見方に気付かせることができた。また，単位を自由に決めさせたり，何階・何列と発問を変えたりしたことで，様々なまとまりに着目し，今まで学習してきた数をさらに多面的に捉え直すことができた。

　しかし，「きれいに四角に並べたい」や「何階・何列」の見方は子どもから引き出したい考えでもある。発問の方法を変え，子どもたち自身がもっている見方から考えを引き出していきたい。

　また，まとまりの着目ではなく，四角に並べることに重きを置いている子どもの様子も見られたため，まとまりに着目した考えになるよう，指導者が子どもの反応や様子を見て，柔軟に対応していくことも必要である。本単元は，乗法の素地となるまとまり（1つ分の単位）に着目している。乗法の見方・考え方へと接続できるような多面的な数の見方を第1学年からどのように育んでいけばよいのか，今後も研究を深めていくことが必要である。

引用・参考文献
文部科学省（2018）『小学校学習指導要領 解説 算数編』日本文教出版.
齊藤一弥（2021）『数学的な授業を創る』東洋館出版社.
東京書籍『あたらしいさんすう1下』.

本実践の価値と今後に向けて 齊藤一弥 解説

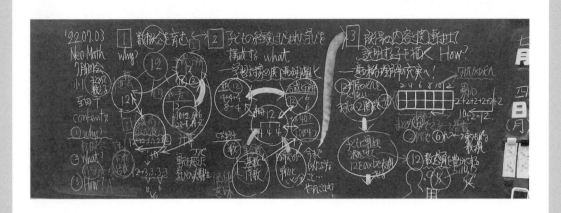

指導のオーバービュー

　お話することの一つ目は「WHY」。小学校の初期段階における数の概念指導をいかに考えるかです。二つ目は「WHAT」。子どもの側から学習対象が見えているかどうかです。子どもの経験知，学習知といかにつなぐのかを考えます。三つ目は「HOW」。数学的活動のAの局面における子どもにとっての必然性を考えたいですね。

WHY　数の概念を豊かにし，数概念を育む

　さて，まず一つ目の話。数概念とは何でしょうか，どのようなことを数概念として学びますか。今回の提案では，「12」という**自然数の概念を豊かなものにしているという立場をはっきりさせて指導すること**が大事ですね。1年生で扱っている学習内容自体は簡単ですね。「12は4と4と4だね」という話で，それ自体は難しくない。けれども，それらを通して何を学んでいるかという話になると難しい。そこが数学教育における内容

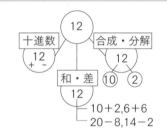

研究になる。私たちはどうしてもコンテンツ（内容）で教材単元の比較とか配列とかを考えてしまうけれども，実は能力で考えたときに，教材というものをどのように捉えたらよいのでしょうか。能力というメガネで学習指導要領を読むということと同じです。

　では，その数概念を育むにはどうしたらよいのでしょうか。「12」という数の概念にはどんなものがあるかを整理することから始めたいです。1年生の子どもが「12」という自然数をどのように捉えることを期待しているのでしょうか。まずは，それが確立するのは2年生以上だけど，十進数であるということ，十の位と一の位でできているということは絶対外してはいけない大原則ですね。さらには，合成・分解という視点から捉えることができるということ。そして，これらを関係付けていくこと。「12」はどのような数かと聞くと，子どもは必ず「10と2」と言いますね。「10と2」と言っていることは何をしているのかということです。12を分解しているわけですね。では，「10と2を合わせたらどうなるの」と問うと「12になる」と言う。これは合成ですね。**合成・分解ができるようになったということは，何ができるようになることなのかを確認していきたいわけです。**

　さらに1年生では，このことが一つの数を和・差としてみるということにつながります。

つまり，「12」という数は，10 ＋ 2，さらには 6 ＋ 6 とも表すことができるということです。そして 12 とは，20 － 8，14 － 2 と捉えていくこともできるようになるわけです。

乗除法的処理の経験

今回の学習では，「まとめて数えること」も経験させます。子どもはまとめて数えるときに，2，4，6，8，10 と言うでしょう。その次は何と言いますか。12 とは言わないですね。再び，2，4，6，8，10 と，そして 2，4，6，8，10 と言います。はじめの 5 つまでで 10 で，そして 2 を合わせて 12 と説明しますね。つまりなぜ 10 で一旦止めて，再び 2，4…と数えるのかということです。まとめて数えることの裏では，実は 10 を作っているわけです。

さらに，次に 2，4，6，8，10 とまとめて数えたり，累加的に処理したりすることがある程度身に付いてきた子どもたちに，2 ではない単位で数というものをつくっていったらどうなるかと考えさせたいです。その延長線上に実は 12 というのは 3，3，3，3 という見方もあることにつながっている。ここで「本当に 12 になるの」「どうやって考えればいいの」と問うと，「3 と 3 で 6 で，3 と 3 で 6 で，6 と 6 で 12 になる」と合成をしている。このように学んだことが次々とつながっていく。そしてそれらは切っても切り離せない状態になっていくわけです。

ですから，1 年生の指導では，先生から「このようなことはいつやりましたか」「前にもやったことはありますか」という言葉が繰り返し発せられて，子どもの経験につなぐようにします。そうすると子どもも，「やったよ，やったやった！」となる。つまり，彼らの経験知とつなぎながら，学習を組み立てていくのは，子どもが学習すべき内容，つまり指導すべき内容のほとんどと言っていいほどの内容が組み合わさっているからであって，何か単独の内容だけで授業することの方がむしろ少ない。特に，**数概念の指導は，多くの内容が入り組んでいて数概念の指導であっても，途中から計算の仕方の指導があって，それらは切り離せなくなっています**。そのように考えていくと，**概念指導の内容は既存の教材単元の枠を超えるということ**です。または，単元をつなぐ学びの必要性が出てくるということです。ここでの学習が扱っている見方は，最終的には倍数・約数につながっていく。このように教材の系統を見通せることが大切です。

WHAT　子どもの経験に開かれた学び

このように学びがつながっていることに目を向けていくと，二つ目の「WHAT」では，学習内容を個々独立したものにせず，子どもの経験を踏まえた学びをどのように描くかが鍵になります。

例えば，「12」という数を 3，3…，4，4…，と，これが本時でやりたいことだとすると，これを子どもから引き出すためには，どのようなことがわかっていることが必要でしょうか。「12」とは何の和になるか（「4 ＋ 4 ＋ 4」）。そうですね。乗法的にスパッと処理できるわけではないから，3 口以上の計算がある程度できていることが欠かせません。そして合成と分解。私がよく言うのは，「20 までのいくつといくつ」ができるようにしておいてほしいということです。

多くの指導では「10 までのいくつといくつ」ではないですか。けれども，「20 までのいくつといくつ」を経験していたら「12 は 6 と 6」または「7 と 5」と，「12」をすぐに合成・分

解できますね。ある程度自在にできていないと，なかなか問題解決できませんよね。

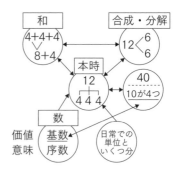

　さらには，どのようなことが必要ですか。学習指導要領解説の第2章には，数の概念指導はある2つのものをもって指導しましょうと書いてあります。「基数」と「序数」です。現行学習指導要領解説がこれまでと違うのは，第2章に内容の概観が位置付けられたことですが，その数概念の一番上のところに，この基数・集合数と序数・順序数が出てきます。1年生の最初に，教科書には情景図があって鳥が2羽ずつ飛んでいて数えますね。あれは集合数で，いわゆる基数を把握する素地経験ですね。そこでは10までを扱い，12まではいきません。でも2と2で4になるとか，4と4で8になるということを，加法とか減法を導入する以前に，集合数で直観的に把握しています。そのような経験がこの基数の概念理解を支えているわけです。だから，2，4，6，8，10と子どもたちは2ずつはうまく数えられるわけです。

　しかし，3，6，9，12，15などとは数えたことはないでしょう。それでも5，10，15，20や2，4，6，8，10といった数え方は教えなくても子どもたちは直観的にできるのは，子どもの経験に支えられているからです。このように，子どもが無自覚的に体験・経験していることがたくさんあって，それを授業において価値付けて，意味的理解を図っているからです。そのような数え方にどのような価値，どのような意味があるかを教師は教えることが大切です。

　鳥が3羽いたときに，これが1番の鳥，2番の鳥，3番の鳥とは言わない。だけど順序が問題になった瞬間に初めてそこで序数の意味や役割が問われる。だから何番目って話になってくるわけですね。ここで**取り扱いたいのは，序数じゃなくて基数，集合数。ある程度直観的にその集合数というものを把握できるかどうか**ですが，それが**数の合成・分解とつながっていること**が大切になるのです。

子どもの日常生活の経験値を学習と関連付ける

　子どもは日常的に「単位といくつ分」という見方を経験しています。そのような経験がここでの学習を支えるのです。「ロッカーはいくつある？」と聞いたら，教室の後ろで「2，4，6，8，10，2，4，6，8，10」と数えるでしょう。2，4，6，8，10と，子どもには10個のロッカーが2のまとまりを作りながら見えてきます。そして「10個が4個あるから40個」と言うわけです。

　これは日常事象での話ですが，数学的にはかけ算そのものですね。20とは10が2つ。30は10が3つ。では「70は？」と問えば「10が7つ」と答えるでしょう。さらに，「20は10が2つ」と言ったら，「5がいくつかな？」と聞いたらどうでしょうか。「5が4つ」だってすぐ言えるはずです。「なぜ」と問うと，「5，10，15，20だから」と言うでしょう。このように子どもの中で経験が結びついているわけです。

HOW　既習の内容と関連付けて説明する

　三つ目は，子どもが既得の内容と関連付けて説明できるような展開にしたいということです。これを意味的理解と言います。「大切だから覚えなさいと言われたので覚えていた」というのが形式的理解です。**内容の働きや必要性，よさなどの意味を伴って理解できるようにすることを有意味学習**と言います。

授業の展開では12枚の生活科カードをきれいに四角に並べたいということでした。

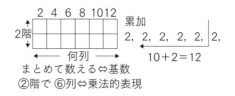

まずは2階建てを作ってみる。子どもは「できるよ，このようになるよ」と言って見せてくれるでしょう。「本当だ，2階建てだね」と確認します。そこで「本当に12枚あるのかな」と問い直します。さらに「2階建てでは，1階には何枚あるの」「何列並んでいるの」と問うと，子どもは2，4，6，8，10と数えるでしょう。そこで「まとめて数えているわけだね」「まとめて数えるとはやく数えられて便利だね」と価値付けます。

「ここの5列のところまでで10なんだって」「最後はまた2です」と確認して，子どもに追試行させます。2，4，6，8，10，2。ここで2が6個あることに関心をもたせて，「これをたし算でみんな書けるかな」と問い，2を6回たし合わせればよいことを確認させるといい。10に最後2たすことから，「12は10と2だったな」と既習事項を振り返らせたいわけです。さらに「ここまで（半分）だったらいくつかな？」と聞けば「6」となる。「6までは3列」。聞きもしないのに「3列と3列」「ここで半分だよ」と言い始めるでしょう。

「先生は，2階建てで生活科カードを並べたけど，あなたたち，長四角とか真四角のような並べ方はできませんか」と何階建てかは自由に決めていいと指示したら子どもはどのように取り組むでしょうか。ここで大事なことは，まとめて数えることによって，累加，基数を改めて学習しているということです。その一方で，**今まで勉強したことを使いながら，子どもに単位を決めさせることを経験させている**わけです。そのときに，「12」という数字に対する数感覚が豊かかどうかによって反応は違ってきます。例えば，子どもから「5というのは単位がだめだな」というふうにパッと出てくるようにしたいものです。そして「5というのは，なぜだめか」と問われたら，「5，10，15で，12は出てこないよ」と説明できることが大切です。子どもたちが既得内容と関連付けながら説明できることが重要なわけです。「5，10，15，20と数えていったときに，12は出てこないから長四角にはならない」「ちょっと2だけ残ってしまうのでうまくいかない」と説明できることです。

そのように子どもが関心がもてるように先生が問い続けてほしい。「5階建てにしようかな，どうかな」と。「だめじゃないかな」と子どもが言うと，「なんでだめなの？」というやり取りを明示的に繰り返してほしい。「なぜ，6ならいいと思うのか」「なぜ，3ならいいと思うのか」「4なら…どうか」と。**最初は試行錯誤でいい。試行錯誤してみて，「だめなときはだめ」と言える子にすればいい。**でも，**次にはだめな理由が言えるようにしていきたい**わけです。

まとめて数える経験から，それが2年のかけ算，3年のわり算になったときにも，既得の内容と関連させながら説明できるようになっていく。数概念の指導は3年生くらいまでに丁寧に積み上げていくことが必要です。子どもが，「いくつといくつのときも，9は5と4とか6と3とか言ったけど，3と3と3とかも言ったよ」ということが言えるようにしたい。つまり，彼らの将来から遡ったときに，どのような子どもにしておかなければいけないか，どんな経験を積んでおかないといけないのかを見据えることが非常に大事になるわけです。

3
問題解決のプロセスを式から読み解く
式の価値を味わい尽くす

教材単元名：（　）を使った計算（第2学年）

　学習指導要領では，内容領域の再編成により「A 数と計算」領域に，「式の表現と読み」に関する内容が位置付けられた。従来の「A 数と計算」では，数の概念や計算の仕方について学習してきた。計算の法則や工夫などもそれにあたる。そこに「数量関係」で学習してきた「式の表現と読み」が統合されることになった。「数量関係」領域では，式で数量の関係を表現したり，読み取ったりし，事象を読み取ったり，その思考プロセスを考察したりすることを学習してきた。領域変更により，事象を考察する際の式の役割が一層理解しやすくなり，日常生活の場面や算数の学習の場面で，式に表現したり読んだりして問題解決することができるようになることを目指している。つまり，**式を表現し自分の考えを他者に伝え，他者の考えを式から読み取ることで，式による対話的な学びの実現**を目指したい。

WHY　なぜその学習があるのか？　子どもは何ができるようになるのか？　学習の価値

■ 式とは「数学の言葉である」

　式のよさには，事柄や関係を一般化したり，形式的に処理できたりといったことがある。しかし，数量関係を省略し結果のみを求めるだけでなく，**その解決過程を表現できることも式のよさの一つである。平成29年の改訂では，この両面を同時に学習することに意図を感じる。どんな数量に依存しているのか，またどのような関係を表しているのかを示すことで，思考プロセスを簡潔・明瞭に表すことができるよさを味わわせたい。**

　また，問題場面に出合ったとき，分解式で立式するか総合式で立式するかによって，式のよさが異なる。**分解式で表した数量を，一つの数としてみる**ことで，総合式に組み込むこともできる。問題場面を明確に示すときには，総合式で表すことが重要になる。第2学年ではその後の学習に向け，分解式と総合式との違いに着目することで「式の表現と読み」の充実を目指す。

■ 数学的なコミュニケーションへの素地

　式を読むとは，表された式から具体的な場面を読むことでもある。自分の思考プロセスを振り返ることだけでなく，他者が書いた式を解釈することも式を読むことである。これは，式から他者のアイデアを考察する力の育成につながる。**自分の式と相手の式とを比較し考えを交流することで式による対話的な学びを実現する**ことを最終的な目標とする。

　そこで第2学年の「（　）を使った計算」の学習では，式をもとに数量の関係を捉える思考プロセスを経験させたい。お菓子を複数買う問題場面を通して，（　）でまとめたものや式そのものを**一つの数としてみられる**ようにしたいのである。各々が立式したものを比較することで，

それぞれの式の思考プロセスを読み取ることにつながる。おつりを求める場面では，「所持金－代金＝おつり」と表すことができる。買うものが複数ある場合，分解式でも求めることができる。そこで**代金を求める式を一つの数とみる**ことで（　）を使い総合式にまとめられるようにする。そうすることで，処理的にも表現的にも式への理解を深めることができると考えた。

WHAT　数学として何を取り上げるのか？　数学のもつ意味・内容

■（　）を使った式のよさ

（　）は結合法則を利用したり，十のまとまりに着目することで計算しやすくしたりする計算の工夫という側面がある。（　）でまとめる数を選択することで，繰り上がりが少なくなるよう工夫を行い，計算を能率的にすることができるよさを味わわせる。そうすることで，計算に関して成り立つ性質を活用する態度を育んでいく。

■問題解決のプロセスを表現・考察する

一方で，問題場面の数量の関係を示す側面ももっている。（　）を一つの数としてみることで，**数量の関係を簡潔に表し，式表現をより豊かにする**とともに，**どのような思考プロセスで立式したのかを他者に示すことができる**。おつりを求める問題場面から数量の関係に着目し，分解式で表した代金を求める式を一つの数として，総合式に置き換え，式が表す意味について考察する。

代金をまとめ一つの数とすることで，複数の数量を扱う場面であっても$x - y = z$のような**三項の関係と捉え，事象を簡潔に表すこと**で問題場面の理解が深まる。

HOW　数学らしく学んでいるか？　見方・考え方を働かせた数学的活動

■式から問題解決のプロセスを読み取る

おつりを求める場面において，求め方は大きく2通りある。子どもたちはこれまでに，加法・減法は前から順に計算すると学習してきているため，多くの場合3つのお菓子を買う場合も，$100 - a - b - c$と計算する。それぞれの考えを交流する際には，「まだ〇円残っているので」と減法を意識した子どもの発言を板書し，式の意味を表す方法を高めていく。また，$a + b + c$と代金を求めた後，100円から代金をひく2分解の式も考えられる。ここでは，**それぞれの式が表す意味に着目させ，問題解決のプロセスを読み取り，それぞれの式のよさを比較し検討する**ことで式の読みが深まると考える。最後に（　）を使った式を用いて総合式として表現する方法を提示し，式の表現力を広げていく。

■"式を一つの数"としてみる見方・考え方

分解式では「$a + b + c =$代金の合計，所持金－代金の合計＝おつり」と求めることができる。「所持金－代金＝おつり」の三項関係から代金を$(a + b + c)$とまとめ一つの数としてみて，$100 - (a + b + c)$と立式することができる。つまり，**代金の合計という"一つの数"としてみることで，式を簡潔に表すことができる**ようになる。

まとめて計算する場面は日常生活でも多く見られる。無意識的に行っている立式を，意識的に（　）を活用し，より簡潔・明瞭・的確な式で表すことで，式の表現力がより豊かになると考える。**自分の思考プロセスを式という数学の言葉で表現し，他者が読み取ることを経験させることで，数学的な見方・考え方で対話する素地を培っていきたい。**

式の表現と読みの指導の単元デザイン

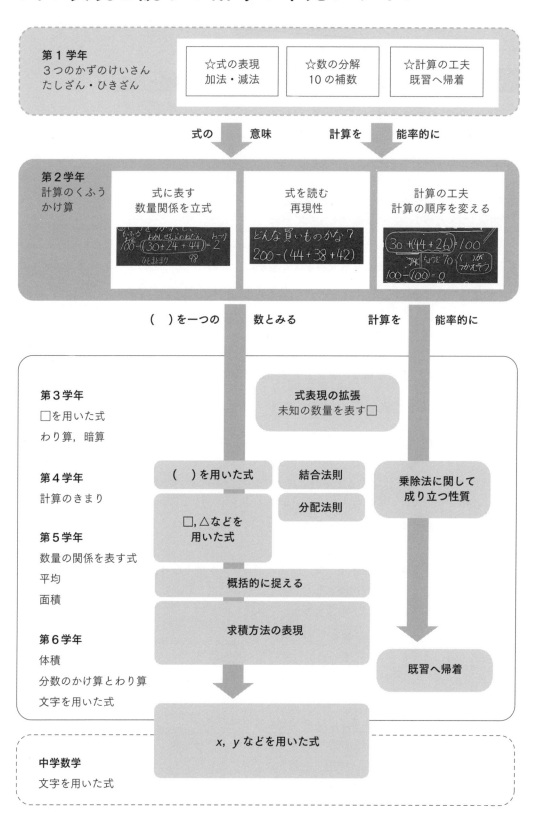

本時の実践と分析

本時目標 おつりを求める式を考え，比較することで，式表現のよさに気付きより簡潔・明瞭に表す式がないか考えることができる。

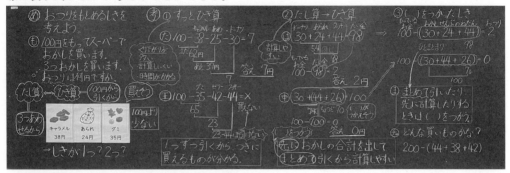

■ 問題場面の把握

C：お菓子がいっぱい。

C：私はグミが好き。

T：今日は遠足のお菓子を買いに行きます。みんななら何を買いますか。おつりを求めましょう。

C：全部集めたら何円かな。

C：何個でもいいの？

C：何円持っているの？

T：100円持っています。

C：100円だと…。

C：ひき算？

C：たし算になる。

C：おつりを求めるからひき算になるはず。

C：先生，たし算ですか？

T：みんなで確認しましょう。たし算をしている人が多いんだけど。

C：え，たし算…？

T：たし算もするんですか？

C：**たし算をしてからひき算をしている。**

C：どこからひき算になるんだろう？

T：この問題は何を求めるんですか？

C：おつり。

T：そうだね。おつりを求めるんだよね。

C：たし算してひき算したら遠回りしている。

C：たし算の下にひき算を書いてもいいですか？

T：もしかして，式が2つになるかもしれないんですか？

C：式が1つでもできるよ。

C：ひき算が難しいな。

えん足のおやつ
・3しゅるい かう

| あられ 24円 | あめ 25円 | ラムネ 26円 | ドーナツ 30円 |
| グミ 35円 | キャラメル 38円 | ゼリー 42円 | クッキー 44円 |

■ それぞれの式から買い方を読み取る

T： どんな式になりましたか。

C： 100 − 38 − 25 − 30 です。

C： ずっとひき算をしているね。

C： 100 − 38 = 62 だからまだ買えるね。

C： 62 − 25 = 37 で，まだ買えるね。

C： 37 − 30 = 7。おつりは 7 円だ。

T： 何を買ったのかな。

C： キャラメルとあめとドーナツ。

T： 他の式を書いた人はいますか。

C： 100 − 35 − 42 − 44 です。

C： 100 − 35 = 65, 65 − 42 = 23

C： 23 − 44 はできないから，44 円のクッキーは買えない。

T： 何を買いたかったのかな。

C： グミとゼリーとクッキー。

C： 1 つずつひくから，買えるものがわかるね。

T： 別の方法で計算した人はいますか。

C： ひき算とたし算両方使いました。

C： 30 + 24 + 44 = 98, 100 − 98 = 2

T： どういう方法で計算したのですか。

C： まずお菓子 3 つを全部たして，100 円からひきました。

C： 98 円は代金。

T： では，100 − 98 の式の 98 は何を表しているのかな。

C： ドーナツとあられとクッキーの合計。

C： まとめてひいているね。

C： 全く同じ買い方でした。

C： 30 + 44 + 26 = 100, 100 − 100 = 0

C： すごい！　ちょうどだ！

T： これはどう計算したの。

C： 30 + 44 をして…。

C： 先に 44 + 26 をした方が計算が楽じゃないかな。

C： じゃあ 30 +（44 + 26）だね！

■ 一つの数としてみる

T： たし算してからひき算している人が多いですね。

C： ひき算 3 回する方はおつりが計算しにくい。

C： 1 つずつひいているんだね。

C： 計算できるけど，時間がかかる。

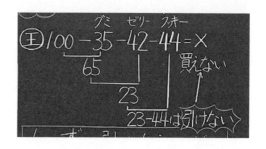

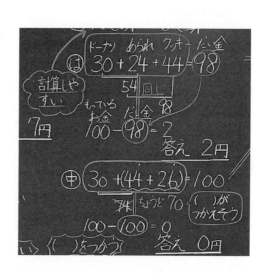

T：たし算とひき算の式はまとめてひける。

C：**最初にたし算してから，3種類のお菓子の値段を1つにしてからひけるから楽だ。**

C：たし算だから計算しやすい。

T：はじめのたし算では何を求めたんですか。

C：お菓子の値段の合計。

C：代金を求めて，持っているお金からひいた。

T：お菓子を一まとまりにしているんだね。

C：ひき算だけの式は1回だけひいているけど，ずっとひき算の式は3回もひかないといけない。

C：**みんなの意見を聞いていて思ったけど，（　）を使えばいいんじゃないかな。**

T：今出てきた意見から（　）を使った式にできそうだね。

T：持っているお金からまとめてお菓子3つ買った代金をひけばいいんですか？

C：買おうとしているお菓子の合計は…。

C：たし算で求めたね。

C：**3つのお菓子の合計を（　）でまとめれば式が書けそう。**

C：持っているお金は100円だから…。

T：ということは，（　）を使った式にすると？

C：100 −（　＋　＋　）になる。

■ 式から状況を読み取る

T：200 −（44 ＋ 38 ＋ 42）はどんな状況かわかりますか。

C：200からひいているから，持っているお金は200円だね。

C：38 ＋ 42 を先にした方が計算がしやすそうだね。

■ 実践の考察

　子どもたちは，はじめにおつりを求める際，それぞれ自分にあった計算方法で求めた。ひき算のみの方法とたし算をしてからひき算をする方法の双方のよさについて考え，よりよい式はないか考える活動に励んだ。本学習で，両方の意見を取り入れ，（　）を使えばよいのではないかという発想に至れたことで子どもの式の表現に対する理解が深まった。（　）の使用法が計算の工夫だけでなく，代金をまとめてひくために（　）を一まとまりとしてみる視点が育ってきている。

　しかし，3種類の式の相互のつながりを考えるまでは至っていない。それぞれの共通点や相違点に着目させることで式に対しより理解が進められたように思えた。

　（　）を使った計算の学習を通して，様々な式に対し多角的に見る視点は今後の学習においても重要である。形式的に処理するだけでなく数量の関係に着目しながら式の表す意味を読み取れるよう今後も研究を進める。

引用・参考文献

齊藤一弥（2021）『数学的な授業を創る』東洋館出版社.

片桐重男（1995）『数学的な考え方を育てる「式」の指導』明治図書.

文部科学省（2018）『小学校学習指導要領 解説 算数編』日本文教出版.

本実践の価値と今後に向けて　齊藤一弥 解説

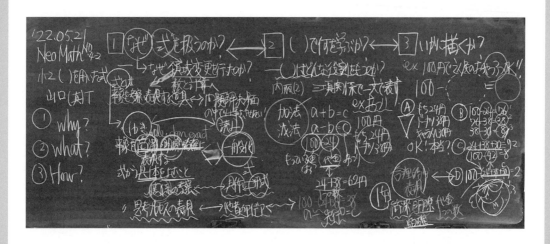

指導のオーバービュー

　現行学習指導要領における領域変更の意図を確認することが大切です。なぜ，式の学習が重視されているか，（　）を使った計算の学習を通してどのような能力を育成しようとしているかを考えたいです。

　式指導は，昭和33年告示の学習指導要領から過去6回ともに「数量関係」に位置付いていましたが，現行学習指導要領では「数と計算」の領域に位置付きました。「数と計算」に位置付いた意図は何か，式をいかに展開するかを考えていかないといけません。

WHY　式を学ぶ価値

　一つ目です。**式とは，事象を考察したり表現したりする道具だから，問題解決の場面で式に仕事をさせたい**という意図がありました。そのため「数と計算」領域の問題解決の場に置くことにしたわけです。そもそも式とは算数・数学において事象を表現する道具，算数の言葉と言われています。そこで領域を変更してその価値を学べるようにしようということになりました。

　式をいかに学ぶのかということが問われたわけです。まず，式にはどのような働きがあるのかを考えようとしたのです。それがなぜ式を勉強するかという答えの一つ目です。本提案の買い物の事象場面で言えば，100円でおつりがいくらかという場面を簡潔・明瞭・的確に表現することができるということ。簡潔とは，シンプルです。明瞭というのはクリア。シンプルとはどういうことかというと，A＋Bという短い加法表現で場面がすぐに表せるということです。「公園の砂場に友達が5人いました。後から6人来ました。全部で11人です」。どうですか，文章だと長いでしょう。5＋6＝11。そして**それを明瞭な形で表現するとともに的確でもあります。的確というのは誰にでも正しく伝わるということ**。そのように表現すれば，これは合併なのか増加なのかは別にしても，合わせる場面であることはすぐにわかります。さらに，文章と式とでは決定的にあることが違いますね。式には，具体がないということです。

　式の働きには，式から具体を読むことができるということもあります。式を見た瞬間に，「代金を求めているのだな」とわかるわけです。さらに，式を読んで何をしているかというと，数量の関係を考察しています。そしてさらに重要なことは，式から表現した人の思考プロセスをつかんでいるということです。式は，いかに物事を考えたかという思考プロセスを表現

することができる。これを学ぶことを大切にしたいです。

　本時では，（　）を使うことによっていかに問題解決しようとしたのかが表現されていて，それを読むことが大切です。支払った金額と代金，そしておつりの関係の考察をすることに取り組みたいわけです。

　式を読むことを通して，事象を一般化するということも大切です。「5＋6」とは，先ほどは砂場の話でしたが，チョコレートをもらいましたという場面でもいいわけですね。**具体と形式を常に行ったり来たりしながら式を読んでいますが，その過程で無自覚に一般化をしている**のです。

　今回の実践では，具体的な買い物の場面が貼り付いていて，算数の言葉としての式で表現したときに，それはどのような関係を表しているのかということを常に意識しながら読んでいます。そしてその式を表現した人は，どのように考えていたのかと，他者のアイデアを読んでいることにもなるわけです。できることであれば，どのように考えたのかをなるべく簡潔に表したい。明瞭に表すことに挑戦したい。式を学ぶ際には，そういうことを大事にしたいです。

WHAT　（　）を使った式の指導

　続いて，二つ目。2年生で学習する（　）とはどのような役割をもつのでしょうか。現行学習指導要領では，この（　）について，2年生では「内容の取扱い」に位置付いています。このことから，教科書会社によって扱い方に温度差があるため，先生の指導の仕方にも違いが出てきますね。でも，2年で学ぶべきことは決まっています。どのような役割を学ぶのでしょうか。

　本時では，事象を三項関係の式で表現します。加法の場面では，AとBを合わせる。1年生の初期で言えば，合併の場合でも増加の場合でも2つを合わせるものを加法にしたい。次に，AからBをひくという場面は，減法にしていきたいです。例えば，おつりを考える場合では，「たし算，ひき算のどちら？」と聞くと，「100円を持っていて，買ったときのおつりだからひき算」と言うはずです。減法ですね。「100円持ってました。24円のあられを買いました。これはどのような式になるの？」と問えば，「100−24」と答えるでしょう。100−24という式の，「100」は何ですか，持っているお金ですね。そして「24」は代金。そして「76」はもちろんおつりですね。このような関係を表現したいわけです。さらに，あられだけじゃなくてキャラメルも買いたい。キャラメルが38円のときに，これも買ったらば，今度は代金はいくらだろうと考える。24円と38円ですね。合わせた代金は62円だから，100円から62円ひけば，まだおつりがある。38円のおつりとなりますね。ここで子どもに「これは何の場面ですか，買い物の場面でおつりを求める場面ですね，おつりを求める場面は何算になりますか」と。

加法　$x+y=z$
減法　$x-y=z$
$100-24$
持っているお金・代金 ＝ おつり
　　　　　　↕
　　$24+38=62$
　　　一つの数

　多分，「ひき算だけどたし算が出てくる」と答える子どもも出てくるでしょう。そこでひき算にならないかと考えるわけです。100円からなんとか代金をひくようにするにはどうしたらよいかを考えさせて，答えの38円を導きたい。ここはどうしたらいいでしょうか。そこで（　）の部分を一つの数，つまり代金とみればいいということになる。先にあられとキャラメルの値段をたしておいて，100円からひきましたという思考を式に表現できるようにしたい。

　つまり2年生の（　）というのは，**加減法の基本形の三項関係にまとめるために使うの**です。一連の内容の中でこのように式を読むことがその働きについて学ぶわけです。しかしそれ

らを次々と２年生が考え進むことができるはずがないので，いかに文脈を描くかという話が出てくるわけです。

HOW　数学らしい文脈を描く

例えば，「100 円で遠足のおやつ３つまで買っていいけれど，どうやって３つ選びますか」という話であれば，３つたして 100 円以下になればいいですね。おつりが手元に残るようにしたいわけです。

Ａさんは，あられの 24 円，キャラメルの 38 円，ドーナツ 30 円を買って，絶対おつりは出たって言っているが，「そのことを式に変えて説明できませんか？」ということです。

大切なのは「それは本当だろうか」と問うこと。Ｂさんは，100 − 24 = 76。76 − 38 = 38。38 − 30 = 8 円。それからＣさんは 24 + 38 + 30 = 92。100 − 92 = 8 になった。Ｄさんは，クラスに一人いるかいないかでしょうが，100 −（24 + 38 + 30）。

A：あられ24円
　　キャラメル38円
　　ドーナツ30円
　　　　OK！本当？
B：100−24＝76
　　76−38＝38
　　38−30＝8
C：24＋38＋30＝92
　　100−92＝8
D：100−（24＋38 ＋30）＝8
　　　　　　代金・一つの数

合理的な表現

簡潔・明瞭・的確

そのときに，これは（　）を用いて何を表しているかを考えたい。３つ買ったときのおつりを求めるために，代金を全部合わせたわけですね。

代金の 92 円の中身を表している。つまりこれは一つの数として，代金という一つの数としてみなしている。そして，「この式にはたし算とひき算と両方入っているけれど，これは何算なのか」と聞いてみることが大切です。子どもたちは，「これはひき算ではないか」と言い始めます。「だって，持っているお金から代金をひいてるから」と。しかし，他の子どもが「たし算だってあるじゃないか」と反論します。しかし，「でもあのたし算は，代金を求めるための計算だから…」と，代金という一つの数と考えたとしたらいいのではないかと思考がつながっていくようにしたい。持っているお金から代金をひいておつりを求めるという関係に関心をもたせたいわけです。それが式を読ませるということです。そのような授業を創っていってもらいたい。だから，**この（　）を使った式が理にかなって，つまり合理的で，そして極めて簡潔な表現であることを感じるようにしたいのです。**

なぜ簡潔ですか。１本の式だからですね。１本ということは極めて簡潔な表現です。**構造が明確。関係が明瞭。**この三項関係が明瞭。持っているお金と代金とおつりの関係がわかりやすい。そして誰にでも正しく伝わるという的確さが大事です。**学習指導要領に 70 年ぶりに復活した「簡潔・明瞭・的確」**ですね。表現方法としてこういうものを追い求めることが非常に大事なのです。式という算数の言葉を使って，事象をわかりやすく表現できることを伝え，そのために様々な場面で式を扱って読んだり表したりするわけです。

まだ２年生の（　）というのは，加法及び減法での話です。４年で乗法・除法の分配法則を学んでその価値をさらに確認することになります。しかし，２年の段階からこのように（　）を使うことによって一つの数に表したということが，この三項関係を的確に表現することになるという経験をさせていくことが重要です。式がどれだけ便利で，優れているものがあることを考える。教科目標でいうと三つ目の柱，学びに向かう力，人間性で取り上げる数学のよさに当てはまると言えます。**式の有用性とか一般性とか効率性ということにもっと関心をもって，その実現に向けて意図を明確にした文脈を描いていくことを目指したいですね。**

4

中学年から「統計的探究プロセス」を意識させる

統計を学ぶ「目的」を子どもがつくる授業

教材単元名：表と棒グラフ（第3学年）

　「D データの活用」は，統計的な内容等の改善・充実を図るために新設された領域である。改訂前は「数量関係」領域で統計指導が行われてきた。どちらかというと知識や技能の指導に偏りがちとなっていたのではないだろうか。グラフや表を作って何を考え，判断するのかという，問題解決のための道具としての意識が低かったと考える。

　現行の学習指導要領解説には，高学年から PPDAC サイクルを自ら回せるように指導することが求められており，中学年や低学年では一連の流れではなく，部分的に段階を追って指導すると読み取れる。

　しかし，一連の統計的探究プロセスを意識させるのが，高学年からで本当によいのだろうか。私は，**中学年のうちから子どもに問題意識をもたせることができれば，統計的探究プロセスをたどり，「問題」と「結果」を行き来し，子どもたちで解決に向かうことが可能**だと考える。だからこそ，表やグラフを表面的な知識・技能として指導するのではなく，あくまでも問題を解決するための手段として意識させることが必要なのである。

　統計的探究プロセスを歩む中で，**自分の目的に応じた整理の仕方や効果的なグラフの見せ方を自由に選択して，問題に立ち向かえる**ようにさせたい。自らが解決したい問題があるからこそ，方法や計画などを考え，時に立ち止まって活動を進めていけると思うからだ。また，自分で考えて集めたデータだからこそ，結果を分析した後もこだわって吟味し，得たものを他者に話す中でもう一度見直し，よりよいものを求め，納得解を作っていきたくなるに違いない。

WHY　なぜその学習があるのか？　子どもは何ができるようになるのか？　**学習の価値**

■ 納得解を作り生活改善に生かす力の育成

　低学年では，教師がデータを与え，そのデータを整理し，特徴を捉える活動が中心であることが多いだろう。表やグラフに整理することで特徴が見やすく捉えやすいとそのよさを感じられる一方で，表やグラフに表す必要感を作れないことがある。そこで第3学年では，まず**漠然と捉えている感覚的なものと，数に表現したデータを見比べて，客観的に判断できる数学的なよさを感じさせ，データを活用するよさ**を学ばせる。データには実生活から収集した生のデータを使用したい。子どもたちが自分ごととして考えることができることと，最終的に納得解・最適解を見つけて，実生活に返していくことが目的だからである。本単元では，挨拶の意

識調査をして捉えた感覚的なデータと現実にカウントした客観的データを比較することで，まず客観的に現状を捉えさせる。挨拶ができていると思っている子どもたちの「そんなはずはない」「自分で調べてみないと納得いかない」という気持ちを引き出し，調べる目的をもたせる。また，自分の主張を，表やグラフを活用することで効果的に伝えられることも学ばせる。データを用いて論理的に交流させる中で，納得解を作り，生活改善に生かしていくのである。この学習を経て，子どもたちが**生活の中で問題にぶつかったとき，解決するための一つの方法として統計的探究プロセスを利用できる**ようにしたい。

WHAT 数学として何を取り上げるか？ 数学のもつ意味・内容

■ 統計的探究プロセス

生活の中での問題を解決するための手段として統計的探究プロセスを学ぶ。第3学年では，日時や場所の観点などからデータを整理することや表や棒グラフを学ぶこととなっているが，それらの学習内容の獲得はあくまでも問題解決の手段である。**生活を振り返らせ問題意識をもたせれば，問題解決の計画も子ども自身が進めていくだろう。**調べたデータをグラフに表現し，それを分析に生かす。また，**調べた結論を他者に説明する活動を通して，自己の活動を振り返り，改善を図っていく**のである。

■ 効果的な表現方法

グラフは数を図形に置き換えることで差や変化を視覚的に読み取り，また効果的に伝えるよさがある。複合グラフで表したい観点で整理し直して表現することや，目的に合わせて目盛りを調整し，表現することもできる。だからこそ，**見た目に表現されるよさと危うさを学び，数を正確に読み取り客観的に判断できる目を育て，自分の伝えたい内容によって，視覚的表現の工夫ができる**ようにする。

HOW 数学らしく学んでいるか？ 見方・考え方を働かせた数学的活動

■ データを批判的に見る

教師からデータを与えて学ぶという授業が多いと，子どもたちは何の疑問ももたず素直に学びを進めていくことに慣れてしまう。しかし，生活の中で見かける統計的表記は，伝えたい内容に合わせて効果的に操作されていることがある。図的表現によるわかりやすさやデータの比較・関係性を見いだすのに適している一方で，それゆえの誤読もある。情報過多の社会では，**いつも見た目だけで判断せず，数を正確に読み取り，時に批判的にデータを見て，総合的に判断する力をつけること**が必要なのである。

本単元では，教師から与えられたグラフをきっかけに調査の方法を批判的に考察できるようにする。批判的に見ることで，自分たちがより客観性を求めた条件（場所，時間，対象集団など）に迫り，計画していく。自分の考えを伝えるためだからこそ，疑問に思ったことは話し合い，問題があれば改善をしながら活動を進めていくだろう。各々の主張を交流し合うことで，考えの違いに気付き，「本当にそう言えるのか」「誰もが納得することにつながるか？」と信頼性や妥当性に迫り，批判的思考を繰り返して，納得解を作り出していくと考えた。

統計的探究プロセスを低学年から意識させる
単元デザイン

第1学年		第2学年	
	絵や図を用いた数量の表現		簡単な表やグラフ

第3学年
表や棒グラフ
複合棒グラフ

挨拶はできていると言えるのか？
・意識調査から現状を捉える。
・客観的データから，意識とのズレから問題意識を作る。

どんなデータが必要か？
・目的に応じた観点を考察する。
・データを収集する方法考案し，計画する。
・簡単に記録する方法を考案する。

調べたデータをどうやって表せばわかりやすいか？
・目的にあった観点で分類整理。
・表や棒グラフでの表し方を考え，集団の特徴の考察。

主張を伝えるにはどんなグラフがいいか？
・目盛りの大きさの考案。
・整理の仕方を工夫し，主張を伝えるための効果的な表現を考察。

本当にこれでいいか？
・活動を振り返り，自らその妥当性を問う。
・対象とする母集団を広げる。整理の仕方を変える。
・考えを交流し，納得解を得る。

第4学年		第5学年		第6学年	
	データの分類整理 二次元表 折れ線グラフ		円グラフ 棒グラフ		データの考察 ドットプロット 平均値 中央値 最頻値 階級

中学1学年		中学2学年		中学3学年	
	資料の散らばりと代表値		確率		標本調査

本時の実践と分析

本時目標 問題を見いだし，調べる目的を確認し，データの取り方を考える。

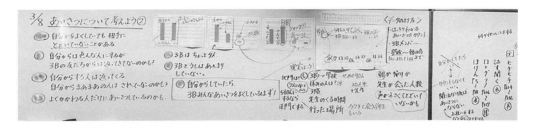

■ データを分析し，問題を捉える

T： マスク生活になって挨拶が減っているというニュースを見たのだけど，みんなはどうですか？

C： やっているよ。（多数手を挙げる）

T： では，アンケートを取って確かめよう。

---

①あなたは自分から挨拶をよくしますか。
　よくする…15人　まあまあする…15人
　あまりしない…0人　ほとんどしない…0人
②あなたは人から挨拶をよくされますか。
　よくされる…19人　まあまあされる…9人
　あまりされない…2人　ほとんどされない…0人
③3年B組（3B）の人たちはよく挨拶をしますか。
　よくする…12人　まあまあする…14人
　あまりしない…3人　ほとんどしない…1人
④挨拶があふれる学校にしたいですか。
　すごくそう思う…29人
　まあまあそう思う…1人　他0人

C： （①より）ほとんどの人が挨拶できているよね。

C： （②より）よくされるという人が増えているけど，あまりされない人が2人出てきたのが問題だね。

C： ①と②を比べてみると自分から挨拶をよくする人はよく挨拶が返ってくるけれど，まあまあな人は挨拶をしないこともあるから，されることも減っているんじゃないかな。

C： （③より）あーショック！　①のアンケートでほとんどの人が自分から挨拶をしていると言っていたから，3Bみんなできていると言うと思っていたのにな。

C： 月曜日は久しぶりに会うから挨拶が増えると思ったのにな。

C： 全員ができるといいのに。

■ 意識調査と現実データの比較

T： 先生は，挨拶が少ないなと感じているの。
　確かめるために，実は挨拶の数を数えていたのだけど，その結果を見たい？

C： （グラフを見て）えーめっちゃ少ないやん。ほとんどしていない。

C： 自分たちはよくできていると思っていたけれど，できていないよね。意外だな。

C：でも，もしかすると先生が教室に来る時間は，みんなが外に出ている時間だからじゃない？

C：ちょっと見て，ここのところ。目盛りが**540人**になっているよ。6年生には会ってないのに540人にするのは**おかしいよね？**

あいさつをもらった人数

日付	2/17	2/18	2/21	2/22	2/23	2/24	2/25	2/26	2/28	3/1
曜日	木	金	月	火	水	木	金	土	月	火
人数	7	7	13	10	0	13	12	0	11	13

あいさつをもらった人数

■グラフを批判的に見て，調べる計画と方法を考える

C：もし540人（全校児童数）にするなら，全員に会えるように正門でしなくちゃ。

C：北門から登校する人もいるからそっちにもカウントする人が必要だよ。

C：時間は朝にする？　帰りにする？　それとも昼？

C：挨拶は出会ったときにするんだから，朝がいいんじゃない？

C：4年生とか6年生も数に入れる？

C：3Bを調べるのだから，30人だけにしよう。

■方法を改善しながら，データを収集する

C：おはよう，おはよう，おはよう。

C：俺はあと3人で30人になるよ。

C：**挨拶の仕方が，不自然だと思うんですけど。**

C：こんなふうに挨拶をしていたら，**いつもの様子を調べることができない**よ。

C：もっと普通に挨拶をしなくちゃ。本当の数がわからないよ。

C：どうしても意識しちゃうけど，いつも通り，自然にやって数を数えていこうよ。

■個人のデータから一応の結論を出す

T：自分で調べて，表やグラフにまとめたね。そこからどんなことがわかりましたか？

C：毎日大体20人ぐらいは超えているから，私は，みんな挨拶はできていると思う。

C：僕は大体15人以上の日が多いから，結構できているけど，もっと意識すれば増やせると思う。

C：もしかすると，毎日仲のいい人というかよく関わる人には挨拶しているけど，あまり挨拶していない人とか決まってしまっているかもしれない。

C：全員に挨拶はできていないから，これではできているとは言えない。

T：同じ数でも人によって，様々な捉え方があるのですね。表やグラフがあると，考えた理由がよくわかるね。

■クラスデータの整理の仕方を考える

T：クラス全体の挨拶を考えるにはどうしたらいいかな。

C：全部の数をたして**合計のグラフ**にすればいい。

C：**曜日ごとに合計**して，関係を調べてみたい。

C：大体の様子がわかるように約何人かで見た方がいい。

C：合計じゃなくて平均がいいと思う。

C：平均にするなら，**データを取り忘れた日は省いた方がいい**と思う。

C：欠席者がいるのに 30 人としているデータはおかしいから入れない方がいいよね。

C：**男女に分けて見ても面白いかも。**

T：では，それぞれ**調べてみたい目的に合わせて整理の仕方**を考えてみよう。

■ 個別の納得解を出し，交流する

C：私は曜日ごとの合計をしてみたんだけど，はじめの方はみんな意識していたから，すごく多いけど，段々下がっていっているのは，意識がうすれていくからだと思う。

C：月曜は忘れていて数が減っていて，反省して火曜は数が増えるんだと思う。

C：私は大体の数でグラフにしました。いつも半分は超えているけれど，これでできているとは言えない。

C：**自分のクラスだけじゃ，わからないから，他のクラスも調べて比べてみたいな。**

C：でも，もしやるなら，調査するのを秘密でやらないと正確な数はわからないと思う。

■ 実践の考察

　今回，問題設定の導入に時間を取り，**中学年でも統計的探究プロセスをたどって「目的に応じたデータの収集」や「データを用いた問題解決」の授業は十分創っていける**と感じた。自分たちがこうありたいと思う理想と現実のギャップから子どもたちは調べる目的をもてた。子どもの思いがあるからこそ，教師が提示したグラフを「まさか」「そんなはずはない」とむきになって読み取り，表し方や調べ方を批判的に見れたのである。また，日時や場所，データのカウントの仕方まで，話し合い，計画できた。条件が変われば結果も変わるということを予測していた。

　調べる中で，各々が見聞きしたものをカウントするため，もれなくデータを集める難しさや数の正確性が検証できないこと，客観性を保ってデータを取ることや，一人ひとりの意識で結果が左右されることなどの新たな問題にも気付けた。

　子どもたちは，目的があるからこそ，問題点を出し合い，解決の方法を探っていた。活動方法をその都度改善し，納得して調べた結果から一旦の結論を出すことに至ったが，**それでもやはりこれでは正確とは言えないと振り返り**，さらなる改善策を考えていた。まさに高学年につながる統計的探究プロセスである。

　この授業のゴールは，ポスターづくりや挨拶活動をさせることではない。自分たちが何となく「できている」と思っていたことを**「数理的処理を通して客観的に見えるようにすること」**である。子ども自身の主張が数学的な処理や表現に支えられることや，数表現を使うことで他者への理解も深まるという「数学的なよさ」を実感させるものである。誰かに伝えるという活動を通して，「本当にこれでいいのか？」と自分自身の活動を振り返り，問題解決に生かす力を育てるのである。そのためには，**子どもたちの目的となる問題設定と常に自分の活動を問い返す批判的思考が重要**であることを改めて感じている。

参考文献

文部科学省（2018）『小学校学習指導要領 解説 算数編』日本文教出版.
横浜市教育委員会（2010）『横浜版学習指導要領 指導資料 算数科・数学科編』ぎょうせい.
杉山吉茂（2008）『初等科数学科教育学序説』東洋館出版社.
齊藤一弥（2021）『数学的な授業を創る』東洋館出版社.

本実践の価値と今後に向けて　齊藤一弥 解説

今日の指導のオーバービュー

どのような算数の授業を創っていくのかを改めて考えてみましょう。

まずは，なぜ「個別最適な授業」が期待されているのかです。

次に，「協働的な学び」で何ができるようにしたいかです。**問題設定というのは PPDAC の サイクルという統計的探究プロセスということと，PDCA の生活改善の組み合わせの中で考え るべきことなので**，最初の問題設定，目的の設定を違うレベルで考えていく必要があります。

WHY・HOW　正解主義と同調圧力からの解放

「個別最適な学び」と「協働的な学び」の一体的な充実を図る意図は，「正解主義からの脱 却」と「同調圧力からの解放」です。

これまで，教科学習というのは，何か一つの正解を求めていくことが大切にされてきたり影 響力の大きな考えに収束されがちであったりしましたが，一人ひとりの考えやよさが活かされ て，個性豊かな学びを創っていくことが重要であるという考え方に基づいて，この 2 つの「個 別最適な学び」と「協働的な学び」の視点が重要視されるようになりました。

例えば，本実践にも言えることですが，「データの活用」領域で扱う学習対象には答えがな いことが多い。正解がないので，これまで「正解主義」に慣れてきた子どもにとっては気持ち 悪く，落ち着きません。だから最後まで喧々諤々になるわけです。「いや僕はそんなことでは 納得しない」「君の考えとは違う」ということになる。しかし，それでいいのです。個々の意 見が違っていいのです。学校教育が目指しているのは，様々な価値観や見方や考え方がある中 で，これが一つ正解だと決めるのではなくそれぞれを認めてよりよいものを創り出していくこ とです。問題解決の方策の中から**最も適していて，最善かつ納得できるものを，創り上げてい くにはどうしていったらいいのかを追究していく**，そのような学びをもっと大事にしていこう ということです。それを一番わかりやすく学習として成立させることができるのが，今回新設 されたこの「データの活用」領域です。

「同調圧力」というのは，なるべく同じ方向にもっていきたい，そして同じにすることに対 して圧力をかけていくことです。問題解決がそのような流れではいけませんね。もっと彼らに 学びのハンドル，主導権をもたせて，解決の方向性であったり結論を導き出すプロセスであっ たり，さらには結論に対する考え方であったりについても，**子ども一人ひとりの個性を尊重し て多様な考え方を認めていけるような学びを保障していかなくてはなりません**。次代はそのよ

うな幅のある問題解決ができること
が期待されていて，子どもにもその
経験をさせていくことが求められて
います。

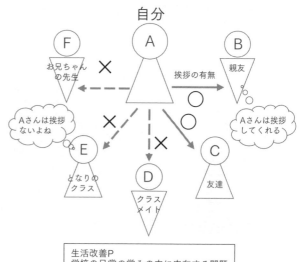

　このことから今回の授業提案につ
いて考えてみます。自分であるA
さん，Bさん，Cさん…といて，A
さんはBさんに挨拶している。A
さんはDさんに挨拶していないと
します。そこでAさんに「あなた
は挨拶していますか」と聞いたら，
Aさんはどのように答えると思いま
すか。きっと「挨拶している」と言
うでしょうね。Bさんは仲のいい親
友だから，またCさんは親友じゃないけど友達だから挨拶をして，そしてDさんはクラスは
同じだけど友達じゃないから挨拶をしないなど，それぞれの関係性や状況がありますが，挨拶
している人はいますから，「挨拶している」という答えが返ってくるわけです。しかし，まわ
りの子どもの評価は様々です。「挨拶してると言えるよ」「挨拶してないでしょ」と多様な判断
がなされます。親友のBさんに「Aさんは挨拶してますか」聞くと「挨拶している」と答え
るかもしれないけど，Eさんに同様な質問をすると「挨拶してない」との返事が返ってくるで
しょう。本実践はそれぞれの状況によって実態の捉えが違う，そういったズレからデータ分析
の必要性を生み出そうとしたわけです。

　「しっかりとみんなで挨拶をしよう」という目標がある。これが生活改善へ向けた目標（P）
です。**これはPDCAの生活改善のサイクルです。**生活をよりよいものにしていこうという行
動改善です。学校教育は，ほぼこれによって日々の営みが行われています。「手を洗いましょ
う」「友達と仲良くしましょう」といった目標を立てて，生き方をよりよいものにしていこう
という営みを繰り返しています。**その実現に向けて学校では「毎朝登校したら朝の挨拶をちゃ
んとしよう」というルールを決めて行動（D）するのです。**そして，なるべくたくさんの人と
挨拶ができるといいねと**実際にチェック（C）**をしてみたところ，あまり挨拶してくれないと
いう結果が出たわけです。

　しかし，その結果を受け入れない子どもも多いはずです。かなりの子どもが「いや，してる
よ」と言うでしょう。ここに**ズレが生じています。これが問題のスタートで，ここから
PPDACが始まるわけです。**算数の授業研究になると，このPをどのように作るかということ
に関心が集中してしまいがちですが，この流れをしっかり組み立てていきさえすれば問題P
というのはあまり厄介ではありません。

　昭和26年の学習指導要領試案の教科目標に「**生活で起こる問題を必要に応じて自由自在に
解決できる能力を大切にする**」と書かれています。まず一番はじめに書かれています。これが
大事。生活の中での問題解決に算数を活かすということ。自分は挨拶をしているのに，なぜ挨
拶ができていないと言われるのかという問題が学習を推し進めていくことになります。子ども
たちはいろいろなことを言い始めます。「いや，しているはずだよ」「いや，でもしていない人

もいるな」「先生，それは誰が言っていたの」「あなたのお兄ちゃんのクラスの誰々」など……。「5年生の先生がよく言っているよ」と言うと「その先生には挨拶をしてないけど」という話になってきて，挨拶をしている人としていない人からの回答は違ってくるということに気付くわけです。

　そうなると，どのような調査が必要なのか，調査の仕方を変える必要があるのかなどと計画から立てていく必要性を感じるようになります。挨拶の回数ではなく，誰にどのくらいなのかといったデータを取る必要があることなどが話題になってくるわけです。そして，今度はこれを解決するためのプランが出てくる。どんなデータが必要かという話に進んでいくのです。そのときに大事なことは，「誰に」「どのくらい」ということです。「誰に」というのは質的データです。誰かが大事ですね。先生なのか，自分のクラスの友達なのか，同じ学年の隣のクラスの子どもか，お兄ちゃんなのか，または下級生なのかが大事。それから「どのぐらい」というのが量的データです。Dさんから言うと「Aさんは挨拶しないよ」となるが，Cさんにすれば「Aさんは挨拶してくれる」となる。ズレがこのようなデータを取り直していく方向性をはっきりさせていくことになります。

　自分は誰にどのぐらい挨拶したのかってことを調べていけば，段々集計もクロスしていくわけです。問題にしてデータを再度収集する必要になってきます。ここが重要です。これらを考えさせる際に学習者の個性が問題になります。いろいろな考えが出てくることを保障するということです。「仲がいいとか悪いとかで考えたらどうだろう」「クラスが違うことを調べたほうがいい」などといったところで**解決の多様性，解決策の多様さを保障するということです。**そしてそれに取り組ませて，その収束も彼らにさせるのです。そこで「そんなにたくさん調べる情報があったら大変だ」とか「毎朝メモ帳を持って誰に挨拶したとかと書いて大変になるぞ」などと，現実問題としてできないから軌道修正が必要なことを経験させることが大切になります。「何回ぐらいしたかっていう幅をもたせる」とか「他のクラスの子にも数回したとかある程度」のところで納得する。これが納得解であり，現実的に最善解なわけです。解決解を決めるところでも子どもたち自身で納得させないといけません。また，そのくらいの結論でいいのではないかという納得解でこのズレを解決するべきなのかと，批判的に思考することも大切です。**データの収集の視点，その分析から見えること，これらを常に批判的思考で見つめることが重要です。**本当にこのデータの収集で大丈夫かと，私たちが納得できるのかと問い続けたい。場合によっては追加でデータを収集しなければいけないことも出てくるかもしれないなどと**行ったり来たりの往還がある**わけです。

　そしてそのデータの活用から最終的に分析をする。この分析で重要なのは結果の交流です。つまり分析結果を交流させることによって，納得解または最善解をより確かなものにしていくということです。そして，このPDCAのA，PPDACのCの部分になりますが，最終的に「挨拶をあまりしてくれない」という声に対する自分たち結論が出ます。「では，どうするのか」ということで，またプランの立て直しになる。

　ここでの一応の結論が納得解です。現状に対する自分たちの認識。自分たちの今置かれている状況を認識することによって，生活改善の方に考えを進めていくということです。このような一連のプロセスの中で，データを集めたり分析したり，あるいは2サイクル目に回してみたりしながら数理的処理を推し進めているのは，**自らの生活をよりよいものにしていこうとする態度**なのです。まさに学びに向かう力です。問題解決の中で，統計的探究プロセスが回って

最終的に解を導き出したら，今度は生活改善の PDCA が回り始めるわけですね。学校生活における要はこちらのサイクルになるのです。

　生活改善のサイクルが回るようになると，数理的処理というものの価値が実感できるようになります。日常生活に具体的に生かすということができるようになるからです。算数を勉強するといいことがあるというのはそのような実感をもつということです。**生活改善が回るわけだから，数理的処理のよさが明らかになるのです。**

　子どもは自分たちの意識と周囲の意識のズレに疑問がありました。挨拶している子どもからすれば，自分たちが挨拶していることをまわりの人に「僕たちはこんなに挨拶している」と伝えたいという想いから始まったわけです。しかし，調査してみると予想外に挨拶はできていなかったという結論が出て，自己改善に進もうということです。数理的処理によって**具体的な生活改善の目標が新たに設定されたということ，それに算数が役立ったということが大切なことです。**

WHAT　自己の内での多様性の伸長

　「協働的な学び」という視点から本提案を考えてみたいと思います。

　今回は，納得解や最善解が重視されましたが，このことは自己内での多様性の伸長に貢献していると言えます。「挨拶」の結果に対してそれぞれの子どもの解釈が違います。解釈が違うからこそ，彼らが共通して納得する最適解や最善解の必要性が出てきます。

　当然のことながら納得解に向かってやり取りがなされますが，このプロセスの中でまずは批判的思考が繰り返されます。この**批判的思考の向き方は一つは自己内へ，もう一つは他者へ向けて行われます。**つまり自分の中でも「本当にこれでいいかな。大丈夫かな。でもあの子はこう言っている」というように行われます。他者に向けては「あなたはそのように言うけれど，このように考えたらどう？」「他の学年からしたらダメってことになってしまうのではない？」ということです。さらに，このプロセスの中では自分とは違った考え方に触れることによって個の中での多様性が生まれる。「そうか，考えようによっては，あのように考えることができるのか」ということです。それが大事。違った見方をすると，自分にはない解釈も可能になると，「わかった，わかった。そういう意味なら，僕も賛成するよ」といったやり取りができるようになります。言い方を変えると，他者理解とも言えるでしょう。他を尊重するということから考えると，道徳性の涵養にもつながります。

　現行学習指導要領改訂に向けた諮問が出た際に，これからの時代を生きる子どもたちに必要な力として「主体」「協働」「創造」という３つのキーワードで示されました。その二つ目が協働でした。**協働できるということ，つまりその価値というのは，自己の中での多様性を伸長することや他者理解できることなのです。**相手のことが理解できる，相手のことを尊重できる，そういう子どもを育てていきたいのです。これから生きる子どもたちにとって重要視される協働という視点から考えていくと，この数理的処理を推進する問題解決の一連の流れ，そして学校の場という日常の営みの中に内在する問題を解決しようとすること自体に大きな価値があると言えるでしょう。学校に「今月の目標」と書かれてあることをお題目ではなくて回していけるようにする。その**生活における問題を算数を用いて解決していこうとする能力を身に付けていく**という意味でも極めて大切だと感じます。このような経験を積み重ねていくうちに，算数で勉強したことは役に立つんだな，便利なもんだなとよさを実感するようになるはずです。

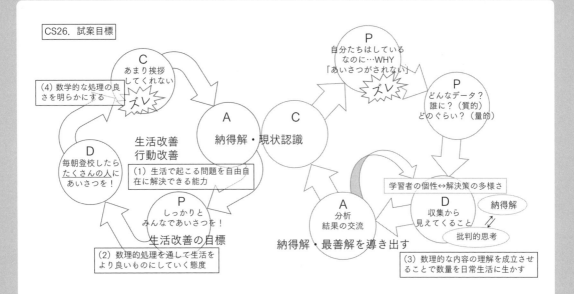

今日一番お話ししたいことはどのような算数を創っていきたいのかということです。統計的探究プロセスを動かしていく力を育成していくことも必要ではあるけれど，なぜそのような能力が必要なのかをもう一回考えてほしい。子どもを育てる研究をしてほしい。本質に迫る力を育てていくためにどうしたらいいかを考えていってほしいと願っています。

5

わり算は等分除・包含除だけではない

「商」「余り」の意味から割合の理解を深める

教材単元名：あまりのあるわり算（第4学年）

　　小学校の算数の内容において，理解が難しく指導が困難なのが「割合」である。それは，平成19年度より行われてきた全国学力・学習状況調査の結果を見ても明らかである。これらの課題を解決するためには，下学年から教師が意識して割合の見方を育てていく必要性，重要性を感じる。

　　学習指導要領解説で，第4学年「A 数と計算」領域に「小数を用いた倍」「C 変化と関係」領域に「簡単な場合についての割合」が新設された。これは，**第2・3学年で学習した乗法・除法の意味を捉え直し，第5・6学年での小数・分数の乗法・除法，割合の考えに統合・発展させていく**ために位置付けられたと考えられる。よって，第5学年への橋渡しとなる第4学年の除法の指導を，筆算の仕方や計算だけでなく，余りに注目して指導することで，後の**「わり進める」「小数倍」「簡単な割合」**の学習へとつなげていく実践を提案したい。

WHY　なぜその学習があるのか？　子どもは何ができるようになるのか？　学習の価値

■ 除法の意味の拡張

　　第3学年では「除法の意味の理解」「用いられる場合について知る」「余りについて知る」ことを学習している。また，「等分除・包含除」という言葉は知らなくても，除法には「1つ分の数を求めるわり算」と「いくつ分を求めるわり算」の2種類あることも子どもたちは学習している。第4学年での除法では，除数や被除数が2位数，3位数と増えていき，筆算での計算の仕方を学習する。このとき，九九の範囲では商を考えるのが難しくなる。そして「被除数の中に除数が何個あるか？」という包含除の考え方が出てくるが，この考え方が第5学年で学習する「割合」の見方・考え方へとつながっていくのである。そこで，「15 ÷ 6」の問題場面を例に挙げて考えてみる（下図参照）。

第3学年（包含除）
15このあめを6こずつふくろに入れます。何ふくろできて，何こあまりますか。 式：15 ÷ 6 ＝ 2 あまり 3 　　　答え：2ふくろできて3こあまる

第5学年（割合）
サッカークラブの試合で，4年生では6本，5年生では15本シュートを入れました。 4年生のシュート数をもとにして，5年生のシュート数の割合を求めましょう。 式：15 ÷ 6 ＝ 2.5 　　　答え：2.5

第4学年（除法）　　15 ÷ 6 ＝ 2 あまり 3
除数の6を1とみたとき，あまりの3は0.5と表すことができる。【余りの意味】 つまり，15は2.5と表すことができる。（15は6の2.5倍）

第4学年で,「余り」に注目し除数・被除数・商の関係を,除数を基準量,被除数を比較量,商を割合とみる見方・考え方に触れ,除法の意味を拡張していく。そして,**余りを小数で表すことによって,除法の学習の先にある「小数倍」「簡単な割合」の学習へとつなげていくことができる**と考える。わり算や小数倍,簡単な割合を学習していく中で,乗法と除法を行き来することで,逆算関係にある2つの関係性(乗除法の関係性)を学ばせていく。これが等分除・包含除に続く,第4学年で教えるべき第3の除法である。

WHAT 数学として何を取り上げるのか? 数学のもつ意味・内容

■ 1つ分の数・いくつ分・全部の数から基準量・比較量・割合へ

第3学年で学んだ用語を使い除法を言葉で表すと,等分除の「1つ分の数=全部の数÷いくつ分」,包含除の「いくつ分=全部の数÷1つ分の数」の言葉の式となり,後に包含除の考えが割合につながっていくということは,この言葉の式からはわからない。

そこで,除法の計算を行うとき,**1つ分の数・いくつ分・全部の数という捉えではなく,基準量・比較量・割合の見方・考え方へと拡張させていく**ことが重要であると考える。

■ 余りの正体とは?

割合の見方・考え方を使って除法を考える際に重要となってくるのが,余りのある除法である。第4学年では,「わり進める」ことを後に学習し余りが計算上はなくなるが,**わり進めることによって小数で表された部分について意味的理解をする**ことが大事である。商の意味,余りの意味を考えることで,小数倍,割合の理解がより深まっていく。このように,除法の学習から先の学習を見据えることで,三つ目の除法である「乗除法の関係性」も見えてくる。

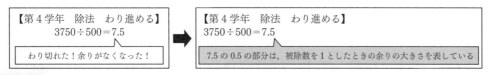

【第4学年 除法 わり進める】
3750÷500＝7.5
わり切れた!余りがなくなった!
➡
【第4学年 除法 わり進める】
3750÷500＝7.5
7.5の0.5の部分は,被除数を1としたときの余りの大きさを表している

HOW 数学らしく学んでいるか? 見方・考え方を働かせた数学的活動

■ 子どもの見方・考え方を使って除法の意味の拡張

第4学年の1学期に「3750÷500を計算しよう」と問うと,子どもたちは「7余り250」と答える。そこで,「500を1(基準量)とみたとき,3750(比較量)はどう表すことができるか?」と問いかける。そして,除数・被除数・商・余りの関係を数直線を使い視覚的に捉えやすくしていくが,問題となるのが余りの250である。

しかし,子どもたちは感覚的に「250は500の半分」「500は250の2倍」「0.5は1の半分」「1は0.5の2倍」を知っている。これらの考えを使うと,「余りの250は0.5と表すことができるのではないか」,よって,「500を1と見たとき,3750は7.5と表すことができる」が見えてくる。このように,第4学年の除法を学習するときに,**除法の意味を拡張し,小数倍や割合につなぐように子どもたちに問い返していくことで,先の学年の学びにつなぐことができる**と考える。

除法の意味を拡張する単元デザイン

第2学年
乗法

乗法の意味理解 1あたり×いくつ分＝全部の数	式で表す・読み取る
	計算・活用　簡単な性質理解

第3学年
乗法

乗法の性質理解　数量の関係に着目　性質を見いだす活用・工夫

第3学年　第1・2の除法

乗法の意味理解【等分除・包含除】	余りについて	式で表す・読み取り
計算	除法と乗法・減法の関係	数量の関係に着目 性質を見いだす 活用・工夫

第4学年　第3の除法(乗除法)

除数が1位数や2位数，被除数が2位数や3位数の場合の計算

除法の関係理解

筆算の仕方

除法の成り立つ性質理解・活用

本時（19／19時）：3750÷500をいろいろな表し方をしよう。

・計算
3750÷500＝7あまり250
・10のまとまりで見て計算
375÷50＝7あまり25

等分除・包含除の問題だったらどのような場面になるか？ ★等分除，包含除の統合	500を1とみたら3750はどう表す？ ・基準量，比較量，割合でみる ・基準量，比較量，割合から倍を求める

等分除・包含除の統合　乗除法の関係

わり進む 商を小数で表す	小数倍 小数で倍を表す	簡単な割合 乗除法の意味

第5学年　小数の乗除・単位量あたり・割合　　**第6学年**　分数の乗除・比・比例

本時の実践と分析

本時目標 3750 ÷ 500 を，500 を 1（基準量）とみたときに 3750 はどう表すことができるか
を考える。

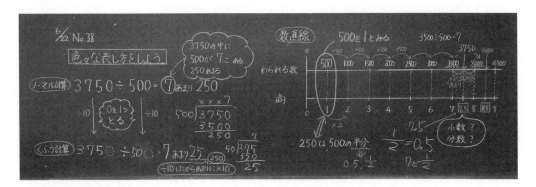

■計算の仕方を考える

C：3750 ÷ 500 だと，余りが出る。

T：ほんとかな？　筆算でやっている人がいたので，筆算で計算してみよう。

C：これ小数を使えば余りなしで出せるよ。

C：3750 に 500 が 7 個入るから，3500 になって，3750 から 3500 をひいて 250。
答えは，7 余り 250。

C：先生，余りなくすの？　余りをなくすことができると思う。

C：余りはなくせないけど，違う方法で計算した（黒板に 375 ÷ 50 と書く）。

T：この表し方，わかる？

C：0 を 1 個取っている。3750 も 500 も。

C：÷ 10 をしている。わられる数とわる数を同じ数でわったら商は同じだから。

T：375 ÷ 50 の答えはどうなる？

C：7 余り 25 ！　あれ，さっきと余りが違う。

T：余りが 25 でいいの？

C：余りが出るなら，なくした 0（÷ 10 した分）を戻さないといけないから，÷ 10 した分×
10 をするから，本当の余りは 250 だ。

C：これで，3750 ÷ 500 の余りと同じになる。

■数直線を使って表す

T：普通の計算や工夫した計算をすると 3750 ÷ 500 に余りが出たけれど，他の見方をするた
めに数直線で表せるかな？

C：できるかな？（数直線を書き出す）違うかな？

C：余りの分がいるんじゃないかな？　余りをどう表そう…。

T：下の線を商にしてみよう。すると，上に来るのは，わる数？　それとも，わられる数？

C：わられる数。

T：3750 ÷ 500 の 7 っていうのは，どういう意味？

C：3750 の中に 500 が 7 個あるということ。

T：商が7になるときは，わられ
　　る数はどうなる？

C：3500

T：商が1のときは，わられる数
　　はどうなる？

C：3500で7だったから，500だ！

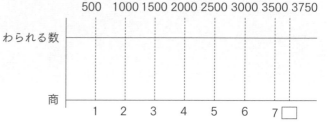

■500を1とみたとき，3750と余りの250はどう表すか

T：次，ちょっと見方を変えてみよう。500を1とみたとき，2はどう表せるかな？

C：1000

T：3は？

C：1500

　　（4，5，6，7と聞いてい
　　く）

T：7のとき3500になるけ
　　れど，今回の問題は，
　　3750だよね。余りが出
　　たけれど，3750のとき□には何が入るかな？

C：整数と小数を使えば入ると思う。

T：では，小数を使って表してみよう。商が1ということは500というかたまりが1つだか
　　ら，500を1とみられるね。500を1とみているから，2のときは？

C：1000

T：じゃあ7とみたときは3500というのは，わかるよね。じゃあ，3750は？

C：7.5？

C：250は500の半分。ということは，0.5になると思う。

C：すごく見えてきた！

C：1で500。だから，小数だと半分は0.5になるよ。

C：250が500の半分だから$\frac{1}{2}$
　　$\frac{1}{2}$は0.5だから，3500は500が7個あるから，ここに0.5をたして7.5になる。

C：そうそう，3750はさっき言ってたように3500より250多いから…。

T：3500から3750の間が余りの部分だよね。

C：3500に250をたしたら3750になって，500を1とみたとき，$\frac{1}{2}$が250になるから，余り
　　の250は0.5になる。

C：500の半分が250。250は$\frac{1}{2}$だから，小数で表すと0.5になる。3500 ＋ 250 ＝ 3750
　　だから，3750は7 ＋ 0.5 ＝ 7.5に
　　なる。わからない人いる？

C：いるいる。

C：3500から3750までの差が250
　　なのはわかる？　3500から3750
　　の間が250になっていて，次を
　　見ると，3750から4000に行くた

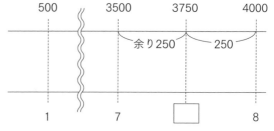

めには 250 いる。7 から 8 に行くためには 500 がいるけど，半分の 250 足りないから，
7.5。

C：あー！

C：**500 を 1 とみたとき 4000 は 8 になって，3500 は 7。3500 から 4000 に行くためには，
500 必要。でも，余りが 250 だから 500 ない。500 必要だけど 250 しかないから□になっ
ていて，250 は 500 の半分だから 1 の半分の 0.5 になる。**だから 7.5。

C：わかった，なるほど！

T：じゃあ，500 を 1 とみたとき，4250 はどう表すことができる？

C：8.5！

T：すごい。今回，わる数の 500 を 1 とみたとき，わられる数がどのように表すことができ
るかを考えることができたね。

■ **実践の考察**

　本時では，第 4 学年の 1 学期の除法の単元の中で，第 3 学年で学習している除法の意味か
ら拡張し，割合の見方に触れることをねらいとした。また，余りのあるわり算の場面を設定す
ることで，余りの意味を考え，後の単元に出てくる「わり進める」「小数倍」「簡単な割合」へ
とつなぐ時間とし，視覚的にも子どもたちが除数，被除数，商，余りの関係を捉えやすいよう
に，数直線を用いた。数直線を用いたことと，余りを基準量となる除数の半分にしたことで，
わり進めることを学習していない 1 学期でも，子どもたちは 3750 を 7.5 と表すことができた。

　しかし，余りを除数の 500 の半分の 250 にしたことで考えやすくはなっていたが，課題も
見えた。子どもたちの考えの中で，「3500 と 3750 の間が 250，3750 と 4000 の間が 250。ちょ
うど半分だから 7.5」と "半分" という考えが多かった。もう少し**「余りの 250 は，基準とし
ている 500 の半分である」**ということに，焦点を当てていくことが必要だと感じた。

　また，「今 500 を 1 とみているから，2 になったら，ここ（1000 になるところ）は？」と問
うた場面では，「×2！」と答えた子どもがいた。子どもの中で乗法が見えている場面でもあ
り，実際にはできなかったが，×3，×4…も出すことで，3750 を 7.5 と表し，×7.5 という
ように未学習である小数倍にも広げていくこともできた。そして，倍が見えることで乗法が見
え，除法から乗法が見えることで 2 つの関係性も考えることができたかもしれない。そこは，
教師が明示的に示すことが必要である。

　除法と言えば等分除・包含除，そして，計算の練習をしがちだが，第 4 学年は第 3 学年で
学習した除法の意味を拡張し，統合する 3 つ目の除法を指導する重要な学年である。三つ目
の除法とは，「等分除と包含除を統合し，一緒の基準量，比較量，割合をもとにして倍を求め
る，つまり，3 つの関係性」である。今回の授業を通して，第 4 学年で除法の意味を拡張，統
合していくことが重要であると感じた。

参考文献
文部科学省（2018）『小学校学習指導要領 解説 算数編』日本文教出版.
齊藤一弥（2021）『数学的な授業を創る』東洋館出版社.

本実践の価値と今後に向けて　齊藤一弥 解説

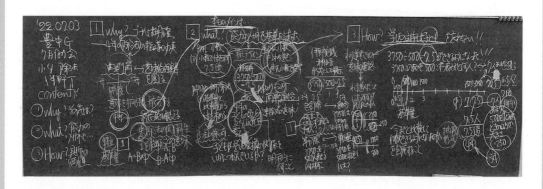

指導のオーバービュー

　4年生のわり算の指導における「なぜ（WHY）」とは明快です。「**除法とは何かがわかること**」です。3年生では2つのわり算がありましたが，4年生では三つ目を学ぶということです。わり算には等分除，包含除しかないですね。確かに2つしかありませんが，三つ目のわり算というものを，それを把握できるかが4年生のわり算指導のポイントです。これまでのわり算といかに統合的に捉えることができるかが鍵です。

WHY　乗除法の関係性

　わり算を指導するというのは，わり算そのものだけの指導で終わってはいけません。乗除法の関係性を扱うことが大切です。「かけ算にするとどのような場面ですか。どのように表すことができるでしょうか」とは聞かないでしょう。**わり算とは，乗法の逆演算（逆算）ですから統合的に捉えるという意味からも乗除法の関係を捉えることが重要なのです。**この関係性がきちんと言えるかどうかです。これを説明できることが重要です。そもそもかけ算というのはどういう計算でしたか。まずは，単位を決めて，その単位をもとにして測定した大きさである比較量を求めたわけです。もちろん単位が基準量です。そして，その測定した大きさが一体いくつ分だったのかが割合です。ここで重要なのが基準量を決めることです。よく多くの子どもがわり算ができないと言いますが，わり算ができないのではなく，包含除，等分除のいずれにおいても乗除法の関係，三項の関係がつかめないでいるのです。

　この関係性を捉える上で単位を決めることが重要です。**乗除法の関係性からみると，わり算とは1を求めること**だからです。単位の大きさというのは，1のところの大きさです。それを基準にして割合をかけて比較量を求めているわけですね。つまりA（比較量）はB（基準量）×P（割合）で求めているわけですから，わり算はこの逆算なので，Pを求めるためにはどうしたらいいかを考えればいい。AをBでわる。では，Bをどのように求めたらいいかというと，AをPでわればいいということですね。このように考えれば，「1を求めることの意味」の理解を図るために，4年生の学習内容をどのように構成していけばよいかを考えていくことが重要になるのです。

WHAT　能力のメガネで基準を読む

　次に考えたいことは，能力のメガネで基準を読むということです。例えば今回の提案は「3750÷500＝7.5」ですが，この教材で何を思考対象とするのかが肝要です。

　現行学習指導要領解説 p.191 に示されています。小数で倍を表す。4年生では小数で倍を表

すことができることを学びますと。これを支えている内容がp.192の内容の取扱いに示されています。「わり進む」ということです。教科書教材で「わり進む」ということを扱っているから，4年では「わり進む」手続きを経験させるという表面的な理解ではいけません。「小数のしくみとその計算」の中にそれが書かれているわけですから，**「わり進む」ということは商を小数で表すということなのです。**小数倍を扱いたいので，「わり進む」ことを扱っているわけですね。さらに，学習指導要領解説を読み進むとpp.188-189に出てきます。今度は基準量と比較量から倍を求めるという内容が出てくるわけです。除法の指導内容に位置付いています。「小数で倍を表す」は小数で扱います。「わり進む」も小数です。わり算の学習ですが，内容は小数の話なのです。

　最後がpp.217-219。簡単な割合です。p.219には，「児童は2年，3年において数と計算の領域，測定の領域で，乗法・除法の意味を理解するために割合の基礎を学習してきている。」と示されています。**ここで大事な話は，簡単な割合を，乗除法の意味と関係付けるということで，つまり，この第19時（本時）の先に簡単な割合があることを，しっかりと関係付けていくということが重要になるわけです。**つまり，能力ベイスという視点のメガネで，この学習指導要領解説を領域を超えて読み直してほしいと思います。わり算といったら「数と計算」に位置付いている除法だけじゃない。いろいろなものが組み合わさっているのです。本時が目指しているものを考えていく上では，様々なものがどうやって構成されて，どのように位置付いているかを考えることが非常に大事です。能力ベイスのメガネで4年生の子どもの学びの立ち位置を考えるということです。

　今回の4年生の学習内容は，簡単な割合を扱う前に，これらの内容を学習指導要領上に前回の学習指導要領に比べて明確に位置付けてあります。そこが読めるかどうかということです。そして，子どもたちが4年生の学びの立ち位置を，この学びの対象の関係性をいかにつかんでいるかどうかが鍵になります。今日の学習でどのようなことができるようになって，今日学習したことが何とつながっているかということを理解できているようにしたいものです。

三つ目の除法

　能力ベイスというメガネで基準を見て，その一連のプロセスの中で**除法（基準量と比較量から倍を求める）を学習します。ここがつまり，先ほどお話した三つ目の除法です。**包含除と等分除というものを，基準量と比較量と倍という3つの三項関係で統合的に捉え直すという仕事をするのです。**要するに，三つ目のわり算は，何も等分除や包含除とは違う全く新しいものではなくて，今度は，基準量，比較量，割合という3つの三項のいわゆる関係性の中でわり算というものを統合的に整理をする**という話です。基準量と比較量をもとにして倍が求められることが非常に大事です。

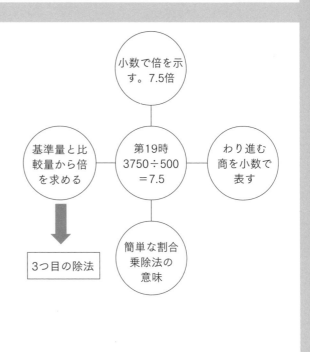

HOW　具体で示す

　今回の実践は 3750 ÷ 500 ＝ 7.5 というものを，7.5 を p として，500 を 1 とすると，3750 は 7.5 になるという関係を示すことに取り組んでいますが，これは三つ目の除法についての理解を図るということなのです。三つ目の話で説明するとこの場面をうまく処理できます。では，実際のわり算の具体である包含除と等分除を用いるとどのようになるでしょうか。

　まず，包含除ではどのような話になりますか。「3750 個を 500 個ずつ配ると何人に配れるか」という話ですね。これが 5 年生になるとどうなりますか。割合の問題場面です。ですから，「3750 は 500 の何倍」という割合の話になります。この関係を数直線で示すとどうなりますか（右上図参照）。上が 500 で下が 1，上が 3750 で下がわからない。

　では，次に等分除ではどうなるでしょうか。等分除の場合は，「3750 個を 500 人に配る。1 人は何個か」ですね。5 年になるとどうなりますか。単位量あたりの大きさの問題場面になります。5 年の単位量あたりの大きさの問題であればどのように処理しますか。3750 を 500 とすると，1 は 1 あたりですね。これを数直線（右上図参照）で示すと，500 の上が 3750 で，1 の上がわからない。そうしたときに，1 の上に出てくるのは 7.5 です。

　さて，包含除の答えはいくつですか。7 余り 250。等分除ではどうなりますか。7 余り 250 ですか。単位量が 7.5。この比較が 4 年生のときにできるかどうかということです。わり進んだらその説明をきちんと行うということです。ですから，この「わり進む」ということはとても手強いわけです。学びの主体は子どもだから，子どもの側に立ってわり進むことの意味を確認しなければなりません。

　もう一つは，わり進んだことによって何が見えたのかです。今までは 7 余り 250 だったわけです。だけど，わり進んだことによって 7.5 になりました。しかし，やっている仕事は変わらないわけだから，何人に配れますかという話でいうと，7.5 人はおかしいわけです。だから，何人に配れるかと言えば 7 人です。7 人には配れるということです。でも，あと 0.5 は何ですかという話ですね。つまりそれが，0.5 倍という意味。その 0.5 というのは何のことかをはっきりとさせたい。そのヒントが，割合の数直線にあります。もし，0.5 といったら，0.5 の値は 250 ですね。割合の数直線の 1 で 500 の間にあるわけです。0.5 は 250。つまり，1 **の上が 500 の割合の数直線で，0.5 の上は 250 ですね。ということは「余り」なんです。つまり，7 というのが 3500 で，あと 0.5。この余りが 0.5 というのはどうことかというと，500 を 1 と見たときの 0.5 の大きさだけ余るという解釈ができる子どもにしてほしいのです。**それが倍の意味がわかっているということです。7.5 の 0.5 はどういうことかということ。0.5 というのは，今度は 1 を何と見たかという話です。1 を何と見たかと言ったならば，ここでは 1 を 500 と見たわけです。500 が 1 なんです。ということは，7.5 の 0.5 というのは，250 という話です。こういうことが考えられる子どもにしていきたいです。

　では，等分除はどうなりますか。1 人は何個といったら 3750 ÷ 500 ＝ 7.5 で，7 個配れま

したね。後の0.5というのはどういうことでしょうか。半分ではないです。今度は1の上が0.5でしょ。だって1人は何個配れるかで250個余っているわけですから。つまり，1人に0.5個ずつ本当はあげたいけれど，あげることができないからあげない。あげたい子どもは何人いますか。500人います。そうすると，1人に0.5ずつ，あげたい子は500人。ということは，何個余っているかと言えば，250。具体を用いると解釈がものすごく大変になります。だけど，私は「わり進む」ということができたとしたら，そこに問いがあると思っています。

　つまり，わり進むという仕事ができたとしたら，この答えってなんだろう。3750 ÷ 500 ＝ 7.5，そしてこれがWHYなのです。わり進むことができるようになったなら，ここに具体を貼り付けてあげたらいい。等分除は難しいから包含除で構いません。「3750個のあめを500個ずつ配ると，何人？」，これまでの話でいけば，7人余り250個となる。そうすると子どもは7は類推して7人とイメージできる。問題は，0.5です。0.5人とはどういう意味だろうと考えます。「あと0.5人配れるよ」「なんだ，その0.5人とは？」という話になればいい。「もし，一人だったら何個ですか。500ですね」「では0.5人だったら。250ですね」「250ということは0.5は何をもとにして250というものを考えたのだろうか」「それは500」というように考えること，それが割合です。そこが大事なのです。

まとめ　第4学年の除法の力点

　三つ目のわり算の指導は，具体と形式的な抽象的な場面と具体的な場面を行ったり来たりしながら，いずれ離れていけるようなかけ橋的なものであるということ。あるところまでは具体でやって，あるとき，急に何もなくて1とみればいいんだよねという話になってはいけません。具体で考えた際に，要するに7人余り500を1とみたときの0.5の大きさ，つまり250という見方もあれば，いや7.5人と考えてもいい。つまり，言い方を変えると7.5倍という言い方もできるんじゃないかと，こういう言い方でもいい。つまり，7人というのは7倍なんです。4年になって小数の倍が出てきたら，少しずつ形式的に挙げていく。その7.5倍はもとにするのは何かと言うと，500の基準量を1と見る。そういう具体と形式を行ったり来たりしながら，**段々最終的に倍というところにスライドさせていく。しかもそれが，簡単な割合だったり，小数倍だったりという，そういったものがこの学年の中に混在して出てくるのです。**

　だから，行ったり来たり螺旋的に上がっていき，いろいろなものと関わり合いながら1年の中で複数回，小単元でいいからそういった年間のカリキュラムを考えていくといったことが大事になってきます。意味の解釈を段々意味的理解に深めていく。具体の中で説明ができるようにする。そうすると子どもたちは，今までは具体的な話，具体で余りのあるわり算でぴたっと7で終わっていたんだけど，7.5というところまで進めることができて，でも，具体的な場面だったら結局7だよとか，だって7.5人は変だという話。でも，それが5年生になって単位量になったら…という話です。その前段の4年でその橋渡しをどこまでしてあげるか。

　5年になったら，余りなんて関係ありません。なぜ関係ないかというと，$A \div B = \frac{A}{B}$が出てくるからです。その瞬間にもう，一段高い水準に上がらないといけないのです。上がらないといけない助走の段階ですね。だから，そういう意味でも4年は大事で，だから**私は4年をどうやってリデザインして再構成していくかがものすごく大きな課題だと主張しているわけです。**それらが学習指導要領には位置付いています。それを能力ベイスのメガネで見つめることができるかが大きな問題です。

6

小数と分数，それぞれの価値を見いだす学び

有理数の概念と表記に目を向けて

教材単元名：同分母分数の加法，減法（第4学年）

　学習指導要領解説 p.34 に「分数や小数で表現される数（有理数）の概念について理解するとともに，その表現方法を学習する。」と示されているように，そもそも**小数と分数はどちらも有理数の表記についての用語であり，1より小さい数を表す方法に違いがあるだけ**である。しかし，小数と分数は，一般的に別の単元に位置付けられている。そのことは，それぞれが独立した数であるかのような認識を子どもに生んでいるのではないだろうか。

　学習指導要領解説第3学年「小数の意味と表し方」「分数の意味と表し方」の「思考力，判断力，表現力等」に注目してみたい。すると，両者が同じ資質・能力の育成を目指しているだけでなく，「小数**でも**」「分数**でも**」と記されていることがわかる。このことは，**両者を比較しながら学びを進め，それぞれのもつ働きや表記の価値を見いだしていく子どもの姿を期待していると考えられる**のではないだろうか。

　平成10年以降，教材単元としてユニット化された小数と分数を，能力ベイスの今だからこそ改めて関連付け，互いのよさを生かし，自在に使い分けて処理できる子どもを目指したい。

WHY　なぜその学習があるのか？　子どもは何ができるようになるのか？　学習の価値

■ 有理数の概念形成

　有理数としての表記に，小数と分数という2つの方法があるのであれば，どちらも同じ働きができると考えられる（本来は整数も含むが，ここでは小数と分数に焦点を当てて述べる）。学習指導要領解説 p.153 及び p.245 の「分数の意味」に注目したい。ここに示されている「分割（操作）」「量」「単位」「割合」「商」の5つは，分数の使われ方からみた働きである。しかしそれは，分数だけがもつ独自の働きなのだろうか。例えば「量小数」や「割合小数」などとは言わないが，小数でも同じ働きができると確認できる。つまり，**有理数の概念を形成する上で，5つの働きが小数でも分数でも表記できると見いだせるようにすることが大切**である。その上で，ある働きにおいてはどちらの表記が有用か，それぞれの構造に目を向けて考えられるようにしたい。**どちらも同じ働きをもつ数であるからこそ，目的に応じて表記の方法を選択し，自在に使い分けながら処理できる力を身に付けることが大切**である。

■ 有理数の表記の有用性

　小数で表す有用さは，十進位取り記数法に依存することにある。大小の判断の容易さ，計算の仕方など，整数の表記に帰着して処理することができる。一方，分数は同値分数による多様な表現ができる有用さをもつ反面，十進位取り記数法に依存しない。そのため，異分母分数の大小比較や計算については，特に複雑となる。しかし，第5学年で獲得する商分数によって，整数・小数・分数が除法の結果として統合されたり，通分によって同値分数の価値を再確認したりすると，第6学年「分数の乗法・除法」「比の相等」など，以降の学習において分数による表記の有用さが発揮されることになる。「小数は小数で」「分数は分数で」と学びを閉じず，**両者を比較・関連付けながら数の構成や四則計算などを考察することにより，子ども自身が小数と分数による表記の方法に目を向け，互いの価値を見いだしていく姿勢を育むことも必要である。**

▌WHAT▐ 数学として何を取り上げるのか？　数学のもつ意味・内容

■ 有理数をつくるプロセスに目を向ける

　本単元で取り扱う**同値分数は，整数や小数では表現することができない分数特有の性質と言える。この点に注目することは，小数と分数による表記の違いを構造に目を向けて確認することにつながる。**例えば，「1mの$\frac{1}{2}$にあたる長さ」をどのように表記するかを考えたとき，分数では，$\frac{1}{2}$m，$\frac{2}{4}$m，$\frac{4}{8}$m…と分割の仕方によって任意の単位を構成し，多様に表すことができる。一方，小数では0.5mとしか表せない。それは小数が十進位取り記数法に依存し，1mを10等分して単位（0.1m）を構成し表すためである。しかし，どちらも同じ「1mの$\frac{1}{2}$にあたる長さ」を表しており，構造自体は同じである。この点を統合的に捉えるからこそ，それぞれを表記するプロセスの違いや価値を見いだせると考えられる。

▌HOW▐ 数学らしく学んでいるか？　見方・考え方を働かせた数学的活動

■ 小数と分数の構造を統合的に捉える

① 1mの半分である0.5mと$\frac{1}{2}$mの構造について考察する。「1mを10等分した5つ分」と「1mを2等分した1つ分」では，分割操作の結果が異なる。しかし，全体と部分の関係に着目すると，どちらも「1mの$\frac{1}{2}$にあたる長さ」「0.5m（$\frac{1}{2}$m）の2倍は1m」とみることができ，同じ構造であることが明らかとなる。

② 0.5mと$\frac{1}{2}$mの構造を統合することによって，改めて「1mの$\frac{1}{2}$にあたる長さをどのように表記していたのか」を振り返る。すると，十進位取り記数法に依存する小数と，分割操作によって任意の単位を構成する分数との表記の違いに気付けるようになる。この違いに着目することで，それぞれの表記の仕方に違いがあることや，同値分数を見いだすことにつながっていく。

③ 「1mの$\frac{1}{2}$にあたる長さをどのように伝えるか」という視点で小数と分数の表記を見直す。目的に応じてどちらの表記を用いるか，それぞれの価値に着目し判断できるようにする。

小数と分数の働きと表記に目を向けた
単元デザイン

小数	分数

分割（操作）：12の$\frac{1}{3}$は4 $\rightleftarrows$ 4の3倍は12

量：1Lを10等分した大きさは0.1L
単位：0.1の5つ分は0.5
分割：1を10等分した5つ分は0.5

量：1mを10等分した大きさは$\frac{1}{10}$m
単位：$\frac{1}{10}$の5つ分は$\frac{5}{10}$
分割と量の関係：2mの$\frac{1}{3}$は$\frac{2}{3}$m $\rightleftarrows$ $\frac{2}{3}$m の3倍は2m

小数では「量」の働きから，分数では「分割（操作）」の働きから導入されていることに注目したい。この違いは，両者の表記の仕方が，<u>小数は整数の表記（十進位取り記数法）に依存していること</u>，<u>分数はそれ自体が割合であり除法を表していること</u>が関係している。そこで，両者の働きについて考察する際には，<u>それぞれの表記の仕方と関連付けて，考察を進めていくことが大切である</u>。

本単元「同分母分数の加法，減法」
量と分割の関係から小数と分数を統合的に考察し，表記の仕方に違いを見いだす

第1時【本時】
1mの半分の長さを小数や分数で表せるかな？
小数だと0.5m 分数だと$\frac{1}{2}$m, $\frac{2}{4}$ m…

第2時
1mの$\frac{1}{4}$の長さも小数や分数で表せるかな？
小数だと0.25m 分数だと$\frac{1}{4}$m, $\frac{2}{8}$ m…

同じ大きさを小数でも分数でも表せる

小数と分数は表し方が違うだけだ

小数でできることは分数でもできそうだ

単位分数に着目し，分数の「数としての見方」を深める

第3時
小数と同じように1より大きい分数も表せるのではないか？

第4・5時
帯分数と仮分数の関係を調べよう。

第6時
1より大きい分数でもたし算やひき算ができそうだ。

第7時
単位の考えを使えば，分数・小数・整数のたし算，ひき算の仕組みは同じではないかな？

数を構成する単位に着目・整数や小数と統合的に考察

小数	分数

割合：1mの2mに対する割合は0.5
商：6÷4＝1.5

割合：1mの2mに対する割合は$\frac{1}{2}$
商：2÷3＝$\frac{2}{3}$

第5学年において，両者は除法の結果である商として，分数の形に束ねられることを見据え，基準量・比較量・割合の関係から考察する経験を積み重ねておくことも大切である。

本時の実践と分析

本時目標 $0.5\mathrm{m}$ と $\frac{1}{2}\mathrm{m}$ の構造を量と分割の関係から統合的に考察することを通し，小数と分数で表記するプロセスや価値を見いだすことができる。

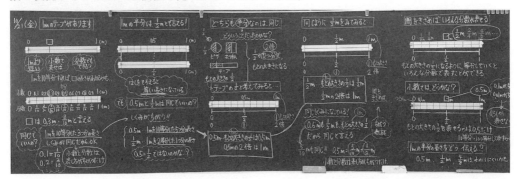

■端数部分の大きさを小数と分数で表記できることを想起

T： 1mのテープがあります。□にあたる長さは何mと表せますか？

C： 1mより短いから，小数で表せる。

C： 分数でも表せると思う。

C： 1mを10等分すれば確かめられるのではないかな。

T： では，確かめてみましょう。（数直線を10等分する）

C： □は0.3mとも言えるし，$\frac{3}{10}\mathrm{m}$ とも言える。

T： 小数でも分数でもいいのですか？

C： 1mを10等分した1つ分の大きさがいくつ分かを表しているから，どちらも同じ仕組みになっている。だから，同じ大きさと言える。

■$0.5\mathrm{m}$ と $\frac{1}{2}\mathrm{m}$ の分割の仕方の違いに着目

C： 1mの半分の長さは，$\frac{1}{2}\mathrm{m}$ とも言えると思う。

C： 確かに。0.5mと $\frac{1}{2}\mathrm{m}$ も等しい長さになるね。

T： 本当ですか？

C： だって，どちらも1mの半分だから。数直線をそろえて確かめてみるといいよ。

C： （確認して）やっぱり同じだ。

T： 確かにそうですね。では，仕組みの方も同じになっているのかな？

C： 0.5mは1mを10等分した5つ分で，$\frac{1}{2}\mathrm{m}$ は1mを2等分した1つ分。あれ？　仕組みが違う。

C： ということは，「0.5mと $\frac{1}{2}\mathrm{m}$ は同じ」とは言えないのかな？

C： 言えないと思う。だって仕組みが違うから。

C： いや，長さは等しいんだから，同じじゃないのかな。

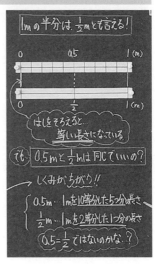

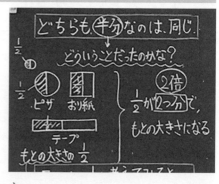

■ 全体と部分の関係に着目し，0.5m と $\frac{1}{2}$ m を統合的に考察

T：0.5m と $\frac{1}{2}$ m の同じところは長さ以外にないのかな？

C：どちらも半分の大きさになっているのは同じ。

T：半分とはどういうことだったのかな？
例えばこれまでに，どんなものを半分にしてきましたか？

C：ピザとか，折り紙とか。

T：小さいピザでも…？

C：もとの大きさに関係なく，半分は全部 $\frac{1}{2}$ と言っていた。

C：だけど，$\frac{1}{2}$ の大きさが2倍で，もとの大きさに戻るのは同じ。

T：今回は何を $\frac{1}{2}$ にしているのかな？

C：テープ。（ここでテープをよく観察させる）

C：あ，テープに注目すると 0.5m も $\frac{1}{2}$ m も，もとの大きさの $\frac{1}{2}$ になっている。

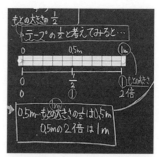

T：どういうことかな？

C：0.5m はもとの大きさの $\frac{1}{2}$ になっている。
（数直線で倍の関係を整理する）

C：それに，0.5m の2倍で，もとの大きさに戻る。

C：さっきのピザや折り紙と同じだ。

T：では，$\frac{1}{2}$ m はどうですか？

C：$\frac{1}{2}$ m も，もとの大きさの $\frac{1}{2}$ だよ。
（数直線で倍の関係を整理する）

C：$\frac{1}{2}$ m の2倍で，もとの大きさに戻るのも同じ。

C：どちらも，もとのテープの $\frac{1}{2}$ と考えると，同じ仕組みになっている。

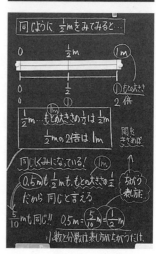

T：ちなみに，もとのテープの長さは何mだったの？

C：どちらも 1m。

C：そうか。どちらも 1m のテープの $\frac{1}{2}$ だから長さが等しくなるんだ。

T：どういうことですか？

C：1m の $\frac{1}{2}$ の長さを小数で表すと 0.5m，分数で表すと $\frac{1}{2}$ m になるってこと。

C：小数で表すか分数で表すかが違うだけで，どちらも同じ 1m の $\frac{1}{2}$。

C：小数で表すと 1m を10等分した5つ分の長さで 0.5m になって，
分数で表すと 1m を2等分した1つ分の長さで $\frac{1}{2}$ m になるでしょ。
0.5m と $\frac{1}{2}$ m で，表し方が違うけれど，どちらも 1m の $\frac{1}{2}$ の長さを表しているってこと。

C：それに，0.5m も $\frac{1}{2}$ m も2倍したら 1m になるから，やっぱり同じ仕組みだよ。

C：つまり，等しい長さをどのように表すかが違っていたのか。

C：$\frac{5}{10}$ m も 1m のテープの $\frac{1}{2}$ だから，0.5m $= \frac{5}{10}$ m $= \frac{1}{2}$ m と言えるね。

■ 有理数をつくるプロセスに着目

C：1m の $\frac{1}{2}$ になるように間を刻めば，他の分数でも表せると思う。

C：$\frac{1}{2}$ m の間の目盛りを刻む（等分する）と $\frac{2}{4}$ m になるよ。

C：さらにその間の目盛りを刻むと，$\frac{4}{8}$ m になる。

T：なるほど。つまり，もとの大きさの $\frac{1}{2}$ になるように目盛りを刻むと…？

C：**分数はもっともっとたくさんの表し方ができる。**

C：無限にできるんじゃないかな？

T：では，小数の方はどうだろう？

C：0.55 ？

C：それだと 0.5 より大きくなってしまうよ。

C：じゃあ，0.01 を使って表せないのかな？

C：0.01 が 50 個分で 0.5 だから，やっぱり 0.5 しかならないよ。

C：**小数は，10 等分や 100 等分して表すから，0.5 でしか表せない。**

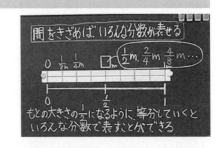

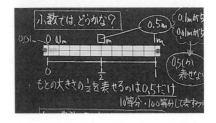

■ 有理数の表記方法の価値を見いだす

T：分数と小数の表し方を比べてみてどうですか？

C：分数は同じ大きさをいろんな表し方ができるけど，小数は 1 つしか表せない。

C：でも，$\frac{4}{8}$ m とか $\frac{8}{16}$ m だと長さがイメージしにくいんじゃないかな。

C：確かに。0.5m だと，長さが 50cm ってことも伝わりやすいね。

C：どれくらいの長さかが，ぱっとわかるのは小数かな。

C：**目的によって，小数と分数を使い分けることが大切なのではないかな。**

■ 実践の考察

　小数と分数のそれぞれの価値を見いだす上で，0.5m と $\frac{1}{2}$ m を「1m の $\frac{1}{2}$ にあたる大きさ」として統合したことが有効であった。その結果，「1m の $\frac{1}{2}$ にあたる大きさ」をそれぞれどのように表してきたのか，小数と分数をつくるプロセスの違いに気付いたり，伝わりやすさの視点からそれぞれの表記の価値に目を向けたりすることにつながった。また次時では，「1m の $\frac{1}{4}$ にあたる大きさ」を小数と分数で表現できるかを考えた。小数ではその表記方法を振り返り，1m を 100 等分することで 0.25m を見いだすことができた。また，分数は分割操作の結果をそのまま分母と分子の値として表現できるため，簡単に大きさを表せることも確認できた。**両者を関連付けて考察し，表記方法の違いに着目するからこそ，それぞれの価値に迫れたと考えられる。一方で，両者を関連付けた単元をどのように描いていくかについては，引き続き研究をしていく必要がある。**

参考文献

文部科学省（2008）『小学校学習指導要領 解説 算数編』東洋館出版社.
和田義信（1997）『和田義信 著作. 講演集』東洋館出版社.
杉山吉茂（2010）『公理的方法に基づく算数・数学の学習指導』東洋館出版社.
杉山吉茂（2008）『初等科数学科教育学序説』東洋館出版社.
中島健三（2015）『復刻版　算数・数学教育と数学的な考え方―その進展のための考察―』東洋館出版社.
成城学園初等学校数学研究部（2008）『だから「小数と分数」は一緒に教える』東洋館出版社.

本実践の価値と今後に向けて　齊藤一弥 解説

WHY　なぜ小数と分数を一緒にすることが話題になるのか？

　小数と分数では，分数が先に誕生しました（紀元前約4000年）。一方，小数の起源は，シモン・ステヴィンが，ヨーロッパで初めて「十進分数論」（1585）として提唱しました。昔から$\frac{1}{3}$や$\frac{1}{4}$などの分数はありましたが，その分母を「10の累乗」にした形に直せば，計算がしやすいことを発見したのがシモン・ステヴィンです。

　例）$\frac{1}{4} \leftrightarrow \frac{25}{100} \leftrightarrow \frac{2.5}{10} = \frac{0.25}{1}$　こうしたところから小数は生まれてきました。

　つまり，**分数をすべて十進数という形にしてしまえば，わかりやすくなるのではないか**というところから生まれてきた考えが小数です。分数の分母を10の累乗に固定した場合，十進数で表すことが可能となり，さらに通分しなくてよくなるわけです。だから計算しやすくなります。こうした数があればいいなというところから，小数は生まれてきたのです。言い方を変えると，**小数とは，「0超過1未満の数を分数を用いずに表現する方法」**とも言えます。もっと言うと，**「分数を使わないで表す方法」**です。本当は「**1を桁の基数Nで P回わる。その数の桁を小数第 P位として表現する**」ということです。私たちは基数が10に慣れていますが，Nとしているのは，二進数や三進数もあることから，2や3もあるということです。余談ですが，小数を英語では「decimal（十進数）fraction（分数）」と言いますね。やっぱり小数は分数なのです。

　では，なぜ分数と小数を関連付けることが話題になるのでしょうか。

　学習指導要領解説 pp.150〜152 の「第3学年」A（5）「小数の意味と表し方イ（ア）」とA（6）「分数の意味と表し方イ（ア）」を比較してみましょう。同じことが書かれています。さらに，**現行の学習指導要領では，思考力・判断力・表現力等は，「コンテンツフリー」として描かれているにもかかわらず，「小数でも」「分数でも」と，コンテンツが入っています。**その後の文章は全く同じです。このことから，両者は同じ目の付けどころで，同じ思考で進めていけばいいということを意味しているわけで，「分数と小数を一緒にする」とはそういうことなのです。

　今回，思考力・判断力・表現力等にコンテンツを貼り付けたのは，「でも」という言葉を入れたかったからです。「学習指導要領を読む」とはこういうことです。つまり，両方は同じ考え方で進めてくださいということなのです。では，なぜ今回このようなことを入れたかが問題となりますね。

　少し話を遡ります。昭和33年の学習指導要領において，3年で分数と小数が出てきますが，このときは，別の項目ではありませんでした。「等分してできる大きさ，または端数の部

分の大きさを表す分数や小数を用いる」と記されていました。つまり，元々は分数も小数も一緒に扱ってきたわけです。しかし，平成10年と平成20年の学習指導要領のときに，2つがバラバラのものになってしまったものだから，教室での指導も別々のものになってしまったわけです。平成29年の学習指導要領の改訂では，「内容も授業時数も手を付けないことが原則」だから，小数と分数を一緒のものにすることは難しかった。それならば小数と分数を別々にしておき，「分数でも」「小数でも」という形で表記しておこうという話になったのです。かつて成城学園初等学校算数部が両方を分けることに異議を唱えたのが，ちょうど平成10年あたりでした。昭和33年の理念をしっかり引き継いでいかなければならないということで研究を進めておられたわけです。平成10年以降の学習指導要領における内容の位置付けを確認しておかなければならないと思います。

　現在は，教科書でも，教材単元として小数と分数が別々にパッケージ化して扱われています。その理由は，学習指導要領でも別々に扱われているからです。いわゆる単元化する際に，コンテンツを優先するために，どうしても小数と分数が別物となり，さらに学習する時期も開くことから，別物感がより強まってしまったのです。ここで大切なのは，**「一緒にやる」ということが問題なのではなくて，「有理数の学習をしていく上で，これは，分数と小数のどちらに軸足をとって指導していくとよいか」を考えること**です。

　では，「今まで別々にやってきたことを，どうすれば同時にやれるのか」と主張すればよいのでしょうか。そうではありません。**有理数の概念指導をしていく上で，2つの表記の仕方としての分数と小数の，どちらをその概念指導の中でより有効に使っていったらいいかという組み立てにしなければなりません。**コンテンツを優先しているというのは「内容ベイス」であり，「分数でも」「小数でも」という発想で授業を組み立てていくには，「能力ベイス」「見方・考え方」で考えていかなければならないということです。

　今回の実践提案における「見方・考え方を軸にする」という主張はとてもいいです。能力ベイスで考えていくときには，**有理数の概念を勉強していく際に，分数や小数のそれぞれの表現方法の有用さ，有益さが実感できる形にしていくことが大切です。「これを表すとしたら，どっちをどのようにして扱えば，よりよく表現できるかな？　伝わるかな？」という授業に**しなければいけません。結果的に「小数でも」「分数でも」という話になる。**「この場合は，どちらかというと小数の方がわかりやすいな。解決しやすいな」「だけどやっていることは結局同じだな」というようなやり取りが子どもの中に生まれてくる授業が大事**と言えるでしょう。

WHAT　概念と表記

　分数と小数を束ねる概念とは，「有理数」の概念です。小学校において主に学習する自然数（1，2，3…）の隙間には必ず数があって，それが有理数になります。そのような有理数をどのような形で表現することができるのだろうかという話です。つまり，「端数の部分，0超過1未満の数をどのように表すか」ということです。分数や小数といった表記方法を学ぶことを通して，有理数の概念の指導を行っているわけです。小学校における分数と小数の指導でやっていることは，0超過1未満の数としての表現と意味なのです。

　数が表現している働きには①分割，②操作，③量，④割合，⑤商，⑥有理数があって，これらの価値を実感することが大切です。

　分数と小数の働きを同じと束ねて統合的に捉えていくことです。これらの意味を，それぞれの単元でほぼ同じように扱っています。それならば，これらが別々の単元で行われるのではな

く，一つの大きな問題解決の中で，あるときは小数を使う，あるときは分数を使うというようにやっていくことが可能なのではないかということが一つの考え方としてあるわけです。しかし，これを実現可能にするには，教師の力量が問われます。単元デザインです。または指導展開の中でさばききれなくなってしまい，子どもが何を学習しているのかがわからなくなる恐れもあります。**単元デザインと共に両者の働きの関連性をうまく結びつけていくという力量が必要**になるでしょう。表記として小数と分数がもっている特徴をうまくさばいていかなければ，授業は進みません。

　表記でいくと，小数の方が有益とされることが多いです。これは十進数でそろえているから，例えば計算が簡単にできる。大小の判断も非常にしやすい。では，分数の有用さは何でしょうか。その有用さが理解できるようになるには，多くのことを子どもは学習していく必要があります。例えば，表現方法の多様性です。つまり同値分数。多様だからこそやれることがいっぱいあるのですが，子どもにとってみると，同じ大きさを多様に表現ができること自体が不可解なことなのです。有用さの裏側には困難さがつきまとっているということです。これが，分数のもっている厄介さです。

　また，計算，大小比較も異分母であれば難しいですね。だから，先にも話したように，**それぞれの有用さを使うために，どの場面でどちらを使うかという組み合わせで単元というものをつくらなければなりません。**単元デザインはそんな簡単なものではないということです。当然のことながら教科書会社でも手をつけようとはしません。それぞれを分けて，どっちもいいところがあるよねと確認しておいて，学年が上がって全体が見えてきたら統合的に眺めてみましょうという構成になっているわけですね。

　一方で，かつての成城学園のように，いくつかの内容に限定して，同時にやってみようというチャレンジも，かつての数学教育が目指した方向性から言うと，「有理数なのだから一緒にやるのが原則だ」という提案者の大義自体は間違っていません。しかし，それがどうしてうまくいかないのかというと，**概念と表現を同時に考えていかない限り，登山口までは行けないから**です。すべてを承知した上で，登山口に立ってみるのだけれど，一回登ってみたら，嵐や風が吹いてきてまた来年にしようということもあるわけです。そのくらいの覚悟でやった方がいいということですね。

HOW　いかに統合するか？

　上記のような大きな内容が見えてくると，「なぜ統合するのか」「どのように統合するのか」に焦点を当てていく必要が出てきます。言い方を変えると，統合は目的ではではなく，**統合することによって，それぞれの事象の価値が見えてくることが大切**なことだからです。つまり統合というのは，Ａという事象とＢという事象を統合するにあたり，今回の場合のようにＡもＢも概念が同じだとすれば，両者の内容の深い理解を図るということになります。つまり，「両方が同じだ」ということがゴールではありません。**「両方が似ているようなことを表現しているね」ということから，小数がもっている働き，分数がもっている働きのそれぞれをより確かに理解していくことが重要になるわけです。**それを意味的理解と言います。ここでの意味的理解が目指すことは「表記の有用さ」をもって理解を図るということです。

　分数のもつ働きは，学習指導要領解説の３年と５年の「分数の意味と表し方」の２箇所に記されています。しかし，小数には書いていません。**研究とは，小数には書いていないけれども，分数と同じ立場で指導する必要があるのではないかということを柱にして，実践をするこ**

とです。何を統合していくか，統合していくことによってどんな意味があるのかを考えていかなければいけないわけです。

　統合する意味として挙げられるものは，一つは表記の有用さと事象のもっている価値です。こうしたことを大事にしてほしいのです。例えば，第1時において，「0.5 と $\frac{5}{10}$ と $\frac{1}{2}$ は等しいかな？」とありましたが，これをやるならば，そのゴールは YES で終わってしまいます。それでは全然意味がありません。ここでやりたいことの価値を考えなければなりません。一つは，分割との関連付けです。「なぜ同じになるのか？」と問うことです。しかし，分割の仕方が異なるわけです。$\frac{5}{10}$ と $\frac{1}{2}$ では分割の仕方が違う。しかし，0.5 と $\frac{5}{10}$ は分割の仕方が同じです。だから，$\frac{1}{2}$ の分割の仕方についてもっと関心をもたせたい。第1ステップとしては，0.5 と $\frac{5}{10}$ は大きさが等しいでいいのですが，第2ステップとしては，それは $\frac{1}{2}$ でなぜいいのかと問いたいです。そうすると，表記の違いを見つめるのだけど，構造が同じことに気が付くわけです。それを見抜くということが数学では大事です。

　手続きは違っていますが，行っている仕事は最終的にはもとにするものの半分を求めているということに関心がもてるようにする。言い方を変えると，1 をもとにすると 0.5 は半分である。0.5 をもとにすると 1 は 2 になる，つまり一方から他方を眺めると結果は同じになるということがわかることが大切です。そこに行き着くまでのプロセスが違って，$0.5 = \frac{5}{10}$ は有理数をつくるプロセスを表現しているんだということに気付いてほしいです。

　最後に，研究会で話題にしてほしいことは，「学習指導要領解説に，なぜ同じことが書いてあるのか」ということです。現行の教科書を使って，新しい単元を創るのは骨が折れる仕事だから，別々にやるにしても，「両方に同じことが書いてあるのはどういうことか」。これについてもう一度考えてほしいです。それぞれが有理数という概念を実際に表記する方法だとしたら，数にはいろいろな表し方をしている意味合いがあるのだけれど，分数では皆さん結構意識されていますが，小数で考えてみるとどうなるでしょうか。気が付いてみると，結構似ているところがたくさんありますね。小数で勉強したときも分数でやったときと同じように言えるのか，同じように説明できるかなと考え進むようにしたい。

　では，それを今度は一つの単元にして，単元をリデザインしてみると，結構骨の折れる仕事なのです。似ているからくっつけましょうではなく，創ることです。しかし，皆さんなかなか手をつけませんね。手をつけないということは，別々にやっといた方がまだいいのではないかくらいの意味合いもあるということかもしれません。

　でも，1年くらいかけてこんな展開ができたというようにしてみれば，少なくとも4年の小数・分数というものの単元名も「小数の仕組み」「分数の仕組み」ではなくなるかもしれません。「分数と小数のもっている役割やどんなことができるか」に関心をもつような単元になるはずですね。つまり，目的的活動になると思います。経験単元的に，直面している問題を解決していくというプロセスになるかもしれません。そういう意味では，教材単元を少し超えていくという姿勢を大切にして，かつ，なかなか一般的に誰もができるというわけではないことも覚悟しながら，こういう学びの価値を大切にしていきたいという主張になっていくかもしれないですね。

7

「図形」領域で「角の大きさ」を
学ぶ本質を追究する

敷き詰め活動を通して図形の性質や特徴を捉え直す

教材単元名：角の大きさの表し方を調べよう（第4学年）

　「角の大きさ」の導入では，1つの頂点から2本の辺が開いていく回転角として角の大きさを扱う場面が多い。そして，その数値化のために測定の考えを使い，単位（1度）のいくつ分として角度を表現し，分度器を用いて測定を行っていくのが通例である。しかし，この展開で，子どもたちに図形の構成要素としての角の概念が身に付くのであろうか。

　今回，「角の大きさ」は「B図形」領域に位置付けられた。図形の特徴を計量的に捉え，図形の構成要素などに着目し，図形の性質を考察していくことが重要とされている。

　子どもたちは，正方形や長方形の性質である「直角」や「直線」に着目し，「2直角で直線ができる」という見方をもっているが，正三角形を並べて敷き詰めても「直線」はできる。**この「2直角でなくても直線がつくれる」という事象に改めて目を向けることで，角に着目し，考察していく中で，角の概念や性質が明らかになる。**そうした「角」の見方・考え方の成長が，豊かな図形概念の育成につながると考える。同時に，改めて敷き詰めは図形の構成要素を学ぶ上で非常に価値のある操作活動であると言える。

WHY　なぜその学習があるのか？　子どもは何ができるようになるのか？　<u>学習の価値</u>

■ 既得の知識や経験の関連から，計量的・論理的に説明する

　本単元に至るまで，基本図形としては，第2学年では「正方形」「長方形」「直角三角形」，第3学年では「二等辺三角形」「正三角形」を扱い，「直線」「直角」(2年)，「等長」「等辺」(3年) の概念を獲得している。

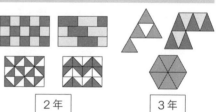

2年　　　　3年

　さらに，図形を敷き詰めていく活動の中で，子どもたちは無自覚で角の大きさに着目し，直線を作るという経験をしている。例えば，第2学年では，「正方形」や「長方形」を敷き詰めていくと，「直角が2つ」で直線になることがわかる。また，第3学年では，「正三角形」や「二等辺三角形」を敷き詰めていく中で，直線を見いだす経験をしている。しかし，「正三角形」や「二等辺三角形」には直角がないため，直線ができる理由を「直角」を用いて説明することができない。そこで，角の大きさをどのように表現すれば説明できるかという問いが生まれ，任意単位や数値化といった既習のアイデアを活用する必要性が生まれる。こうして，**子どもの既習から角の大きさを捉え直し，「直角でなくても直線ができる」ということを計量的・論理的に説明することで，角度という量の概念をより豊かに獲得することができる**と考える。

78　第2章　実践事例

■ 角の大きさの視点から図形の性質や特徴を捉え直す

　角は，図形の構成要素の一つである。本単元までに子どもたちは「直角」という概念を獲得している。角を数値化することを通して，「2直角＝直線＝180度」を理解する。その視点から既習の基本図形を捉え直すと，「正三角形が3つ集まると180度→1つの角度は60度→6つ集まると360度（中心角）」や「長方形は，直角が4つ→360度」ということが明らかになり，数値を用いることで，角の大きさを柔軟に表現することができる。こうした捉え直しを行うことにより，新たな視点で既習の基本図形の理解を深めることができ，**敷き詰め活動と関連付けて学ぶことで，より豊かに図形の性質や特徴を考察する**ことにつながると考える。

WHAT　数学として何を取り上げるのか？　数学のもつ意味・内容

■ 原理原則に沿った測定の方法の統合

　「測定」は，学習指導要領解説では，「ものの属性に着目し，単位を設定して量を数値化して捉える過程を重視し，それぞれの量について，そこでの測定のプロセスに焦点を当てて学ぶ」こととされている。第2学年で「長さ」「かさ」，第3学年で「重さ」という量を扱い，単位のいくつ分で表現するプロセスは既習である。角度の測定において，「直角＝90度」は指導事項である。敷き詰めから図形を考察し，角の大きさを直角のいくつ分と捉え，数値化していく。子どもたちが**単位を決め，そのいくつ分で表すことができるプロセスを想起し，「単位のいくつ分」**で表すといった原理原則は同じということを統合的に捉えることが大切である。

■ 分度器の有用性・利便性・汎用性

　分度器を使用することで，的確・簡便に角度を表現することができる。しかし，全国学力・学習状況調査の結果からも，180度より大きい角度の測定には課題がある。

　「180度」や「360度」といった，**測らなくてもわかる基準となる角度を用いて，いかに柔軟に分度器を有効活用して測定するかが大事**である。分度器には，「半円」と「全円」がある。通常，使用するのは「半円」であり，「半円」で事足りる。こうした分度器の有用性・利便性・汎用性を理解するとともに，分度器に人類の叡智や先人の知恵が詰まっていることにも目を向けることで，文化的な価値を学ぶことができる。

HOW　数学らしく学んでいるか？　見方・考え方を働かせた数学的活動

■ 子どもの無自覚的な感覚・経験から，明示的に論理を導く

　子どもたちは，様々な生活経験の中で，「美しさ」や「きれい」といった感覚的な情意を無自覚的に獲得している。例えば，本棚に整理して本を並べると，隙間を詰めて美しく整頓することができる。このとき，本の背表紙の面を直方形とみなすと，長方形の1つの角の大きさは直角なので，2直角となり直線を構成することになる。**何気ない行動の背景には，こういった図形の性質が使われているという構造を捉えることで，日常と算数とをつなげる**ことができる。

　また，感覚的な事柄を論理的に説明するには，的確な言葉や表現が必要となってくる。「2直角」「4直角」といったそれ自体で角の大きさが決まる表現や，「60度」や「130度」などの量感，また「90度より大か？　小か？」といった直角を基準とした説明が重要である。そうした土台があってこそ，個々の感覚・経験からの論理へと結びつくことができると考える。

■ 図形を統合的・発展的に捉え直し，図形の見方・考え方を成長させる

　「図形」領域の学習は，当該学年で獲得した見方・考え方を働かせ，既習の基本図形を捉え

直すことで，より図形の概念が豊かになる。こうした統合的・発展的に考察していくプロセスが大切となる。第4学年で角の数値化を学ぶことによって，既習の「直線」「直角」を数値として捉え直すことができる。例えば，**4つの長方形を敷き詰めたときに，「長方形は，4つの角度が直角である」という見方から，「一点に90度が4つ集まっている」という見方に更新されていく。**また，正三角形や二等辺三角形の角度を分度器で測定することで，操作的に「3つの角度をたすと180度」が自ずと見えてくる。論理的に考察することは，第5学年の学習内容になるが，こうした素地経験を行うことが，次年度の学年の学びを深めることにつながる。

角の概念を豊かにする単元デザイン

第2学年

三角形や四角形などの図形
「直線」「直角」

第3学年

二等辺三角形・正三角形などの図形
「等辺」「等長」

4つの辺の長さが等しく，4つの角が直角である四角形を正方形という。	4つの角が直角である四角形を長方形という。
2つの辺の長さが等しい三角形を二等辺三角形という。	3つの辺の長さが等しい三角形を正三角形という。

「角」という構成要素による
図形の性質や特徴の捉え直し

第4学年

角をどうやって表したらいいか？ 数値を使って表せないか？	どうやって角度を測るか？ 角度を使って三角形を描けないか？	180度より大きい角度は分度器では測ることはできないか？	三角定規2枚で他にどんな角度が作ることができるか？
・基本図形の敷き詰めを通じて直線から量としての角の大きさを見いだし，表現する。 ・目的に応じた単位（直角を基準とした分数表現）での表現 ・直線の構造理解（2直角，180度） ・新しい単位への展望（普遍単位） ・角の大きさの数値化	・分度器を使った正確な測定 ・敷き詰めを通じた中心角360度との関係の理解 ・角度を使った三角形の正確な作図 ・多角形の内角の和への見通し	・180度以上の角の大きさの観察と測定 ・角の計量（2直角，4直角を使って） ・2量の角の依存関係（優角と劣角） ・根拠を明確にした論理的な説明 ・分度器の有用性・汎用性・利便性 ・人類の叡智や文明への気付き	・角の加法性 ・三角定規の構成要素に着目した観察と考察 ・規則性の発見と角度の合成・分解の意味理解

第4学年	平行四辺形，ひし形，台形などの平面図形	「垂直」「平行」
第5学年	平面図形の性質（合同・多角形・正多角形）	「合同」
第6学年	縮図や拡大図，対称な図形	「対称」「相似」

本時の実践と分析

本時目標 敷き詰められた基本図形から直線になる構造を考察する中で，量としての角を見いだし，目的に応じた単位（直角を基準とした分数表現）で角の大きさを表現できる。

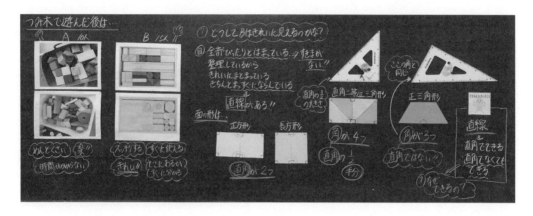

■ 直観的な美しさへの気付き

C：Bみたいに，**きれいになっていた方が，スッキリ感が出やすい。**

C：Bは物を取るときに取りやすい。

C：次に積み木で遊ぶときに，そっちの方がすぐに取り出せる。

C：片付けるのは面倒くさいけど，どこにあるかすぐにわかるから，Bの方がいいと思う。

C：僕は両方良くて，Bは次，遊ぶときに遊びやすい。きれいにしておいた方がやりやすい。

T：さっきね，Y君がここで説明していたときに，AよりBの方が「〇〇だからスッキリする」と言ってたんだけど，聞こえていたかな？

C：Bの方がめっちゃきれいに見える。

T：見えるんだね。じゃあさ，どうしてBはAよりきれいに見えるのかな？

■ 直観を言語化し，直線の存在に着目

C：全部ピッタリとはまっているからきれいに見えると思う。

C：あぁ，確かに。でも，**形は違うんだけどね。**

C：整理しているから，きれいに見えるんじゃないかな？

C：BはAより積み木がきれいにまとまって入っている。

T：まとまっているってどういうこと？

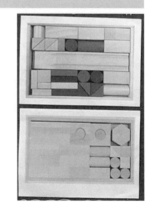

C：**ここらへんに同じ形がきれいにまとまっている。**

T：きれいにまとまっているんだね。S君はどう思った？

C：Bは積み木が**きちんと並べてられているから。**

C：あー，なるほど。確かにそうだ。わかる，わかる！

T：うん，きちんと並んでいたら，きれいに見えるんだね。
ここもきちんと並んでいる。

C：でも，積み木の大きさはバラバラだよね。

T：バラバラだね。きちんと並んでいるBの中には，あるものがたくさん見えないかな？

C：**ぐちゃぐちゃの方は直線がないけど，こっちは，たくさん直線がある。**

T：今，S君いい発見したよね。きちんと並んでいるということは，直線があるんだね。

■ 直線の構造の考察と表現①（正方形・長方形）

T：上手に並べてくれたよね。こうすると直線ができるんだね。でも，よく見て。この直線が
　　できるところに，なんか今まで皆さんが算数の学習で習ってきたものが隠れてませんか？

C：わかった！　もう見えた！

C：えー，ちょっとまだ見えない。

T：今，Y君が道具を出した。あの道具（三角定規）が関係あるんだって。

C：あー，やっぱり！　これこれ！

C：どちらにも，直角がある。

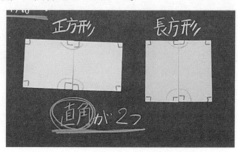

T：直角はどこに隠れているの？

C：ここにある。**正方形と長方形はすべての角
　　が直角になっている。**

T：今のはいい？　直線と関係ある直角はどこ
　　のことだろうね？

C：こことここだと思う。（内側の2つ）

T：っていうことは，直線のお話に戻るけど……。

C：**直線は直角が2つでできる。**

■ 直線の構造の考察と表現②（直角二等辺三角形）

C：これもなんか直角がありそうな気がするけど……。

T：いいところに目をつけたね。直角はあるかな？

C：**正方形を半分に分けているので，ここが2つだと
　　直角になる。**

T：ということは，ここの部分には三角形が何個集まっ
　　ていると言える？

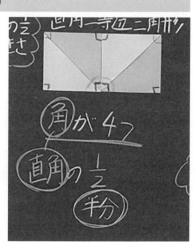

C：三角形が4個集まっている。

C：そうか，この場合の直線は，この**角が4個あるか
　　ら直線ができるんだ。**

T：この角の大きさをもう少し詳しく説明できませんか？

C：**直角の半分。**

C：$\frac{1}{2}$。直角の$\frac{1}{2}$でも直線ができるんだね。

■ 直線の構造の考察と表現③（正三角形）

T：あとまだ正三角形が残っているよ。これで直線は作れそうかな？

C：何となくできそうだと思うんだけど…。**でも正三角形には直角がないよ？**

C：確かに。でも下の部分には直線はできているよ。

T：今度は，角がいくつで直線はできたのかな？

C：角が3個で，直線ができているけれども，**この角は直角じゃないよ。**

C：どこからどう見ても直角じゃない。

T：この角は直角じゃないよね。この角ってどうやって説明できそうかな？

C：さっき気付いたんだけどさ，三角定規のここと同じじゃない？

T：おっ，よく気付いたね！　大きさは同じだね。

C：ということは，直角じゃなくても直線はできるんだ！

T：これまで直線は，直角を使って説明ができたんだね。そして，今日の勉強で直角でなくても直線はできるということがわかりましたね。でも，直角ではなかったら，この角の大きさはどう表現すればいいんだろうね？

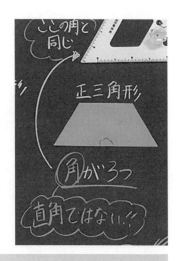

■ 実践の考察

　感覚的にきれいと捉えていたものを，乱雑なものと比較することで，**「直線」の存在に着目することができた**。具体的な現象を提示したことにより，算数や図形に苦手な子どもにとっても着眼点を共有することができた。

　そこから，直線の構造を考察し，基本図形を並べることにより，構成要素である直角に目を向けることができた。しかし，子どもたちは，「正方形」「長方形」「直角」という用語は知識として知っていたが，それを使って「直線」になることの説明は難しかった。この原因として，一つひとつの図形の性質は理解しているが，並べて直角が2つで直線ができるといった経験や直線になる理由を表現する機会がこれまでなかったのではないかと考える。つまり，どんな図形かをイメージし，説明はできるが，「直角」「直線」といった概念の認識には課題があるということである。そのため，**当該学年で学ぶべき概念を，図形の敷き詰めなどを通して経験し，言葉を使って表現する機会が必要**であると改めて感じた。

　直角二等辺三角形から直線を考察する場面では，分数（$\frac{1}{2}$）を使うことで直角の半分の大きさを説明することができた。角の大きさはまだ表現できないが，正方形の**直角を任意単位とし，その$\frac{1}{2}$で表現できたことは，次時の数値化（45度）につながること**である。直角という図形的な見方から，量としての角の大きさの見方へと徐々に変容させることができた。

　正三角形の考察の場面では，現象としては第3学年で扱う内容である。子どもたちは，すんなりと正三角形を使って直線を構成したが，直角が使われていないことにすぐに気付いた。そして三角定規の一つの角（60度）と大きさが同じと確認できたが，**その角の大きさをどう表現したらよいのか**という課題が生まれた。

　子どもたちの既習の基本図形から学習をスタートし，子どもたち自身が角という視点に着目し，捉え直していくことで，主体的に学びを進めることの可能性を感じた。そのためには，**基本図形を捉え直し，いかに「図形概念」を育んでいくかという系統立てた指導の必要性**が求められる。

参考文献

文部科学省（2018）『小学校学習指導要領 解説 算数編』日本文教出版.
齊藤一弥（2021）『数学的な授業を創る』東洋館出版社.
東京書籍『新しい算数（3年）』.
大日本図書『たのしい算数（2年）』.

本実践の価値と今後に向けて　齊藤一弥 解説

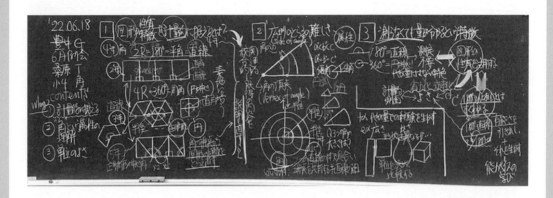

指導のオーバービュー

一つ目は，現行学習指導要領で計量を「図形」に入れた理由です。面積も体積も従来は高学年の「量と測定」にありました。それをどうして「図形」に入れたかということです。

二つ目は，角のもつ属性の理解です。角という量は，他の量に比べて厄介な属性をもっています。よく言われるのは，子どもは同じ角度でも，これ（短い直線 (a)）くらいしかかいていないのと，びゅーと（長い直線 (c)）伸ばしたのだったら，長い直線の方が角度は大きいと言いますね。子どもがこのように量をうまく捉えることができなくなると言われるのだけれども，でも，本当にそうでしょうか。今までの量でそういう混乱を防ぐ場面はなかったのでしょうか。

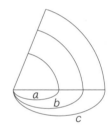

三つ目は，単位のよさです。この角というのは，**他の量と決定的に違うのは，測らなくてもわかるという大きさがあること**なのです。

WHY　計量的に捉える

一つ目は，現行学習指導要領の領域変更の理由です。**図形の性質や特徴を計量的に捉える**とはどういうことかという話です。4年の角の大きさで言えば，2直角＝180度＝平角＝直線が出てきますが，今までどのような学習で経験してきたかというと，2年の正方形・長方形の学習ですね。でも，2年では「きれいな模様ができたね」という勉強で終わっているのが現状かもしれません。「正方形を並べてごらん」という2年の学習では，直角が2つ集まると直線になると現象的に捉えています。結果として直線になる。だけど，そこに理屈をつけたいわけです，計量的に。つまり，**この関係性について，角度という量を手に入れたことによって，いわゆる計量的に説明ができることになった。**2つ直角をつなげると，これが直線になる。これを4年生になって，90度＋90度で180度になることをやりたいのです。

2直角の180度を平角といい，4直角の360度を周角といいます。周角で一つの円の中心になるわけです。例えば，3年でこんな勉強があります。正三角形の色板をこのように並べていきます（右図参照）。そうすると，ここにまたまた，直線が出てくる。けれども，それだけではなく，今度は，反対側にも並べて，六角形にしていくわけです。そうすると，ぐるぐるって回って，敷き詰めていくと，今度は直

線と直線がくっつく。一周回るという話になる。そしたら，色板3枚で直線，つまり180度，さらに4枚で作ったらどうなりますか。240度が見えてくるでしょう。さらに5枚になったら300度が見えるんです。こういったところの角に着目する。そこの部分だけのシルエットをとってみたならば，いろいろな角が見えてくるでしょう。**こういう経験をさせてやればいいわけです。角を作っていくプロセスの中で**，「すごいね」と，「段々ここのところが大きくなっていくね」と，さらに「一周ぐるぐるっとなるね」という話になります。そのように考えると，3年のときに，正三角形，さらには円と結びつけながら，**回転角の素地になるものについての経験をさせておくことが大切ですね。常に何度も素地経験をさせておく。これを「素地を培う」と言います。**こういう経験を常にさせておきたい。

　さらには，対角線という言葉は使わないけれど，例えば，直角の半分に線を入れると，子どもたちは角の関係から考えれば，この角の大きさと直角とは，それぞれ2倍，または$\frac{1}{2}$の関係になっている，こういうことはわかりますね。角度という量はわからないけど，関係性はわかるわけです。つまり**角の視点から図形の特徴を捉え直す。**どのような関係にあるのかを確認したいわけです。正三角形というのは，その角が3つ集まれば直線ができる。6つ集まれば一周するということです。しかし，角度を使うことはできない。そこで4年生になって180度が使えるようになった瞬間に，今度は一周が360度だという話になる。そのように説明がつながっていくようにしたいわけです。

　そしてこの正三角形の話題は，先の話になりますが，5年の正多角形の中心角の話につながります。子どもは既にそこに着目して関心が向いているのだけれど，まだ言葉では説明できません。数学的な用語では説明できないけれども，**事象として捉えるとどういうことを言っているのかはわかる。**つまり，既得の内容で説明できる。正三角形の角を真ん中に集めて，それが6つ集まれば一周する。半分だったならば，直線になる。同じように正方形や長方形は，2枚集めれば直線になって，4枚集まると一周する。そのような話になってくる。そこに，いわゆるラジアンで角という量を手に入れた瞬間に，説明が一気に進化していくわけです。

　現行学習指導要領では，図形は既得の基本図形の性質を新たな概念で捉え直していくようになっていますが，このように新たなメガネで図形の特徴や性質を捉え直していくことが大切です。「垂直・平行で見直す」「合同で見直す」「対称で見直す」と，今まで勉強してきた基本図形というものをその視点で見直していくのです。

　例えば，90度・60度・30度の三角定規で言えば，60度と30度の組み合わせで90度になるわけでしょう。そういった説明も今度は，角度を用いて，「90度＝直角」というのが説明できるようになる。今までは説明はできなかった，事象的には直角ができることはわかっているけど，なぜそうなるかがわからないわけです。そのような捉え直しをしていける子どもにしてほしいのです。そういう意味では，この単元でやってほしいことは，**現行の学習指導要領で重視している「統合」ですね。統合的に捉え直していく。**だから同じことなんですね。簡単に言うと，周角を$\frac{1}{4}$に分割しているか，$\frac{1}{6}$に分割しているかだけの話。正多角形の学習で，「中心角とはその図形の数分で分割している。二等辺三角形の数分だけなんだね」という話になっているのです。そういうところから考えると，**統合的・関連的に既得の内容を説明し直すということ。**今までやってきたことがどういうことか。敷き詰めとは，ただ何かいろいろなものを並べていって，「きれいな模様ができましたね」で終わっているような時間では駄目です。もう一歩も二歩も先行かないと。そこでどんなことが見えるかっていう話です。そうやってつな

がっているのです。教材研究とはそのようにきちんと捉えることです。

WHAT　角という属性の理解

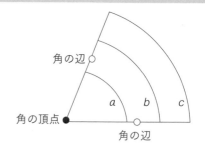

さて，二つ目は数学的な内容で，角度の「広がり」の捉えの難しさです。このところを，角の頂点といいます。子どもに言う必要はないけれど，英語でいうと，vertex of angle。ここを角の辺と言い，英語で言うと，side of angle です。問題は，この a と b と c，a は何度ですか，b は何度ですか，c は何度ですかって言ったときに多くの子どものミスコンセプションとして，こうなってしまうわけですね（a 度＜b 度＜c 度）。開いていった方が大きいと感じるわけです。だけど実際は，a＝b＝c です。これをどのように理解させますか。そもそも，この a，b，c とは何ですか。今日の話は，**今までの勉強が全部積み上がっています。**

これってそもそも円弧の一部ですね。円は3年で勉強しますが，a，b，c の円の中心から半径に対して垂直に切って，ここの角の大きさはどのくらいって聞いたら，子どもは「直角」と言います。円の大きさに関係なく，すべて直角で同じなわけです。もし，それが心配なら，こうなったら2直角だね。もしこういったら3直角，4直角だよね，という話になって，**円の大きさには関係なく，中心の角の大きさは同じっていう，**そういうことがつかめるようにしていきたい。そういう経験をさせておいてほしいのです。

今度は，半分にする。直角を半分にしたら45度。4年になったら，45度とわかるでしょう。今度これ，ここの部分が45度っていうのを，4年生の子どもに見せるわけですよ。そうなったときに，小さい円の45度とね，大きい円，中くらいと全部やってみようという話になる。すると，小円の角と中円の角と大円の角は全部45度で一致していますね。これ全部重なるわけです。そのときに，円弧だけ見たらね，弧の長さは段々大きくなっているけれど，「この3つの角の大きさは？」と聞いたらどうなりますか。多分，同じだって言うでしょう。言えるようになる。つまり，**何が重要かと言ったら，半径の開き方**です。2つの直線の開き具合，これを角ということを子どもの中で確認できるようにすることが大事なのです。つまり，3つの $\frac{1}{8}$ 円，これを比べてみる。それを最初は，$\frac{1}{4}$ 円で比べて，直角で保

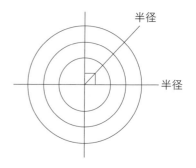

証してあげた後，$\frac{1}{8}$ 円っていうものを見せたときに，それらは元々全部これらが45度だってことが言えるようにしていくという話。この直線の開き方だけが問題なのです。

多くの授業では，最初に3つの円で色を変えてみて，口が大きくなりましたというような場面を用意して確認するわけですが，なぜあのような教材が出てくるのでしょうか。もっと**3年生のときに，こういった素地経験をさせるべき**だと思います。角の大きさというのは知っているわけですから。そういうことをやるべきではないでしょうか。

少し付け加えます。他の量との比較です。この経験も4年生の学習のとき，**子どもたちに明示的に指導してほしい**です。例えば，「どっちが広い」と言ったときには，形状に依存しないでしょう。例えば，「かさ」，これも一緒でしょう。でも，形状は異なる。形状は異なるけれども，**あることをもってこれが等しいという経験をしてきている。**つまり，比較の仕方です。

だから，形状は異なるけれど，**単位をもって比較する**。とすると，実はこの単位ってのは，「度」であって，「度」というのは，**この開き方が一つの単位になるのだから同じ話だ**っていう指導はしておいてほしいということを付け足しておきます。

HOW　単位のよさ

　捉えることが難しいというのは，角のもつ属性が極めて特徴的だからです。特徴というのは，「180度＝直線」「360度＝周角」で円の中心ということで，この両者は測定が不要ということ。これは大きな特徴です。つまり，**他の量にはない特徴**なわけです。ここを取り扱いたいのです。重さの場合，何にも測らなくてこれが何キログラムとわかるものはないですよね。長さもないです。広さもないし，かさにもありません。いずれも何かの計器を使って測定します。けれども角の場合は，直線が出た瞬間にもう180度と自ずと言えます。では，なぜ不要になったのでしょうか。ここが重要です。なぜ不要なのか。それが現行学習指導要領の「計量的に捉える」に戻るわけです。**図形の特徴や性質というのを活用しているということです**。このように，**測らなくてもいい，測る必要がない**というところが非常に**大切**になってきます。そこに，**省力化・効率化といったよさ**がある。効率化や省力化っていうのは，計量的な側面のよさです。これを可能にしているのは「図形の性質を活用する」からです。

　子どもは鈍角を見て，「180度以上あることはすぐわかる」と言う。このように答える背景にあるのは「図形の性質」です。子どもに「そのことがわかったわけは何だったの？」と問うと，「180度＝直線だから」と言います。ここまでが直線で，当然それに加える大きさがあるから「180度＋α」になるだろうと言うわけです。もう少し角度が広がって，「もうちょっとで360度」ということもある。第4象限までいったときに，もう少しで360度だから，足りない部分をひいた方がいいのではないかという発想も出てくる。そのときの問いかけは違いますね。「この大きさ，どのくらいだと思う？」「大体どのくらいの大きさかな？」と聞いたときに，「もう少しで360度だから，330度くらいかな」という話は出てくるかもしれません。その思考の中で，全体から部分をひくっていう発想が出てくるわけです。大事なことは，このようなこと，**つまり，「180度以上あることはすぐわかる」ことに気付いていることこそが，子どもの有能さと言える**でしょう。有能さをもっと引き出したいものです。「**なんでそのように思ったのか**」。その有能さを引き出し，そしてそこから，「**学びをつくる，それを生かす**」。これが能力ベイスの授業づくりなのです。

　そして，締めくくりはもう一度，よさに戻る。「なんで測らなくてよかったのかな？」と。そして，もう一度捉え直してほしい。「ちょっと待って，今までこの角みたいに，何にも測らなくてわかる量ってあった？」って。すると，長さだって測る，重さは……測る。でも，この角の場合は，**図形の性質に依存している**ということに関心が向くでしょう。この基本図形の形状に関係・関連しているからです。つまり，この領域は**図形の性質を考察するためにある**わけです。だから，**角度を通して，図形の性質を考察している**というところになるのです。子どもが今まで勉強してきたことを統合的に捉えて，学習してきたことをもう一度見直し，できるようになったこと，わかるようになったことが結びつくという数学らしい思考をしていけるような実践になることを期待しています。

子どもの「有能さ」は領域を超える

「変わり方」を領域横断的に学び,「関数の教え」を育む

教材単元名：変わり方（第4学年）

　　これまで平成20年の学習指導要領では，同じ領域に位置付けられていた「関数の考え」と「式」だが，今回の学習指導要領では，それぞれ，「C 変化と関係」「A 数と計算」に位置付けられている。

　　異なる領域であるから，第4学年の関数指導でも「関数の考え」は関数の考えとして，「式」は式として，別々に扱えばいいのかというとそうではない。平成29年の学習指導要領は能力ベイスでの授業づくりが求められている。我々はとかく，領域という枠組みで内容を捉えがちであるが，内容を子どもたちの「能力」であると捉えるなら，**関数指導は，領域横断的に学習を展開する必要**がある。

　　以上のことを踏まえて，本稿では，4年「変わり方」の実践をもとに，能力ベイスの授業づくりについて提案したい。

WHY　なぜその学習があるのか？　子どもは何ができるようになるのか？　学習の価値

■ 関数の三種の神器（「表」「式」「グラフ」）において「式」の価値を獲得する

　　これまでの関数指導では，伴って変わる二つの数量の依存関係を捉えるために表から規則性を見いだし，式に表しさえすればよいという，式の役割に重きが置かれていない指導が一般的であった。しかし，「関数の考え」を用いて問題解決することを念頭に置くなら，「式の役割」について強調し，式を読むことを通して依存関係を捉えることもまた重要である。

　　以上を踏まえて，第4学年「変わり方」の学習における価値を次の2点に整理する。

　① 関数関係を表現したり，説明したりするにあたって，「表」「式」「グラフ」を用いること
　② 関数という問題解決をするにあたって，特に「式の読み」を通じて問題解決すること

WHAT　数学として何を取り上げるのか？　数学のもつ意味・内容

■ 能力のメガネで学習対象を捉える

　　第4学年「変わり方」の「段の数とまわりの長さの関係」を考える上で，学習対象として，関係性を表現したり，説明したりするためのツールである「表」「式」「グラフ」などがある。「C 変化と関係」領域，第4学年の領域の中に「表」「式」「グラフ」という言葉が繰り返し出てくる「**式**」について学習指導要領をよく読んでみると，問題解決の中で果たす「式」の役割を色濃くするために，「A 数と計算」に「式」が位置付けられたことがわかる。今回の第4学年「変わり方」の場面では，まさに関数の問題解決をするにあたっての「式」の役割を考える必要がある。つまり，内容のメガネで領域を捉えるのではなく，**能力のメガネで領域を捉える**

ことで，2つの領域を融合して考えることが重要である。

　以上より，「C 変化と関係」領域で述べられている「関数の考え」を用いて，問題解決をすることが重要であることはもちろん，そこで果たす「式の役割」（「A 数と計算」）についても学習対象として捉える必要がある。

HOW 数学らしく学んでいるか？　見方・考え方を働かせた数学的活動

■ 学習指導観の問い直し

　第4学年「段の数とまわりの長さの関係」を考える学習は，いわば王道の学習であり，これまでにも多くの指導が行われてきた。学習指導要領が改訂され，一体何が変わったのだろうか。

　ここまでのことを踏まえると，式の読みを中心に据えた学習を行いたい。**これまでのように表から式に表すことも大切だが，その表した式をどのように吟味するか，指導の考え方が大きく変わったのである。**

■ 数学的活動"A"の局面（「変わり方」を数学の舞台にあげる）

　子どもたちは本時までに表から変化や対応の特徴を考察することに慣れてきている。そのため，本時においても表から「段の数が1段増えると，まわりの長さは4cm ずつ増えている」

ことや「段の数に4をかけるとまわりの長さになっている」という関係を見いだし，段の数を□，まわりの長さを△として，4×□＝△，□×4＝△といった式に表していく。これまでの指導であれ

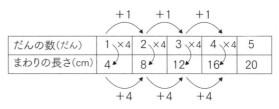

ば，ここまでの展開が学習の中心として位置付けられていたが，本時においては，**式に表すまでを数学的活動の"A"の局面として位置付ける。**

　それから，□×4＝△という式にはどのような意味があるのかを焦点化された問いとして設定し，学習を展開していきたい。

■ 数学的活動"D"の局面（式の意味を発展的に考察する）

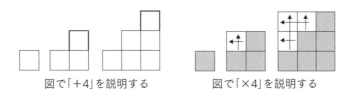

図で「＋4」を説明する　　　　図で「×4」を説明する

　□×4＝△という式の意味について，図と関連させながら考えた後，ここまでの過程を振り返る。そのときに表から見つかったもう一つの関係（式）に着目したい。つまり，4×□＝△が何を意味しているのかと，発展的に考えたい。

　□×4＝△の意味を図と関連させて考えたように，4×□＝△についても，図と関連させながら考えるようにしたい。

　最終的には二つの場合を比べることで，どちらにせよ，**一方が決まれば，もう一方も決まる**という関数関係に気付けるように数学的活動を描いていきたい。

「関数の考え」を育むための単元デザイン

第1学年	第2学年	第3学年	第4学年
・一対一対応 （二量の関係に着目）	・九九表の観察 （規則性の発見）	・□を使った式 （未知の数量を□で表す）	・表の活用 ・折れ線グラフ ・式の読み

「関数の考え」の素地

第1時：まわりの長さが20cmの長方形や正方形をかいて，伴って変わる縦の長さと横の長さの関係（和一定）を表に整理し，□，△などを使った式に表す。

〈子どもの問い〉
・縦の長さと横の長さには関係があるのかな？
・表に表すと，きまりがわかるかな？

〈見方・考え方〉
・伴って変わる二つの数量に着目する。
・表から変化や対応のきまりを考える。

第2時：1辺1cmの正三角形を並べたときの伴って変わる正三角形の数とまわりの長さの関係（差一定）を，表や□，△などを使った式に表し，式の意味を考える。

〈子どもの問い〉
・表をどう見ると，関係を式に表せるかな？
・式はどんな意味を表しているのかな？

〈見方・考え方〉
・表に着目して変化や対応を見いだす。
・表した式の意味を考える。

第3時：正方形を階段のように並べたときの段の数とまわりの長さの関係（商一定）を表に整理し，□，△などを使って式に表すとともに，図と関連付けて式の意味を考える。

〈子どもの問い〉
・「＋4」は何を表しているのかな？
・「×4」は何を表しているのかな？

〈見方・考え方〉
・表した関係式に着目する。
・表，式，図などを関連付けて説明する。

第4時：水槽の水の量と全体の重さの関係を，折れ線グラフに表したり，かいたグラフを読んだりする。

〈子どもの問い〉
・変化の様子をわかりやすくできるかな？
・グラフからわかることはあるかな？

〈見方・考え方〉
・変化を表すために折れ線グラフに着目する。
・折れ線グラフからわかることを考える。

第1時（和一定）

第2時（差一定）

第3時（商一定）

第4時　グラフ

統合・発展

第5学年	第6学年	中学1年
・比例	・文字と式 ・比例と反比例	・比例と反比例 ・一次関数

本時の実践と分析

本時目標 見いだした変化や対応のきまりを表現し伝え合うことで，伴って変わる二つの数量の関係に着目し，表や式を用いて変化や対応の特徴を考察することができる。

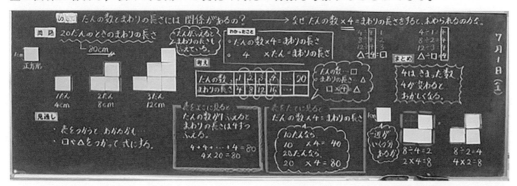

■ 問題場面の確認

T：（一辺 1cm の正方形を階段状に並べていく）

C：また変わるんでしょ？

C：本当だ。変わっているものがある。

T：何が変わっているのかな？

C：階段が 1 段，2 段と増えている。

C：昨日と同じでまわりの長さも変わっている。

C：段が増えるとまわりの長さも増えている。

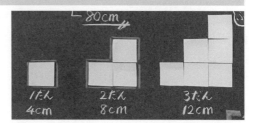

T：変わっているものがわかりましたね。今日は段の数が 20 段のときのまわりの長さを求めましょう。

■ めあての確認

C：段の数とまわりの長さには関係があるのかな？

T：どうして，段の数とまわりの長さに関係がありそうだと思ったの？

C：段の数が増えると，まわりの長さも変わっているから，関係があるんじゃないかなって。

C：昨日みたいに**表を使う**と，**関係があるかわかる**かもしれないね。

C：表にできたら，□とか△を使って，式にも表せそうだね。

T：それでは，段の数とまわりの長さに関係があるのか，調べてみましょう。

■ 表への整理と分析から一応の解決を得る

T：今日は表に整理するのが大変そうだね。

C：簡単だよ。20 段全部はいらないよ。

T：○○さんが 20 段全部は書かなくてもいいって言っているけど，本当かなあ。

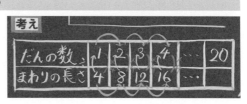

C：本当だよ。4 段目まで書いたらいいんだよ。

C：先生，表に書いたら，気付いたことがある！

T：△△さんが表にすると気付いたことがあるって言っているけど，みんなはどうかな？

C：表にしたらやっぱり関係があったよ！

T：表に整理して関係が見えてきたみたいだね。どのような関係があったのかな？

C：表を横に見ると，段の数が1増えると，まわりの長さは4ずつ増えている。

C：4×段の数をすると，まわりの長さが求められるね。

C：4×20で，20段のときは，まわりの長さは80cmになるね。

C：私は表を縦に見たよ。表を縦に見ると段の数×4をすると，まわりの長さになっているよ。

C：今は20段のときを求めているから，20×4で，まわりの長さはやっぱり80cmだね。

T：どうして表を横に見たり，縦に見たりしようと思ったの？

C：昨日みたいに変わり方がわかったり，きまりがあったりするかなと思ったから。

T：なるほどなあ。みんなが表を見てわかったことを整理してみましょう。

C：式に表せそうだよ。

C：表を横に見たときは「4×段の数＝まわりの長さ」という式に表せそうだね。

C：表を縦に見たときは，「段の数×4＝まわりの長さ」という式にできるね。

C：段の数が□でまわりの長さを△にしたら，「□×4＝△」と表せるね。

■ 焦点化された問いの設定

C：また変わらない数があるのかなあ。

T：どうして変わらない数があるのかなって思ったの？

C：昨日の三角形の問題でも式に表した後に変わらない数があったから，今日もありそうだなって。

C：確かに。というか，段の数に4をかけたら，まわりの長さになるのはなんでなんだろう？

T：そうだね。なぜ段の数×4をすると，まわりの長さになるのか，考えてみようか。

■ 式に表された「4」の意味を考える

T：4はどうやって求められるのかな？

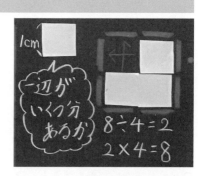

C：段の数×4をすると，まわりの長さになるんだから，まわりの長さ÷段の数をすれば求められる。

T：いつも4が出てくるね。

C：4は，変わらない数なんだよ。

T：どういうこと？　4はどんな数と言えるの？

C：4は決まった数なんだよ。

C：4が変わっちゃうと，おかしくなるよ。

■ 式と図を関連付ける　段の数×4＝まわりの長さ

T：図を使って説明できないかな？

C：ここを移動すると正方形になる。

T：移動すると正方形が見えるの？

C：1段目が大切なんだよ。

C：段の数を一辺の長さだとすると，それが4つ分で4cmになる。

T：どういうこと？　さっきの式や2段目，3段目と関係があるの？

C：例えば2段目だったら，一辺の長さが2cmで，それが4つ分あるから，×4なんだよ。

C：ここを移動すると，正方形が見えるようになったでしょ？

■ 式と図を関連付ける　4×段の数＝まわりの長さ

T：なるほど，でもこっちの式の説明にはならないと思うけど……。

C：こっちは矢印が違うんだよ。

C：さっきは，辺を外に動かして，大きい正方形にしたでしょ？

C：そういうことか！　さっきと反対ってことだね！

C：さっきと反対の方向に見ると，次は小さな正方形が見えてくるね。

■学習の振り返り

T：昨日の学習と今日の学習を比べて，似ていることや違っていることはありましたか？

C：今日の問題も表を書くと，変わり方やきまりがわかった。

C：式に表したけど，昨日とは違う式になった。

C：図とつなげて考えると，式の意味の違いがわかった。

C：昨日と同じで今日は4が変わらない数だということがわかった。

C：結局，段の数か，まわりの長さのどっちかがわかれば，もう一つの方も簡単にわかる。

T：表や式に表したり，式と図をつなげながら，考えることができましたね。

■実践の考察

　伴って変わる二つの数量を表に整理して比較することで，「段の数が1ずつ増えると，まわりの長さは4cmずつ増えていく」ことや，「段の数に4をかけるとまわりの長さになる」などの変化や対応のきまりを見いだすことができた。また，見いだした関係を言葉の式，□，△などを用いた式で表すこともできた。さらに，一応の解決を得た後にこれまでの学習と比べながら解決過程を振り返ることで，焦点化した問いを引き出すことができた。子どもたちが見つけた「4cmずつ増える」「4をかけるとまわりの長さになる」という関係には「＋4」「×4」といった不変な数量の関係がある。どこが「＋4」「×4」になっているかを説明するためには，図を用いた説明が有効である。「4×段の数＝まわりの長さ」「段の数×4＝まわりの長さ」という単位に着目しながら図と関連付けて丁寧に「4」の検討を行っていくことで，子どもたちは式の表す意味が違うことを理解した。

　「段の数×4＝まわりの長さ」の説明は，動き方が外側で見えやすく，イメージすることは比較的容易である。一方で，「4×段の数＝まわりの長さ」についての図との関連はそう簡単にはいかない。今回は「さっきと反対ってことだね！」という子どもの言葉を皮切りに図の説明を行うことができたが，場合によっては指導者から「このように考えた人がいるんだけど……」といった形で提示することがあっていいかもしれない。

　本単元では，この次の時間に水槽に入った水の量と全体の重さの関係についてグラフに表し，グラフを読む活動も行った。この段階でのグラフの扱い方には，系統性に十分留意していく必要があるが，関数の入り口となる第4学年に，三種の神器である「表」「式」「グラフ」に触れさせることは重要であると考える。子どもたちが本単元の学習までに培ってきた能力をもとに「関数の考え」を育むことは，今後すべての領域に関連し，様々な学習内容において問題解決能力を高めることにつながる。今後も子どもたちの能力をベイスにそれを引き出しながら，学習の価値に迫る授業づくりを追求していきたい。

引用・参考文献

文部科学省（2018）『小学校学習指導要領 解説 算数編』日本文教出版.

齊藤一弥（2021）『数学的な授業を創る』東洋館出版社.

大阪市小学校教育研究会算数部（2022）「数学する心を育み伸ばす算数科の指導」～深い学びの実現に向けた指導と評価の一体化～.

本実践の価値と今後に向けて　齊藤一弥 解説

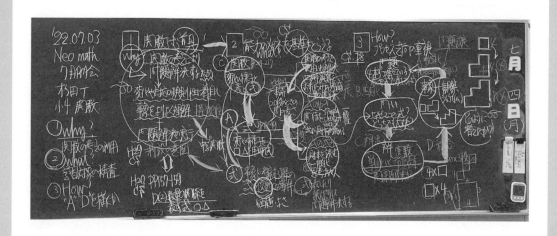

指導のオーバービュー

　現行学習指導要領においてこれまでと領域が変わったことを考えることが大切です。また，現行学習指導要領の確認だけでなく，前回の学習指導要領との比較を行うことも大切です。前回と今回を比較するとかなり変わっているのだけれど，この実践では授業があまり変わっていないわけです。

　お話ししたいことの一つ目は，なぜこの単元があり，なぜこの授業があるかです。「変化と関係」の領域が位置付けられた意図です。**関数と関数の考えは違います。関数の考えとは，変化と対応といった規則性に着目して事象というものをよりよく理解したり問題解決に利用したりすることです。**これを指導内容として位置付けたいわけです。つまり，関数の考えを重視した算数指導を実現したいという意図があります。ですから，もっと関数として指導に取り組んでほしいのです。

　二つ目は，一番お話ししたいことです。子どもと教師の双方に学習対象が見えているかどうかです。

　三つ目は，いかなる文脈を描くか，いかなる数学的活動を組織するかということです。数学的活動とは，日常の事象または数学の事象から問題を見いだすところから始まります。ここが数学化と言われるプロセスで，とても重要です。これは見通しではありません。**見通すというのは estimation, 見積もる，評価するということです。つまりこの問題がどのような仕組み，構造かをある程度見抜けるということです。**これまで，問題解決における見通しとは答えや方法の見通しが立てられるかということであり，現行学習指導要領の解説の p.8 に出てくる「ぐるぐるの図」（学習過程のイメージ図）で示された数学的活動の A の局面とは，問題を設定するという意味です。現行学習指導要領の趣旨の実現を目指したいですね。今は，学習指導要領の改訂と改訂のちょうど中間地点に来ており，今後，しっかりと数学的活動を組織した学びを創っていってほしいです。

WHY　関数は道具である

　関数とは問題解決の道具です。現行学習指導要領の「変化と関係」領域の「関数」と「データの活用」領域の「統計」の両者は，問題解決の道具です。関数をなぜ位置付けているかとい

うと，この道具を使って問題解決をしてほしいからです。事象に内在する変化とか対応の関係性，関係のその規則性，それを見いだして問題解決する。つまり，**道具としての価値を実感させたい**のです。関数を用いることのよさを子どもが実感できるようにしたいわけです。これまでは，数量関係として○や□を用いて，それで式に表してきましたが，それだけでは趣旨の実現には弱い。現行学習指導要領で高学年に関数を位置付けたということは，関数そのもののよさを実感して，その後の中1の比例，中2の一次関数，中3の $y = x^2$ の関数へとつなげていきたい。これらを体系化したいという願いがあります。

では，この「関数の考え」をいかに身に付けていくかということです。まずは，変化や対応の規則性，ここに算数のメガネをかけて着目することが大事です。事象をよりよく理解する。事象の構図をつかむこと。この提案で言えば「商一定」です。「商一定」という仕組みが把握できるということ。それを問題解決しながらしっかりと理解するために「関数の考え」を用いるということです。このような営みを授業として実現していきたいというのが領域の新設の意図です。もちろん，この先，中学の数学の関数につなげていきたいという意図もあるわけです。

WHAT　能力のメガネで学習指導要領を読む

二つ目の話は，**能力のメガネで学習指導要領を捉えるということ**。能力というメガネをかけて学習指導要領を読んでくださいということです。

本時では，「20段のときの周の長さ」を考えるときにどのような見方・考え方で取り組めばいいのかということですね。そこには段数と周の長さに**依存関係があります**。今日の場合は**商一定だから，比例が前提になっているわけです**。そこに，この事象を取り扱う価値があります。大きく2つの視点から内容整理をしてほしい。まずは関数。4年生の場合は，変化の様子を表と式とで表す。ここでちょっと，「えっ？」と思いませんか。式が出てきます。**式というのは，前回の学習指導要領では「数量関係」でした。「数量関係」の式表示というのは，現行学習指導要領では，「数と計算」に位置付きましたね**。つまり，ここで重要なこととして，A領域に位置付いた「式」の取り扱いについて確認していただきたいのです。学習指導要領では，変化の様子を□または△を用いた式で表現すると書かれている。**現行学習指導要領の肝は，第2章です**。ここに式指導の価値が書かれている。大きく2つのことが書かれている。**一つは，式の表現，つまり働き。もう一つは，式の読みです。これらが育成したい能力です**。こういうようなことができる子どもにしてほしいわけです。

今回の提案授業では，教科目標に書かれている，**簡潔，明瞭，的確**。simple で，clear で，そして何よりも exact に関係を表現することを重視しています。Exact というのは，戦後日本の数学教育に入ってきた言葉で，誰にでも正しく伝わるということ。そのような表現に加えて**一般性のある式で表現することを目指したいわけです。さらには，式にはそれが示す関係性から具体を読むことができる**。こういう働きをもっている。一般化して書いた式から，「この式はどのような場面を表しているのか」と読むことも大切です。

今回の授業では，4×□と□×4という2種類の式が出てきました。同じ場面を表現しているにもかかわらず異なる式とはどういうことかを考える。まずは，□×4という式が表しているのはどんな場面なのか，または4×□がわかったら，□×4という式が表しているのはどのように場面を解釈したのか，それを具体的に図で表現してみる。「階段部分を外に出す」または「連凧のように内側に入れ込む」といった具合に具体で説明するわけです。このように

式で表現しただけで終わらずに，その意味を読み取ることの往還が大切になります。何のために
このようなことをやっているのかを明確にしないと，「なぜこんな難しいことを4年生でや
るんですか」「出てこなかったらどんな声掛けをすればいいですか」という話になってしまい
ます。つまり，授業で扱う内容の意味とか価値とかを明確にしないといけません。

　さて，問題は「式の読み」です。**式の読みというのはどういうことかというと，まさに今回
取り組まれたように，具体を読むということ。さらに，式を読むということはそれを一般化す
るということです。**この時間はこれに取り組みたいわけです。**一般化したいのです。**なぜかと
いうと「20段を求めたい」からです。そしてもう一つ重要なのは，数学らしい思考プロセス
を描くということです。**□×4と4×□が出てきたら，この人はどのように考えてこの式に
たどり着いたのかなと考えることです。どうすればこのような式にたどり着くのかと，数学ら
しい思考を鍛えていきたい。**授業の中で，次々と子どもが快活に発言してこなくてもいい。数
学らしく思考するために教師は手数を多くしてもかまわない。子どもの思考が続かなくなった
らダミーを出して刺激してもいい。「このように考えたら，次に進むね」と，「そうか，そうい
うことなのか」と，次の時間，その次の時間，次の学年，その次の学年でそれができるように
なればいいわけですから。そのような子どもの数学らしい思考，子どもの追究姿勢を大事にし
てほしいのです。

　4年生で大切にしたいのは，まずは**関数の考えの育成**。関数の考えを用いて問題解決するわ
けですからね。関数の考えを用いた問題解決をしっかりとやりましょう。これがど真ん中で
す。

　もう一つあります。学習指導要領を丁寧に読んでいくと重要な視点が書いてあります。**四則
演算。四則演算と結びつけた場面において，二量の関係を考える。問題解決を通して二量の関
係を考察することの重要性です。**つまり，この提案ではどういうことかというと「商一定」で
す。**商一定とは，比例であること。つまり $y = x$ の形になるという話です。**そのような見方が
できるようにしたい。そこでもう一度「式指導」がA領域に入った意図に戻りましょう。こ
れがはっきりすると，なぜこの式を取り扱うのかがよくわかってくるはずです。**事象を考察す
る際の式の役割を理解することを重視するためにAの領域に入れたのです。**それが領域変更
の意図です。つまり，式の価値とかよさ，これを理解させるためにA領域に位置付けました。
**本提案の教材自体は関数ですが，指導の大半は「式の表現」と「式の読み」と言えます。式に
表したり式を読んだりすることが，ここでの問題解決の基盤になっています。式のもつ役目や
働きにしっかりと関心をもって取り組むことが大切です。**

HOW　プロセス志向の重視

　最後は，**プロセス志向の重視**です。解説 p.8 の「ぐるぐるの図」の価値です。先ほども A
の数学化の重視について話しましたが，**数学というのは，事象が数学の土俵に乗るかどうかを
判断することです。言い方を変えると，問題になるかを決める，つまり問題設定です。**子ども
たちが授業でいいことを言っていました。「また変わるんでしょ」と。教師は「その通りだよ」
と言ったらいいのです。そこで「では，どのように変わるか見つけてみなさい」と言えばいい
のです。ここで問題を設定するという話になる。そのときに大事な話は，この**事象というもの
を見つめる目です。つまり，観察する力です。**かつて，フランスの数学教育の大家であるショ
ケーが，問題解決で一番重要なことは「観察」で，事象をどうやって見るかであるという指摘
をしています。子どもはどのように事象を見たのでしょうかね。多くの子どもが，どのように

増えたのかという視点から事象にしっかりと対峙していけるようにしないといけない。漫然と見ていたのではだめなのです。

　何が変わっているかと授業の入り口のところでしっかりと種まきしておくことです。日々の明示的指導で肥やしをまいておくわけです。そのようにしていくと，算数の問題ができ上がる。では，ここでどのような問題にしますか。事象の変化の様子から「4本ずつ増えている」ことはわかる。そこでこのことを「表や式で表してみよう」という話になるでしょう。

　そして次は問いの焦点化です。学習対象としては「式の表現」「式の読み」を取り扱いたいので，「2つの式があって，どちらでもいいのか」という思考対象を明確にします。要するに子どもたちはどちらでも大丈夫なのかどうかということを考えることになります。

　この一連のプロセスの中で大事なことは，**関係性が表現できたってことを4年生なりの言葉で言いたい。つまり，決まれば決まるということ。どちらの話も，段さえ決まれば全体の数が求められる。それを言ってほしい。つまり関数，ここに関数というものをきちんと見いだしてほしいのです。**

　そして余力があればDの局面で統合します。今度はこの「4」の意味について考えてほしい。外に押し出す方法，中に入れる方法の両者を比較して**関数だから「4」の単位についても説明できるようにしたい。**一つの理想形なので，手ごわいです。授業を展開する教師の力量も問われるし，そこまでの子どもの育ちも大きく影響しますが，このような授業をつくっていってほしい。現行学習指導要領はこのような学習活動を期待しているのです。

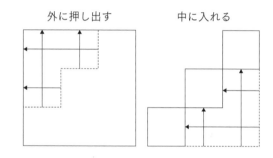

外に押し出す　　　　中に入れる

　最後になりますが，**プロセス志向というのは，数学的活動というプロセスの中に，実は能力というものが貼り付いていて，その活動自体を重視していくということです。**数学化自体も能力だし，当然この問いの焦点化においても，ここで式を読んでいるわけで，それも能力です。「4」は何を単位とするのか，式が何を表しているのかも式の読みです。つまり式から具体を読んでいるわけです。これらはすべて能力なのです。一連の数学的活動のフェーズの中で，数学らしい能力が育成されるということです。授業の最後に四角囲みで何かまとめが書かれるということも大事ですが，それ以上に大事なことは，この**プロセスそのものを回していく中で，子どもたちが数学らしい思考というもの，数学らしい考え方，数学らしいプロセスというものに，実感的に関わることによって，数学らしい追究姿勢というものを育てていくことなのです。**

既得の除法と関連付け，商の意味をつなげる

簡単な割合で期待されていることとは

教材単元名：簡単な割合（第４学年）

　　学習指導要領の改訂が行われ，割合指導の充実のために第４学年に「簡単な割合」が位置付けられたが，本当に割合指導は充実したのだろうか？

　　割合とは除法の商で表現されている。除数を１とみたときの被除数の大きさが商であり，それを，割合が必要とされる基準量が違う際の比較に生かしている。本単元を通し，単なる割合による比較の理解にとどまることなく，これまでの除法の学習と統合的に考えることで，子どもは既習との関連に気付き，「今までに学習したことと同じ」と捉えることができるようになる。除法は第３学年で包含除と等分除を学習するが，本単元を通し，その**除法を割合の視点から捉え直すことができる**のである。既得の除法などと関連付け，図を用いて統合的に考察することで割合指導の充実を図りたい。

WHY　なぜその学習があるのか？　子どもは何ができるようになるのか？　<u>学習の価値</u>

■ 既得の知識との関連に気付く

　本単元に至るまで，割合の考えは様々な領域，教材単元の中で扱われてきている。第１学年から段階的に育成を図ってきているが，別々の教材単元で扱われてきているため，**子どもはその関連性を認識できず，別々の単元のように感じてしまっている**のではないだろうか。割合の学習は難しいと言われるが，このことが原因の一つであると考える。割合は除法の商で表現されている。よって，除法との関連が深い。第３学年で学習した包含除と等分除との関連を図り，統合的に捉えさせたい。割合を用いた問題解決場面を通して除法と関連付け，商の意味を割合の視点から捉え直すことで，子どもはこれまで学習してきたことのつながりや関連性に気付くことができ，意味的理解を伴った深い理解を得ることができる。

■ 割合としてみる比較のよさに気付く

　「割合としてみる」とは，**一方から他方を眺めて乗法的な関係を捉えること**だと考える。割合としてみる比較のよさは，**基準量が違っても比べられること**である。この比べ方の特徴やよさについて考えることで，子どもは新たな比べ方を知り，多面的に物事を判断することができるようになる。そして，事象の在り様を的確に判断することができるようになる。

　割合は日常生活の様々な場面で使われている。そうした割合の見方のよさに気付いたり，曖昧なものを数学を用いて解決できる価値を実感したりすることで，合理的に数量化する考えや，単純化する考えの価値に気付くことができるのである。

WHAT 数学として何を取り上げるのか？　数学のもつ意味・内容

■ 倍概念

　倍とは，**一つの大きさを，他の適当な大きさを単位として，そのいくつ分にあたるかとみたり，表したりする考えのこと**である。その素地はこれまでにも培われてきている。累加の考えにより，いくつ分を倍とみたり，測定の場面で，ある単位を用いてその幾つ分で量を数値化して比べたりといった場面を経験してきている。割合を用いた問題解決場面では，基準量が違う場面で，ある二つの量と別の二つの量の関係を捉え，倍を活用して比較をする。既得の倍概念を活用して数量関係の考察を行うので，本単元は倍概念の獲得に最適な単元であるとも言える。

■ 比の三用法と商の意味の関連の考察

　本単元では，具体的な問題場面を通して，**比の三用法と式とを関連付けて学び，二量の関係性への関心を育てたい**。子どもは３つの用法の場面を見比べ，それ同士を比較し，乗除の式の意味とも関連付けて学習することで，**商の意味を解釈したり，互いに逆算の関係になっていることを統合的に理解したりする**ことができるようになる。そして，その際には，基準量，比較量，割合の三項の関係を捉え，問題場面の構造を捉える力の育成や，**二量の関係性への数学的な関心**につなげていくことができると考える。

HOW 数学らしく学んでいるか？　見方・考え方を働かせた数学的活動

■ 三項関係を構造的に捉える

　基準量・比較量・割合の三項の関係を捉えるには図が有効である。図を用いることで三項の関係を整理して捉え，モデル化し，**構造を捉える**ことができる。それにより，的確に演算決定の判断をすることができる。割合が使える場面かどうかを判断する際にも，図が有効となる。**割合の意味や比例関係を視覚的に捉えることができる**からである。数量関係の考察には表も積極的に活用し，関連付けたい。表を縦や横に見る経験は，数直線やテープ図の考察と手順や見え方が似ていて，考察をする場面でも有効となる。問題解決のプロセス上で積極的に扱いたい。問題場面の数量関係を図に表して構造を捉える経験は，今後の第５学年の小数の乗除の学習や単位量あたりの大きさ，割合の学習に生かされていく。このようにして，単元を通して図を用いて構造を捉え，考察する経験を積むことにより，**根拠をもって判断したり，関係を統合的に捉えたり**と，数学的に学ぶことができるようになると考える。

■ 統合的に考察する

　既得の除法との関連を図るため，割合の場面の除法の構造と，第３学年で学習した包含除や等分除の構造が同じであると捉えられるよう，統合的に考察する必要がある。図を積極的に活用し，両者を比較することで統合的に考察し，数量の関係性への関心を育みたい。

　また，異種の場面とも関連を図り，統合的に捉えさせたい。和田（1959）は，割合について，「要するに割合とは，二つの量，それが同種類であろうと異種類であろうと，これらを見比べるときに生まれてくる観念である。」（和田，1959，『算数科指導の科学』）と述べている。割合は，二つの量を見比べるときに生まれてくるものであり，異種の二つの量まで含めた広い見方であると言える。両者の**構造を比較することにより**，さらに子どもが統合的にその関係を捉えることができるようになる。そしてその学びを第５・６学年につないでいきたい。

割合を表す除法への単元デザイン

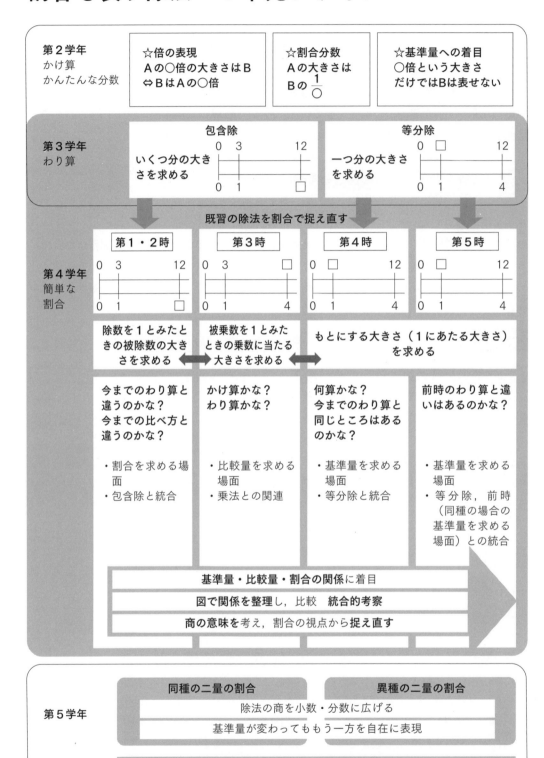

本時の実践と分析

本時目標 数量の関係に着目し，ある二つの数量の関係と別の二つの数量の関係を捉え，除法を統合的に捉えることができる。

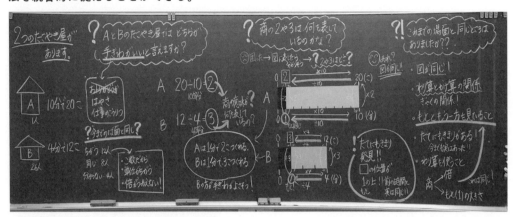

■ 問題場面の観察・把握

T： 手際がいいってどういうことだろう？

C： どっちがお得かな？

C： お得かどうかって関係ないね。

C： 速く作れるかどうかじゃない？　仕事の効率？

T： 手際がいいっていうのは短い時間でたくさんこ焼きが作れるっていうことなんだね。

T： 場面は，これまでと何か違いを感じますか？

C： 今までは円とか単位が違っても一つのことについて話してたけど，今回は10分で何個とか，2つのことで話している。

C： 今までの場面では倍ができるけど，この場面は「～個」だから倍ができない。

T： 今までの場面とは違って感じられるんだね。では，どちらが手際がいいか考えてみよう。

■ 一応の解決と論理的説明

C： Aは20÷10で2，Bは12÷4で3だから，Bの方が速いと思った。数が大きいし。

C： 僕は少ない方のAが速いって考えた。

C： わり算っぽいからわり算してみたけど自信がない。

C： 私，図でわかったよ。

C： え？　私は図がわからない。

T： まとめると，商の2や3の意味がわからないから，判断がつかなくて困っているんだね。図が使えた人もいるようだから，これまで使ってきた図をもとに，商の意味を考えよう！

■ 商の意味について図を用いた論理的説明

C： 図を考えても何がもとかわからない…だから商の意味もわからない。

T： これまでもとが大事と言ってきたから，もとが見えなくて困っているんだね。

C： 1分がもとだよ。

C：え？　そうなの？

T：図を考えればわかるという人もわからないという人もいるね。この学習の最初の頃に丁寧
　　に確認していたように，図の中でそれぞれの数がどこにあたるのか確かめてみよう。
　　そこから，もとが何かや，商の意味を考えみよう。

C：0と20はわかる。10はどこかな？

C：20の半分だから，20と10の間だよ。

C：それじゃおかしいよ。20は個数で10は分を表
　　しているから間にあるのはおかしい。20の下
　　が10だ。でも，もとはどこだろう…？

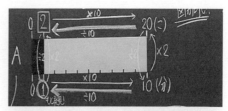

T：もとがどこかを考えるにあたって，商の2は
　　図のどこにあたるか考えてみよう。商の意味を
　　含めて考えてみようね。

C：20が個数で，10分だから，20 ÷ 10。

C：どうして20 ÷ 10？

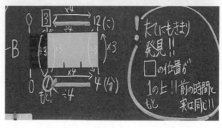

C：20 ÷ 10をすると，1分でいくつできるかわか
　　るから，20個を10分でわって，20 ÷ 10だよ。だから，もとは1で，1分で2個できる。

T：うなずいている人が増えたね。同じようにBを説明できますか？

C：12 ÷ 4で，12を4つに分けています。4は分を表していて，4つに分けているから，1つ
　　分は1分。だから，1分あたりに3個作れるということで，12 ÷ 3。

C：Bが大きい感じがしてきた。黒い色もBの方が大きい。
　　大きい方が手際がいいんだ。

前時に扱った図

T：□の場所はどこですか？

C：1の上だ！　もとが聞かれている場面だ！

T：前回の場面の図（右参照）と比べてごらん。

C：おお，前のも1の上がもとで□だ！

T：今考えると，今日の場面はこれまでと同じ？　違う？

C：すごい！　同じだ！

■ **統合的考察**

T：図から見える今まで学習したことと今日の場面での同じところは何ですか？

C：わり算とかけ算の関係がある。

C：**もとともう一方があること**

C：表の縦にも関係があること。

C：今までのものにも縦の関係がある。すごい！

C：表の縦にも横にも関係があった。

C：わり算を使ってることは同じ。

T：今日は，商の意味はどんなことを表していましたか？

C：**1に対してどのくらいかだ！**

C：**もとや1はいくつかということ。**

T：わり算は，倍を求めるときと，もとを求めるときがあるんだね。前の時間と場面は違って見
　　えたけど，図は同じで，1に対してもう一方がいくつかを求めていたのは同じだったんだね。

■実践の考察

　単元を通して一つの図で構造を捉えていったことで，振り返りで「数字が変わっただけ」「□の位置が変わっただけ」「問題場面がはじめは違って見えたけど実は同じだった」「もとともう一方が大切」というような統合的に捉えた気付きが生まれた。そして，図と式，場面と関連付けたことで，もとともう一方の乗法的な関係に気付くことができた。乗除が互いに逆の関係にあることにも図を通して迫れたと考える。しかし，三項の関係を整理して図に表すことに時間がかかってしまったため，式との関連付けが薄かった。なぜわり算なのかということについてもっと問い返す必要があったと感じている。

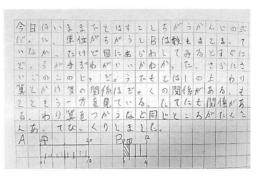

　異種も扱ったことで，数量の対応の関係（縦の関係）に子どもが着眼することができた。同種の場面では子どもは表の横の関係に着目することが多かったので，異種を扱った成果であると考える。異種との統合的考察を通して，割合にはもとともう一方の乗法的な関係があることを子どもなりにイメージできたと考える。

　単元を通し，図に整理することを通して数量関係を捉えていったが，その整理や解釈に時間がかかった。つまり，数量関係を捉えられていないということである。第3学年の除法で，計算技能の習得はもちろんであるが，式や商の意味を考える経験や，数量の関係を図を用いて整理する経験をもっと重視する必要があるのではないかと考える。等分除の図へのモデル化でさえ苦戦している子どもの実態を見ると，同種と異種の割合が同学年に位置付けられた第5学年への学びを拓くにあたり，第4学年の割合に関わる学習がいかに重要かが見えてきた。

　これまでの学習指導要領では，このような問題点が第5学年で表面化していた。現行の学習指導要領では，割合学習の充実のために，第4学年には①乗除法の意味，②簡単な割合，③小数倍の3つの学習内容が位置付けられている。本単元を割合による比較の理解に終わらせてはいけない。これらの3つの学習内容を関連付け，前後の学年の学習とつなげることで，さらなる割合学習の充実を図りたい。そのような視点からの，第4学年での新たな単元の創出や，カリキュラム・デザインの必要性，そして，より深い教材研究の必要性が見えた実践であった。

引用・参考文献

齊藤一弥（2021）『数学的な授業を創る』東洋館出版社.
文部科学省（2018）『小学校学習指導要領 解説 算数編』日本文教出版.
和田義信（1997）『和田義信 著作 講演集』東洋館出版社.
市川 啓（2017）「『割合でとらえる』とは」『新しい算数研究』，pp.4～7，東洋館出版社.
杉山吉茂（2012）「倍と割合」『算数授業研究』pp.4～7，東洋館出版社.

本実践の価値と今後に向けて　齊藤一弥 解説

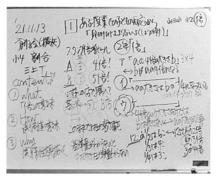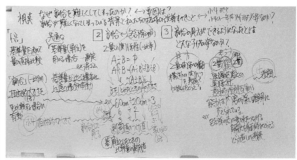

指導のオーバービュー

　倍と割合は同じですか？

　今回は，そのあたりから考えていきましょう。これから３つのことをお話しします。

　まずは，割合とはどのようなときに役に立つのでしょうか。割合を使うべきときに使うようにしたいのです。つまり**割合の出番はどのようなときなのか**ということです。割合は早い段階からその素地的経験を積んできています。例えば，低学年の測定では，消しゴムの３個分，４個分と言っているわけでしょう。あの表現の背景には割合が使われています。「消しゴムを１とみたときに，この鉛筆は３だった」というように表すでしょう。４年で初めて勉強するのではないのです。その話が一つ目です。

　二つ目。**割合というのは測定値ということ**。割合の学習をして，その先の６年では何を学習しますか。同種の二量の関係を表す比ですね。比では測定値をそのまま記述するだけです。例えば 60：20。それを簡単な関係で表現したいので，簡単な比である３：１とするわけです。

　この単元ではどのような見方を育てたいのですか。この教材での議論は，「一方から見たもう一方をどのように表すか」という話を繰り返しているわけですよね。この段階から二量の大きさの関係の表現を学ばないと手遅れになるからです。これまでは５年生でも手遅れだったんです。今回の学習指導要領では，４年生でそのことに早く気付くように学びましょうという話です。しかしそうではなくて，実はもっと下学年から積み上げていく必要があるのです。

　三つ目は，教材の内容的価値です。**なぜこの学習をやるのか**について最後にお話しします。

WHAT　倍の意味

　まず一つ目です。ある授業の子どもの反応をもとにしてお話しします。昨日，ある小学校で行われた第２学年の倍の授業です。まず授業の概略をお話ししておきます。スタンプ倍増セールの場面です。その日に買い物をすると今自分が持っているスタンプを倍増してくれるという，やや不思議なセールですけれど，そのようなセールがあると設定されていました。Ａのお店は持っているスタンプの数を４倍にする。Ｂのお店は持っているスタンプの数を５倍にするというわけです。そこで「あなただったらどっちのお店に行きますか」という設定です。皆さんだったらどうしますか。子どもは直観的に「５倍だろう」と言いました。つまりＢ店。「だって５倍の方が大きいから」というわけです。でも，次のような子がいる。「だってＡのお店で買ったときとＢのお店で買ったときのスタンプ帳に，元々スタンプがどのくらいある

かわからなかったら，わからないんじゃないか」と言うのです。基準が同じならば，当然のことながらBのお店で買った方がお得です。でも，この基準が違っていたら決まらないってことを子どもが言い始めました。「このままでは比較ができない」と。「基準量がわからないと，割合だけでは比較量は表現できない」ということに気が付いたわけです。基準量，比較量そして割合の三項関係の基礎・基本です。その関係に関することを2年生なりの表現の仕方で，問題解決の場面で議論をしようとしていたのです。若干不自然な問題場面ではありますけれどもね。

　2年生における倍の指導では大きく3つの関係が扱われます。一つ目は，基準量であるAの4倍の大きさがBであるという場面です。基準量が3だとすると3×4。でもこの場面ではこれだけやってるわけではありません。このように言い変えることが大切ですね。BがAの4倍になっているという言い換えを授業で扱っています。しかし，今回の学習指導要領では，Aの大きさはBの$\frac{1}{4}$というようなことを扱うことを期待しています。現行学習指導要領解説のp.107です。ここは2年の簡単な分数です。ここで$\frac{1}{2}$，$\frac{1}{3}$，$\frac{1}{4}$を取り扱っているのは，このような倍の見方をやりたいからなのです。しかしながらその意図が十分に伝わっていないと思っています。令和2年版の教科書では全部かけ算が終わってから分数をやるでしょう。**分数はもっと早くやっておいてほしいですね。もっと早めに扱ってもらい，この2年の倍の概念指導の際にこれを使えるようにしておいてほしい。**これまでは$\frac{1}{2}$，$\frac{1}{4}$，$\frac{1}{8}$と操作分数を扱ってきたところに$\frac{1}{3}$を入れたのは，これを扱いたいからです。

　これから言うところはさらに重要です。「4倍という大きさだけでは，Bは表現できない。つまりAの大きさが必要だ」ということ。これを扱ってほしい。学習指導要領解説のp.107の図でいうと，12の$\frac{1}{2}$は6，12の$\frac{1}{3}$は4，12の$\frac{1}{4}$は3。これを，12は6の2倍，12は4の3倍，12は3の4倍。ただ，多くの指導はここで終わってしまいます。「いっぱいあるんだよね」で終わるのではなく，基準量が常にはっきりしているからわかるということに関心をもたせたい。この**基準量がはっきりしているから関係性が示せる**ということをやってほしいのです。基準量のところを隠して，「これの4倍の数だけチョコレートが入っているんだよ，わかりますか」と聞いてみる。すると子どもは「えっ」と困るはずです。「ちょっと待って先生。それだけじゃわからない」と。そのように言える子に育ててほしいのです。

　次は，倍についてお話しします。**倍というのはそもそも基準量を決めて，量の直接比較をしています。だから倍のときには，基準量が共通**になりますね。ここが重要です。例えば消しゴムの何個分というように基準量が動きません。基準量が単位で，単位を用いるので測定でよく使われます。このような場面を使って倍の概念を教えているわけです。一方，割合というのは一体何かというと，比例は前提ですけれども，簡単に言うと**相対的な大きさ**です。既に学んできた相対的な大きさを今度は数量を比較する場合に使うわけです。二量の大きさを比較する場合に有効です。**基準量が比較をする量ごとに異なる場合に割合は有効に機能すると言いましたが，ここで数の相対的な大きさの考えが生かされている**のです。

　先ほどのある事例でも基準量が異なるでしょう。Aのお店のスタンプ帳には3個貼ってあって，3×4＝12で12個になるけれども，一方，Bのお店のスタンプ帳には，2個しか貼っていなかったらどうなりますか。結果が逆転してしまうことになりますね。子どもたちはつぶやいていました。「だから，もとがわからないとわからないじゃないか」と。「何倍っていう数だけじゃわからないよ。もとにしているものがわからないとわからないよ」と。そのような議論

ができる2年生にしてあげたいです。そのように考えることができるようになると，もとにする大きさがどれだけ大事かわかると思います。もとにする大きさがはっきりしていないと比較なんかできないと言えるようにしたいわけです。しかし，もとにする量が等しい場合であれば，測定値としての「倍」を使えばいい。例えば，消しゴム3個分と4個分でどちらが大きいかと言ったら4個分の方が大きいですね。しかし，それがはっきりしていない場合には比較ができないよということです。そこが重要な話になるのです。

HOW　測定値の意味

　今回の提案では異種の二量が話題に上っていたけれど，割合というのは**同種の二量の包含除の商**のことですね。包含除の商ですが，これを一体どのように考えるかということです。わり算ですから二量の関係性について考えています。つまり，比率を求めているわけですね。もう少しわかりやすく言うと，A÷B＝Pとなったときに，A÷B＝（A÷B）÷（B÷B）となって，その結果はA÷B÷1。「÷（B÷B）」が「÷1」になるわけですね。これをもとのA÷B＝Pの式と比較すると，もとが1となったときのAの大きさということになりますね。これが包含除の商ということです。

　その際，先ほど話題にした数の相対的な大きさから考えてみるとどうなりますか。具体的な場面で考えてみましょう。「60cmのテープを20cmずつ取ったら，何本取れますか？」という場面です。当然のことながら3本取れますね。これを考えていくと，式では60÷20です。計算のきまりを用いると6÷2となりますね。そして3÷1と簡単になります。ここでは比例関係が成立していますから，「60cmのテープから20cmのテープが何本取れますか？」というのは，「3mのテープから1mのテープが何本取れますか？」というのと同じことになります。子どもにはこのような言葉は通用しませんが，**「測定値の付け直し」**をしているわけです。これがとても大事なことです。これは，数の相対的な大きさで考えていることになります。

　例えば，600÷200だったら100で考えれば6÷2となるでしょう。それと同じ。**4年でやるわり算の学習と相対的な大きさとは密接な関係がある**のです。ですから4年に位置付いています。このように考えていくと，数の相対的な大きさとは割合の話なんですね。「割合としてみる」というのはそういうことです。比でも同じことが言えます。60：20というのは6：2であり，最終的には3：1。これが等しい比であって，6年で学習します。このこと自体は「除数と被除数，どちらも同数倍しても商は変わらない」という計算のきまりの上に成り立っていて，これも4年生で学習します。このようにして**学習したことを有機的につなげていくこと**，そのようにつながっていることを自覚できるように指導していく必要があります。

WHY　関係性を見抜く

　最後に，能力ベイスで考えると，割合ができるようになったとは，子どものどんな姿なのかを問うてほしい。ここで大活躍するのが数学的な見方・考え方です。教科の本質ですから。

　見方という面から考えると，**二量の関係への着目**。考え方という面から考えると，**ある二つの量の関係と別の二量の関係，この比較ができる**ようになる，つまり関係概念を育てるということです。割合とは，基準量が違うものを比べるときに有用です。その必要がある場面で割合が登場してくる。

　このような場面では何が大切でしょうか。一つは，構造への関心，または構造を見抜くこと。仕組みを捉えることができることです。もう一つは，これまで経験してきた数量の比較の

仕方，**これまで身に付けてきた既得の内容との関連付けができる**ということです。この関連付けができる子どもにしたいわけです。つまり今まで学習してきたことと同じだと，統合的に捉えることができるようにしていきたいのです。

このように関連付けることができることを**内容の意味的理解**が図られたといいます。この意味的理解を深めたいです。例えば，わり算はこれまでも学習してきて，わる数を1とみたときのわられる数の大きさが商です。ですから，4年での除法の学習においては，「一方を1とみたときに相手がどれくらいの大きさか？」「一方を1とみたときの他方の大きさってそういうことなんだな」と言えるようにしたい。理解という言葉がどういう意味なのか，意味的理解ができているとはどういうことかを考えてほしいです。既得の内容，つまり今までの学習と同じだなと言える子にするということですね。

教師が明示的指導で，「ということは今までこういうことやったことあるの？」と聞いてあげる。そうしたときに，**「あのときやった」「あれもこれも同じ」と統合しながら，意味を理解していけるような子どもにしたいのです。能力は内容の深い理解に支えられる**と言われます。だからこの理解ということの意味を大切にしてもらいたい。意味をつなぐということです。包含除の商の意味をつなげていく。解釈を多面的に捉えられるようにする。捉え直しをし続けるということ。この連続です。2年の乗法から3年へ。そして，4年でやったことをまた5年で捉え直す。そして最終的には6年生の比につなげていく。このようにして**捉え直しを繰り返していく**。そういうことを大切にしていってほしい。

■ 今後の研究に向けて

この提案にタイトルをつけるとすれば，「なぜ割合は難しくなったのか？　その要因は何か？」または，「割合が難しくなっている背景は一体何ですか？」としたいですね。less is more でカリキュラムオーバーロードを変えていきたい。杉山吉茂先生の言葉で言えば「少なく教えて多くを学ぶ」ことを実践していく。それを実現するためには，「**less is more に向けて今まで何が足りていなかったのか？」「どこに原因があるのか？」**ということを徹底的に考えていった方がいいです。

これまでも算数教育を築いてきた先輩諸氏が研究を積み重ねておられて改善の視点は出そろっています。そのような研究実践履歴を生かしたいものです。学習指導要領では，5年生になって急に割合が出てきた感じがするから，現行基準では4年に「簡単な割合」を一度置いて，「そこまでにはステップがあるはずですよね」と見せているのだけど，相変わらず4年の「簡単な割合」単独の提案になってしまっている。「包帯がどのくらい伸びるか」という教材の話ばかりになってしまう。でも本当は，「ある包帯が4倍に伸びました，もう一方は5倍に伸びました，どっちが長いですか」と言ったときに，「だってそんなことは，もとの大きさがわからなければわからない」ということが**当たり前に言える子どもにしたい。そういう当たり前に関心が向く子どもを育てていくために，これからの指導はどうあったらいいか。**すなわち，これまでの何がいけなかったのかということも含めて考えていきたい。そういう研究を丁寧に行ってほしい。

そして，割合に関する内容が4年に山ほど出てきます。「小数倍」しかり，「除法の意味」しかり，「比の三用法」しかり。それらはすべて4年に出てきます。だから4年は本当に盛りだくさんです。この盛りだくさんの4年生の教材単元をどう有機的につなげていくかといったことを今後研究していかれることを期待したいと思います。

分数の意味や働きを子ども自身が整理する

分数を「ややこしいもの」から「便利なもの」に

教材単元名：分数（1）（2）（第5学年）

「2Lのジュースを3人で等しく分けると，一人分は何Lになるでしょう。」という問題に対して，一定数の子どもが「$\frac{1}{3}$L」と誤答してしまうことや，分数そのものに苦手意識をもつ子どもが少なくないことから，分数指導に困難さを感じるときがある。分数とは有理数の表記方法であるが，学習指導要領解説 p.153には，$\frac{2}{3}$を例に，分数の意味が5つ示されている。

2年生で分割操作の結果を表す表現として，分割分数（①）に出合ってから，5年生での本単元での学びを経て，①〜⑤を網羅

> ① 具体物を3等分したものの二つ分の大きさを表す（分割分数）
> ② $\frac{2}{3}$L，$\frac{2}{3}$mのように測定したときの量の大きさを表す（量分数）
> ③ 1を3等分したものの二つ分の大きさを表す（単位分数）
> ④ AはBの$\frac{2}{3}$のように，Bを1としたときのAの大きさを表す（割合分数）
> ⑤ 整数の除法「2÷3」の結果（商）を表す（商分数）
> 【学習指導要領解説 p.153 より抜粋】( )
> 内筆者加筆

することになる。しかし，先述の誤答のように，その分数が「量」を表しているのか，それとも「割合」を表しているのか，既習ではあるが，子どもの中で必ずしも分数の知識が体系化され，適切な判断につながっているとは言えない。そこで，学習指導要領第5学年A（4）分数の意味と表し方，A（5）分数の加法，減法を同じ単元内で扱い，「分数探究」と題して，**分数とは何か，そして分数に何ができるのかを明らかにしていく学習を構想した**。

WHY なぜその学習があるのか？　子どもは何ができるようになるのか？　**学習の価値**

■ 整数，小数，分数を関連付けて，割合的な見方を深めたり，有理数の表現の幅を広げたりする

分数は量や割合を表すが，それは同じ有理数の整数，小数も同様である。AはBの2倍，BはAの0.5倍など，整数や小数でも割合を表してきた。AはBを1とみたときに「2」と表し，BはAを1とみたときには「0.5」と表すことができる。しかし，その数だけを見て割合は連想しづらい。どちらかと言えば量を連想してしまう。一方で，分数は「$\frac{1}{2}$」という数を見ただけで「何かの半分」を連想でき，その「何か」こそ基準量にあたる。BはAの「$\frac{1}{2}$」という表現も，割合を表しているという自覚の有無とは別に，使ったことがある子どもは多い。**無自覚に表現していた子どもが，既習である小数倍と関連付けながら「分数倍」を学習し，Bが「$\frac{1}{2}$」というのは，Aを1とみているということを自覚できることにこの学習の価値がある**。割合分数を学ぶことで，基準量との関係性を表す働きが子どもの中で明確になれば，表記が整

数，小数であっても割合的な見方を働かせられるようになる。また，小数を分数に表したり，分数を小数に表したりする学習を通して，目的（量／割合を表現）に応じた表記の選択ができるようになる。

WHAT 数学として何を取り上げるのか？　数学のもつ意味・内容

■ 分数の意味や表し方

分割分数，量分数，単位分数，割合分数，商分数など，多様な意味を整理する必要がある。3年生の時点で，「関係性を表す分数」と「端の量を表す分数」があること自体は整理されているが，5年生では，**「関係性を表す分数」の割合的な見方をさらに深めるとともに，その割合を演算で求めたり表現したりすることとつなげて再度整理**する。また，4年生では単位分数や数直線図を用いて簡単な場合の大きさの等しい分数について学習しているが，本単元では等しい分数を演算によって求め，約分，通分につなげる。

■ 除法の結果の表し方とその意味

約分や通分も大切な学習事項ではあるが，それらは分数の表記上のルールであり，意味ではない。分数の意味に迫ることは，割合や除法の学習だと考える。例えば，商分数を学ぶ場面では，$2 \div 3 = 0.66\cdots$ とわり切れず正確に答えられないところを，「$\frac{2}{3}$ と表現できてよかった」と学びを止めてはいけない。さらに一歩踏み込み，**図や操作などインフォーマルな手段で導き出した $\frac{2}{3}$ を，除法という形式で容易に解決できる価値を顕在化**させたい。さらに，「$A \div B = \frac{2}{3}$」の商が，B を1とみたときの A の大きさであることを押さえる。

HOW 数学らしく学んでいるか？　見方・考え方を働かせた数学的活動

■ 名前を付ける活動を通して，分数の働きを考える

「分数とは？」という大きな問いから学習を始める。「あつまれ　ぶんすうの森」と題して，身近に使用されている分数を集める。集めてきた分数に名前を付けるときに，名付けの根拠として，その分数が何を表しているかを子どもが自然と意識し始めることを期待した活動である。

「○○分数」と名前を付ける活動がなじんでくると，教師が提示する場面においても，**その分数が何を表しているか，もしくはどんな働きをしているかを捉えようとする。**多くの子どもは，分数が量や割合を表していることを理解するとともに，分数の柔軟さに関心を寄せていた。大きさを変えないまま表し方を変えられる，小数にもなれるということから，「変身名人」と分数を評価する声が多く挙がった。分数には何ができるのか，どんな種類があるのかを明らかにしていく様子から，子どもたちが前のめりに学ぶ姿勢を感じることができた。

■ 分数の表す「量」と「割合」の混同を顕在化する
～ 2L のジュースを3人で等しく分けると～

繰り返しになるが，「2L のジュースを3人で等しく分けます。一人分は何 L でしょう。」に対して「$\frac{1}{3}$ L」と誤答する子どもは一定数いて，原因として割合と量を混同していることが挙

げられる。この場面と対峙することで，基準の大切さを意識させるとともに，**単に量としての正答2—3Lを導き出すだけではなく，「$\frac{1}{3}$Lは誤りだが全体の$\frac{1}{3}$と表現する分には正しい」など，分数の意味を整理し，割合的な見方を深める機会としたいと考えた。**また，分数を除法の式に表現し直せることから，逆説的に除法の商を分数で表せることにも気付かせたいと考えた。図や操作などのインフォーマルな解決手段と関連付けながら「$2 \div 3 = \frac{2}{3}$」の形式の意味的理解を目指した。

分数の意味や表し方を整理する単元デザイン

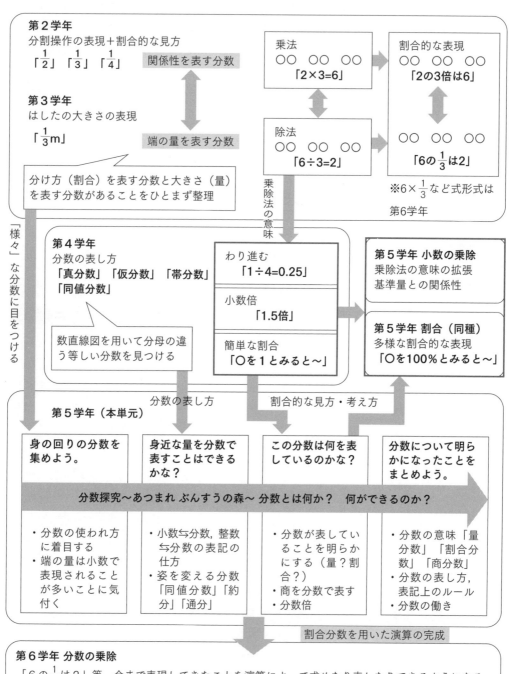

本時の実践と分析

本時目標 2L のジュースを 3 等分したときの量は $\frac{2}{3}$L であることを根拠をもって明らかにするとともに，「$\frac{1}{3}$」という割合的な見方を自分の言葉で説明することができる。

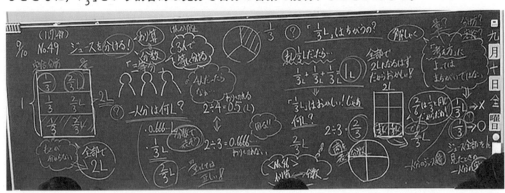

■ 直観的に児童から発せられる分数

T：今日はジュースを分けます。分けると言えば
　　どんなイメージ？

C：わり算！

C：わり算と言えば，分数！

　　（中略）

T：では，このジュースを 3 人で分けるとした
　　ら……。

C：3 等分！

C：等しく分ける。$\frac{1}{3}$ と一緒。

T：なんで 3 等分するの？

C：だって，けんか起きるもん。けんか防止。

T：なるほど。ジュースの図を 3 等分できる？

C：黒板のマスを使えばできる！（子ども，作図）

C：マスが 3 個ずつだから，3 等分だと思います。

T：ちゃんとマス目数えたんだね。じゃあ，一人分は何 L ですか。

C：これ，元々は何 L なんですか？

C：「もと」がわかんない。

T：あぁ，もとがわかんない？　全部で 2L。

C：2L かぁ。やられた…。（わり切れない）

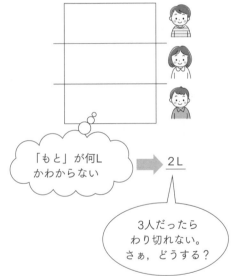

ジュースを 3 等分

「もと」が何 L
かわからない

2L

3 人だったら
わり切れない。
さぁ，どうする？

■ 無自覚的に「割合」と「量」で揺れる子ども

C：2÷3 をわり算で計算してみると，一生わり切れない。

C：4 人だったらわり切れる。

T：4 人だったら，という言い方をするということは，3 人は？

C：2÷3 = 0.6666…。わり切れない。

T：わり切れなくて困ったよという人？（多数，挙手）

T：困った人がたくさんいるんだね。
　　わり切れないと困るんだね。

C：解決方法はある。分数で表そう！
　　（中略）

T：3等分しているから？

C：$\frac{1}{3}$ L

C：全体が 1L だったらそれでいいけど
　　…あれ？

C：あっ間違えた！
　　（$\frac{1}{3}$ L を推していた子ども）

T：間違えた？　ちょっと待って。
　　$\frac{1}{3}$ L で納得している人？
　　（少数，挙手）

C：たして 2L になるか確認したらいい。

C：本当だ！　$\frac{1}{3}$ は $\frac{1}{3}$ なんだけど違う！

T：$\frac{1}{3}$ L は違うの？

2÷3＝0.6666…でわり切れないから，分数で表そう

$\frac{1}{3}$ L

あれ？何かおかしい

もし一人分が $\frac{1}{3}$L だったら…

$\frac{1}{3}+\frac{1}{3}+\frac{1}{3}=1$

全部で 2L になるはず
だから，おかしい！

■ 量として「$\frac{1}{3}$ L」が妥当かどうか確かめる

C：私は（$\frac{1}{3}$ L は）違うと思います。なぜかというと，一人分を $\frac{1}{3}$ L だとすると，3人いるか
　　ら $\frac{1}{3}+\frac{1}{3}+\frac{1}{3}$ で $\frac{3}{3}$ になりますよね。それだと 1 になっちゃって，2L と合わなくなる。

C：$\frac{1}{3}$ L だったら，0.3333…L だから，それも計算が合わない。
　　（中略）

T：じゃあ，やっぱり $\frac{1}{3}$ L は正しくなかったということかな？

■ 分数が表す「量」「割合」「商」を自覚化させる

C：絶対にだめというわけではないと思います。理由は，2L を 1 としたら一人分は $\frac{1}{3}$ と解釈
　　できるし，2 だとしたら $\frac{1}{3}$ はだめだし，どっちもありえるというか。だから絶対にだめと
　　いうわけじゃない。考え方による。（K児の発言）

T：考え方によるっていうところでうなずいている人が多かったけど？

C：「L」がなかったらいいんじゃないかな。$\frac{1}{3}$ L でないのは間違いないけど，K さんの話を聞
　　いていたら，$\frac{1}{3}$ は間違っていない気がする。
　　（中略）

C：No.46（本時は No.49）で，分数はわり算で表せるってやったじゃないですか。というこ
　　とは 2÷3 も $\frac{2}{3}$ って表せるんじゃないですか。

C：一番シンプル！
　　（中略）

T：一人分は $\frac{2}{3}$ L が正しいんだね。でも，$\frac{1}{3}$ も正しいと考えている
　　人がまだいるよ？

C：僕はやっぱり $\frac{1}{3}$ は間違っていないと思っていて，このピザだっ
　　て，全体の $\frac{1}{4}$ って言うじゃないですか。だから，一人分を
　　ジュース全体の $\frac{1}{3}$ と言うのはおかしくないと思う。

T：じゃあ，この $\frac{1}{3}$ って何を表しているのかな？　$\frac{2}{3}$ L は？

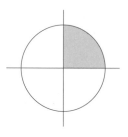

C：$\frac{2}{3}$ L は量でしょう。$\frac{1}{3}$ は，全体の $\frac{1}{3}$ みたいな。

C：それって割合だよね。

■ 実践の考察

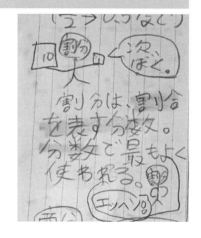

　これまでの自身の実践においても，「$\frac{1}{3}$ L」と「$\frac{2}{3}$ L」の
どちらが正しいかという対立軸で授業を展開し，「$\frac{1}{3}$ L」
を誤答として，「$\frac{2}{3}$ L」の根拠を明らかにし，2÷3 が $\frac{2}{3}$ に
なることを押さえてきた。**活動自体に大きな違いはない
が，子どもの分数に対する見方・考え方が違った。**

　授業の序盤，一人分を，直観的に $\frac{1}{3}$ L と考える子どもは
少なくなかった。授業が展開するにつれ，違和感を覚える
子ども，そして違和感を言語化できる子どもが出てきた。
「$\frac{1}{3}$ L は間違っている」という子どもの声を受け，「$\frac{1}{3}$ L は
違うの？」と板書し，焦点化した問いとした。そこで出て
きたのが，K 児の**「絶対にだめというわけではないと思い
ます。理由は，2L を 1 としたら一人分は $\frac{1}{3}$ と解釈できるし，2 だとしたら $\frac{1}{3}$ はだめだし，どっ
ちもありえるというか。だから絶対にだめというわけじゃない。考え方による」**という発言
だ。K 児は，この時点で $\frac{2}{3}$ L という正しい量を求められていたわけではなく，また，直接「割
合」というキーワードを述べていたわけではないが，明確に**一人分は全体の $\frac{1}{3}$ にあたるという
割合的な見方**をしていた。それは，まさに単元構想の段階から求めていた子どもの姿であっ
た。

　単元序盤は，身の回りの分数を集め，名前を付けたり分類したりするところから始まった。
単体で名付けているときは，スーパーマーケットでキャベツ「$\frac{1}{2}$」玉を見つけたら「スーパー
分数」と名付けるなど，見つけた場所や，算数に直接関係しない属性にちなんだ名前を付けて
いたが，**グルーピングする過程で，その分数が「何を表しているか」に着目して名前を付けよ
うとする姿**が見られた。分数の働きを整理する一つの工夫としてキャラクター化する子どもも
いるなど，単元を通して分数の働きに対する関心を高め，また，分数の特徴を共有してきた。

　単元を通して，「分数とは何か？」をテーマに学習を進めてきたからこそ，「$\frac{1}{3}$ L」を単なる
誤答とせず，そこから割合的な見方につなげられたのだと考える。**「$\frac{1}{3}$」は全体を 1 としたと
きの一人分の割合，「$\frac{2}{3}$ L」は一人分の量，「$\frac{2}{3}$」は 2÷3 の商を表している**ことを本時の中で
明らかにできた一方で，量を表しているかどうかの根拠が「単位（L）の有無」しかないと思
う子どももいて，文脈や場面に沿って割合なのか量なのか判断するには，さらに一歩深い理解
が必要なのだと課題が残った。

　齊藤先生にご指導いただいて，ようやく理解できたことであるが，整数や小数との関連付け
の弱さがあった。特に，3 年生での学習事項との関連を意識した単元デザインにすると，より
学びが深まったと振り返る。除法の意味や割合的な見方をさらに磨ける学びにしたい。

参考文献

文部科学省（2018）『小学校学習指導要領 解説 算数編』日本文教出版.

齊藤一弥（2021）『数学的な授業を創る』東洋館出版社.

東京書籍『新しい算数（5 年）』.

本実践の価値と今後に向けて　齊藤一弥 解説

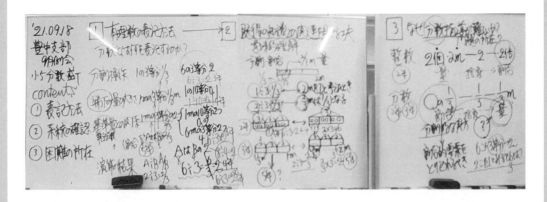

指導のオーバービュー

　　分数では何を学習するのかを確認することから始めましょう。学習指導要領ではどのように示されていますか。そこを明確にしておかないと学習指導は曖昧なままで終わってしまいます。今回は学習対象が不明確であったので，風呂敷を広げたまま収拾がつかない授業になってしまったように感じます。先生はいろいろなことを取り扱いたかったのだけど，それを**子どもが受け止めることが難しかった**ように思います。

　　分数は有理数の表記方法です。ですから，表記方法としての分数，小数の役割の指導を意識することが大切です。子どもが「分数はいろいろ変身してすごいな」と言いますが，そのような押さえで終えていいでしょうか。それが学習のゴールでいいのでしょうか。それだけでは，分数の本当の理解とは言えません。

WHY　有理数の表記方法としての分数

　　小学校の子どもが学習する分数は何を表現しているのでしょうか。

　　一つ目は分割操作の結果です。具体的に言うと，1の3等分，これを$\frac{1}{3}$というように「操作の結果」を表現しています。分割操作を表現しています。だから紙を半分に折ったり，さらに$\frac{1}{4}$に折ったりして，操作分数の意味を学習しているわけです。$\frac{1}{2}$，$\frac{1}{4}$，$\frac{1}{8}$が平成10年，平成20年の学習指導要領では2年生に位置付けられましたが，そこでの簡単な分数とはこのことを意味しています。

　　二つ目は，端下の量の表記です。端下の量の大きさを表現するということです。1よりも小さく，0よりも大きな大きさを表しているわけです。「1mを3等分した大きさを$\frac{1}{3}$mと言います」と言っているのがこのことです。

　　三つ目は，基準量との関係です。この基準量との関係というのは，例えば1mを3等分したものの2つ分のこと，つまり1mの$\frac{2}{3}$を$\frac{2}{3}$mと言います。$\frac{2}{3}$mというのは端下の大きさです。$\frac{1}{3}$mの2つ分，単位分数のいくつ分を表現しています。一方，1mの$\frac{2}{3}$の$\frac{2}{3}$とは，基準量に対する割合を表しています。一方を1としたときに，他方の大きさが$\frac{1}{3}$の割合になっているということです。例えば，「AはBの$\frac{2}{3}$の大きさ」というと，Bを1としたとき，Aは$\frac{2}{3}$の大きさになっているという表現です。「1mの$\frac{2}{3}$は$\frac{2}{3}$m」では，「$\frac{2}{3}$m」は量，「$\frac{2}{3}$」は割合を表現することから，子どもにとってはその違いを説明するのが難しいと言えるでしょう。

　　最後は，演算の結果です。除法の商を表現します。A÷B＝$\frac{A}{B}$というように表現します。例

えば，$2 \div 3 = \frac{2}{3}$です。

　ここで大切なのは，「分数にはこのようにたくさんの働きがある」ということで満足してしまってはいけないということ。「これは分数だけの話ですか」と問いたい。「もし整数で考えたらどうですか」と問いたいわけです。

　整数ではどうでしょう。「6の3等分は2」とすぐに言えます。そして「6mを3等分したものの2つ分は4m」とも言えますね。それでは小数ではどうでしょうか。この場合も「1の10等分は0.1」と小数で表現することができます。また「1mの10等分の2つ分は0.2m」とも言えるでしょう。つまり，このような表現方法を経験してきていて，このことを踏まえて思考しているわけです。

　では，割合はどうでしょうか。AはBをもとにすると2になるという簡単な場合の割合を4年生でやります。これは5年生になるとA÷B＝$\frac{A}{B}$と表します。6÷3は$\frac{6}{3}$，これを約分して2となります。**整数の場合も既に経験しているではないですか。**では，「6の3等分は2」は何年生で学習しますか。6÷3＝2です（「3年生です」）。「1の10等分は0.1」は何年生ですか（「3年生です」）。AはBをもとにすると2であれば，Bを4とするとAは8ですね。だからこれは8÷4＝2です。「6÷3＝$\frac{6}{3}$」はどうでしょう。「6÷3＝2」です。**大半が3年なんですよ。**3年生の除法の意味で素地的経験をしています。基本的に3年生で操作的な扱いや二量の関係性などについて整数の世界でも既に勉強しています。

　今回，取り上げられているものの大半は5年の割合です。**割合と基準量の関係，端下の量，分割操作，それぞれとの関係がどうなっているのか**という話ですね。

WHAT　既得の知識との関連

　今回の提案で再考してほしいことは，既得の学習内容との関連を明確にすることです。**5年生の学習で，それまでの学習内容を全部まとめるという展開は避けたいです。これまでの学習をまとめるのではなく，今まで学習してきた既得の知識とのつながりをつけていく**という仕事をしていきたい。子ども自身がどのように学習してきたのか，積み上げてきたのかを再確認しながら，その意味を説明できるようにしていきたい。そのために既得の知識との関連が子どもに見えるようにしていく工夫が大事になります。**既得の知識との関連が説明できて初めて内容の意味的理解が図られた**ということになります。今，学習していることの意味がわかるということが大切であることを意識させてもらいたい。

　基本的には，分数というのは，大きく分けると分割，割合か量です。「の付きの分数」かまたは量です。例えば，□□□□□が3等分されていたら1つ分を$\frac{1}{3}$という。1÷3です。1÷3が$\frac{1}{3}$です。もし全体が2mだとしたら，1つ分は$\frac{2}{3}$mという。ここで大事なことは，なぜこちら（上段）は$\frac{2}{3}$になるかということです。2÷3の商を表しているわけですね。これはどういうことですか。なぜ両者が異なるのかをわかりやすく説

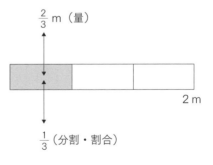

明するという仕事をしていく必要があります。ここで行っている両者の手続きを「2mを1と考えているので全体の$\frac{1}{3}$の大きさは$\frac{2}{3}$mとなる」と説明できることが大切です。**量と割合との関係を3年生の頃から丁寧に扱ってさえいれば，5年で「まとめて扱う」必要がありますか**ということです。多分不要でしょうね。5年で扱うべきことは他にたくさんある。5年までにそ

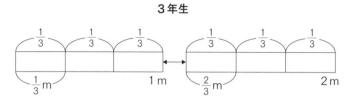

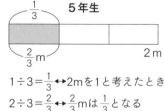

の関係が不明確なままであるために，「仕方ないから集まれ」（※単元名が「あつまれぶんすうの森」）となってしまうわけですね。3年で，山の中を駆け巡って，どこに行ったかわからなくなってしまい，4年でもそのままの状態だったから，5年で「もう一回集まろう」ということになってしまうわけです。

では，具体的にどうしたらいいのでしょうか。最初は，このように考えていきたい（右図参照）。$\boxed{\bigcirc\bigcirc}$ は $\frac{1}{3}$ ですね。学習指導要領解説の2年生の簡単な分数にこのような図が出ています。でも，これだけで終わってはいけません。もったいない。**全体との関係に関心を向けさせたいです。つまり何を1とするかということです。全体の6を**

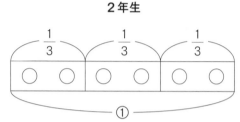

1としたときに，〇〇の2は $\frac{1}{3}$ になっているわけです。今度は〇〇を1とみると，全体が3になるということを確認したい。この行ったり来たりを丁寧に行うことです。これを2年でしっかりと扱ってほしいのです。これはどういうことかわかりますか。$2 \times 3 = 6$ ですね。これを3年生で除法や分数を扱う際に双方の関係で説明できるようにしたいということです。**乗除法の双方の関係がやりたい。だから現行の学習指導要領では $\frac{1}{3}$ を取り扱うようになったわけです。つまり，2倍，3倍，4倍の「対」になっているものとして，$\frac{1}{2}, \frac{1}{3}, \frac{1}{4}$ が言えるということを言いたいのです。**

3年生になると離散量的に，アレイ図のような具体がなくなります。今度は実際の量を当てはめていくわけです。具体的な量で考えていきます。テープ図で考えると確かに $\boxed{}$ は $\frac{1}{3}$ ですが，基準とする量が1mだから $\frac{1}{3}$ の大きさは $\frac{1}{3}$ m になる。今度は，$\boxed{}$ が $\frac{1}{3}$ でも基準が2mだったらどうなるでしょうかという場面を扱うわけですね。そうすると $\boxed{}$ が $\frac{2}{3}$ m まで扱ってほしいですね。今度は，$\frac{2}{3}$ m を1と考えたら $\frac{2}{3} \times 3 = 2$ です。もちろん，それは計算ではできません。$\frac{2}{3}$ を1と考えたときに，その3倍になるものが2になることは，5年にならないと処理できません。

さらにその逆で言えば $2 \div 3 = \frac{2}{3}$。これもまだできません。

では，5年生では何をやればよいのかというと，3年生のときに経験してきたことを，今度は演算と結びつける形で整理，統合するということです。そういう仕事をしましょうというわけです。今まで何ができるようになっていたのかを確認して，今度は演算を学び進んだことによって，それをどのような形で表現できるようになるか，何ができるようになったかということをはっきりさせていくことが肝要です。言い方を変えると，今まではどのようなことまでし

かできなかったのかということをはっきりさせておくということ。つまり，計算では答えが求められないわけです。しかし，インフォーマルな形で，そこがどのくらいの大きさかということは言えます。例えば $\frac{1}{3}+\frac{1}{3}+\frac{1}{3}$ と累加で行えば処理できます。同分母分数の加法を使えば求められるでしょう。では，5年では何をできるようにしたいのかということをぜひ考えさせてほしいのです。

HOW　分数指導の難しさ

　最後は，なぜ分数指導が難しいのか，ということについて考えます。割合的な見方を分数指導に取り入れた方がいいのではないかという話をしたことがあります。なぜ分数指導が難しいかというと，分数の指導というのは，それまでの整数指導とは逆の順序で指導しているからです。

　子どもは先に整数を学んでいます。整数指導というのは，特に，2年生からの**整数指導は，このような手順で進みます**。1mが2つ分，2個あることを2mという。2個あるから2mですねと確認します。その後，徐々にこの単位を捨象して，「これを2と言います」と確認していきます。さらにこれを，2倍と言いますと指導していきます。つまり，**最初は量です。その量から具体が捨象されて，最終的には割合になるわけです。このような指導の系統**になっています。

　では，分数はどうでしょうか。分数というのは，2年の最初はその典型で，「～を3等分したものを $\frac{1}{3}$ と言います」と指導します。それが，徐々に $\frac{1}{3}$ になって，今度は $\frac{1}{3}$ m となっていきます。**つまり，元々は分割分数，割合から示されて，そして最終的には量に行く**という指導の流れです。これが，分数を学んでいく系統です。

整数	2個，2m → 2 → 2倍
	【量】　　捨象【割合】
分数	○の $\frac{1}{3}$ → $\frac{1}{3}$ → $\frac{1}{3}$ m
	【割合】捨象【量】

　戦後間もない頃，昭和の20年代から昭和33年の学習指導要領では，この分割分数，割合的な見方・分割的な見方というものを重視して，そこから指導に入っていました。しかし，整数（量→割合）と分数（割合→量）の指導の系統が合わないものだから，これを逆転させて量から先に扱うということになったのです。難しいから多くの教科書会社が2年ではもう操作分数しか扱わなくて，3年生では量分数から学習するようにしていますが，そんなことをしているものだから，学習者は混乱するわけです。**分数というのは，結局は関係性を表す表記の仕方ですからね。表記の仕方として，整数や小数で表現できないときに，それを使っているのです。**

　量の方から入っていく展開をほとんどの教科書会社がやっていたのですが，それで本当にいいのですかと改めて問いたかった。つまり，**もっと割合的な要素を取り入れるべきではないか**ということです。**6個を3等分すると2個，それを1とみると，6は3になる。今度は6を1とみると，これは何になるか。今度は2が $\frac{1}{3}$ になる。3年生の段階から割合的に物事をみれるようにして，これができるようにしたい。この関係性ができるようにしていくことが大事**なわけです。そのように考えると本提案は**5年生の内容でしたが，2年や3年の分数指導をどのように組織したらよいのかを考え直す**という話になります。それらの単元をどのように組み立てていくかを考えるために，5年生のつまずきの所在を明らかにする。そして，それをもとにして3年の分数指導をいかに構成して，それを4年，そして5年につないでいくかを考えていかれるといいと思います。

学習者が系統を自覚した授業

小数の乗法を通して能力で系統を見直す

教材単元名：小数のかけ算（第5学年）

　第5学年「小数のかけ算」において，子どもは，「乗数が小数になっても，整数のときと同じようにすればいい」と考え，問いを見いだすことなく授業が進んでいくように感じる。子どもは，小数をかけることを既習からどのように捉えていくのか。これに応えていくには，**内容の系統を資質・能力で見直すことが必須であろう。**そして，**学習者である子ども自身がいかに系統を自覚し学び進めていくこと**ができるのかということを指導者側が意識し，子どもと共に学びを創っていくことが大切だと考える。

WHY なぜその学習があるのか？　子どもは何ができるようになるのか？　**学習の価値**

■乗除法という目で事象を捉える

　第1学年では，ものの大きさを知る上で，○○のいくつ分という捉え方を学んでいく。あるものを単位として，それがいくつ分あるのかで量を測定し大きさを比較する。単位をつくり測定することが，かけ算の意味につながる。第2学年では，かけ算の表現で単位と測定値の関係性を示していくことになる。第3学年では，乗法の逆の演算として除法を学習し，乗法で関係性を捉えてきたことを逆の表現としてのわり算で表現する。第4学年では，簡単な割合や整数÷整数＝小数になる場合を扱い，小数を用いた倍を学ぶ。基準量・比較量・割合と三項の関係で事象を捉えることになる。わり進んだ結果として出た小数を倍として表現し，ある大きさを1とみたとき，もう一方がどれだけにあたっているのか，除法の結果から小数倍を捉えることになる。第5学年では，第4学年での除法の結果として出された小数を倍として捉えたことを受け，その逆の乗法を学ぶ。第6学年では，乗数・除数が分数の場合の乗除法を学習するが，乗法や除法の意味の拡張というよりは，適用される数の範囲の拡張である。第5学年での乗除法の意味をもとにして，分数の乗法や除法の意味を理解する。

　乗法については，除法との関係から捉えるとともに，**被乗数を単位にしたとき，その数値にあたる大きさを求めることにおいて，「測定」領域と「変化と関係」領域が深く関わっている**ことがわかる。能力ベイスで内容の系統を捉えたとき，第5学年で初めて小数をかける意味を問うても，理解が深まるとは考えられない。**乗除法としてのこれまでの学びを大切にしながら，第5学年で学ぶことを明確にする**必要がある。わり進みのあるわり算を学習している子どもに，2.3倍の0.3倍について考えることに焦点化させ，単位とする大きさの0.3にあたることだと気付くような問いかけが必要であろう。**純小数をかけたときの結果が被乗数よりも小さくなることを既習と関連させながら学ぶことを大切に**していきたい。

WHAT 数学として何を取り上げるのか？　数学のもつ意味・内容

■数直線を用いながら，かけ算の意味を拡張し統合する

「1m の値段が 80 円のリボンを，2.3m 買いました。代金はいくらですか」という問題場面において子どもは，1m の値段が 80 円のとき「1m の値段×買った長さ（m）＝代金」として，**言葉の式から類推して，乗数が小数の場合でもかけ算の式を立てるだろう。**また，前単元の「簡単な比例」を用いて，代金はリボンの長さに比例していることから，リボンの長さが 2.3 倍になれば，代金も 2.3 倍になると考えてかけ算を用いる根拠にするだろう。確かに，**比例関係は成立しているのだが，2 倍，3 倍となっているから，2.3 倍と小数に適用するというのは飛躍があるように感じる。**また，子どもに「×小数」の意味を問うと，やはり 1m で 80 円のリボンが 2.3 個分となってしまうだろう。比例を用いた場合も，与えられた数値に倍という言葉を付け加えて，かけ算が使えると考えているだけではないだろうか。小数のかけ算が，割合につながると考えたとき，**割合の学習で用いている数直線を根拠としていくことは必要になる。**例えば，1m80 円のリボンの場合でいうと，代金は長さに**比例しているということが前提**となり，その理解が必要になる。小数のかけ算の前の単元に「比例」があるのは，そうした理由からだと考える。

乗法は被乗数を単位としたとき，その数値にあたる大きさを求めること。被乗数を単位としてつけた目盛りに対応する大きさを求めることである。すると，**2m と 3m の間に 10 等分の目盛りをつけることで，小数でも比例していることを視覚的にもわかるようにすることが大切に**なるだろう。**目盛りをつけていく行為には，どんな数の間にも比例関係が成り立つことを明確にしようとしている**ことだと考える。このように二量に比例関係が成り立っていることを数直線上で明らかにしながら，1m80 円のリボンを 1 とみたとき，2.3 にあたる大きさがどれだけにあたるのか，この乗法での表現を 80 × 2.3 とする。この表現は，整数の場合でも適用でき，80 × 3 = 240 を 80 円の 3 つ分が 240 円という表現から，80 円を 1 とみたとき 3 にあたる大きさが 240 円として統合していく。統合することで，小数の場合でも整数と同じように乗法が適用できることで，労力を減らすことにつながる。

HOW 数学らしく学んでいるか？　見方・考え方を働かせた数学的活動

■答えを出してから，その意味について考え，学び進める数学的活動

第 1 時では，1m80 円のリボンの 2.3m 分の代金を求めることからスタートした。2m 分まで求めて，残りの 0.3m 分の金額 24 円を合わせて求めたり，0.1m あたりの金額の 23 個分で求めたりといろいろな方法で代金を求めた。第 2 時では，他にも代金を求める方法はあるかと尋ねることで，**かけ算で今までと同じように求めたいという思いを認め合った。整数だったら，すんなり× 2 や× 3 ができるのに，2.3m 分のときだけかけ算が使えないのは不便だという感覚を明確にした。**交換法則から 80 × 2.3 = 184 になることも明らかになり，2.3 個分とはおかしな表現であることを共有した。2m とあと 0.3m の 0.3 はどういうことかと問いを焦点化し，基準とする大きさ 1m80 円を 10 等分したうちの 3 つ分，0.3 にあたっていることを理解した。**基準とする大きさに目盛りをつけ，下位単位をつくり測定し直し，それを割合としてみる**ことでこれまでと同じようにかけ算で表現できることを理解した。さらに，**2.2, 2.1, 2, 1.9…0.1 とリボンの長さを変化させ，整数倍との統合を図った。**

能力で内容を捉え直す単元デザイン

第2学年 かけ算 長さやかさの 単位と測定	☆かけ算 1つ分の大きさ×いくつ分＝いくつ分に当たる大きさ いくつ分といったことを何倍とみる	☆長さやかさの単位と測定 測定のために用いるもとになる大きさ（単位）を決めて，量の大きさを数値化する（測定）

第3学年 わり算	☆わり算	
	包含除 ある数量がもう一方の数量のいくつ分であるかを求める。	等分除 ある数量を等分したときにできる1つ分の大きさを求める。

第4学年 かんたんな割合 小数を用いた倍	☆簡単な割合 一方を基準量としたときに，他方の数量がどれだけに相当するかという数量関係に着目し，比例関係を前提にして，乗法的な関係でみてよいか判断する。	☆小数を用いた倍 ある量の何倍かを表すときに小数を用いる。倍の意味を「基準量を1としたときにいくつ分にあたるか」と意味の拡張を図る。

拡張の対象と統合的な解釈

第5学年 小数のかけ算	【代金を求める】 1m80円のリボンの2.3m分の代金	【乗法での表現】 80×2.3の意味	【乗法での表現】 2mで4.28kgの鉄の棒の3m分の代金	【乗法的な見方】 かけ算が使われる場面
	代金はいくらになるかな？	2.3個分より適切な表現はないかな？	×1.5とはどういう意味なのかな？	面積でも小数のかけ算ができるのかな？
	・2m分，3m分の代金の求め方から類推する。 ・10cmあたりがいくらになるかを求め，それのいくつ分かで考察している。 ・2mと0.3m分に分けて考察している。	・式と数直線を関連付けて考察している。 ・基準とする量の下位単位をつくり，0.3にあたる大きさを乗法として捉える。 ・整数倍と小数倍を関係付けて考察する。	・1mあたりの大きさを用いて整数倍で考察する。 ・2mと3mの関係を考察し，2mを1とみたとき，3mが1.5にあたることを用いて数量の関係を捉えている。	・2.1×3.3は，縦が2.1cmで横が1cmの面積をもとにしたとき，3.3にあたる面積を求めていると，乗法の適用範囲を広げている。

第6学年 分数のかけ算 わり算 比	☆分数のかけ算・わり算 整数の乗除法から小数の乗除法へと拡張された乗除法の意味を分数の乗除法に適用する。 （有理数としての演算のまとめ）	☆比 二つの数量の大きさを比較しその割合を表す場合に，どちらか一方を基準量とすることなく，簡単な整数の組を用いて表す。

本時の実践と分析

本時目標 乗法の意味に着目し，乗数が小数の場合まで数の範囲を広げて，統合的・発展的に乗法の意味を捉え直すことができる。

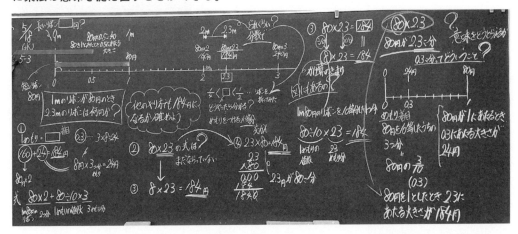

■ 数直線と関連付けて，式の意味を考察する

T：8 × 23，かけ算のきまりで説明できました。

　　では，数直線でも，説明できますか？

C：あ，8があった。

C：23 はどこだろう。

C：（1m80 円のリボンの幅を示しながら）一つを 10 等分した一目盛り分が 8 円。

C：23 がよくわからない。

C：1m80 円の 10 等分が一目盛り 8 円なので，全体が何個分かを表しているんだよ。

C：一目盛りが 8 円，この 2.3 というのは，8 円が 20 個，残った 0.3 は 3 個分なので，8 円が全部で 23 個あるということ。

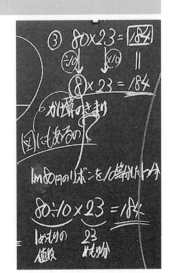

T：（数直線に目盛りをつけていく）ここを 10 等分，ここで 10 個。数えると，11，12，13…最後 23 個になります。

C：80 円のものを 10 等分して，それの 23 個分。80 ÷ 10 = 8…一目盛り分，それの 23 個分，23 目盛り分。だから，式にすると，80 ÷ 10 × 23 です。

■ かけ算の意味の拡張を図る

C：**80 × 2.3 が一番シンプル**だと思います。**整数と同じようにできれば簡単**です。

C：8 が 23 個分だと，整数で考えられるよ。

C：でも，**80 円が 2.3 個分というのが，やっぱりしっくりこない**。

C：（端の部分を示しながら）ここがわからない。1 個，2 個と数えてきて，いきなり 0.3 ？

T：0.3 個分とは，どういうことなんでしょうか？

C：この端の部分が 0.3 個。

T：0.3 の部分は 24 円とはわかっています。どのように捉えますか？　ノートに書いてみま

しょう。

C：目盛りと目盛りの間。

C：見えないところに目盛りをつけたことと同じ。

C：80を10等分したうちの3個分。

C：みんな，目盛りに目をつけて考えているね。

C：80円の$\frac{3}{10}$，小数でいうと0.3。

C：0.3は80を1とみたとき，0.3にあたるところ。

C：どういうこと？

C：目盛りの間に目盛りをつけたんだよ。

C：0.1，0.2，0.3，0.4，…0.9，1

C：1が80円のところになっている。

C：水のかさのときと似ている。1Lの$\frac{3}{10}$のところは0.3L になる。

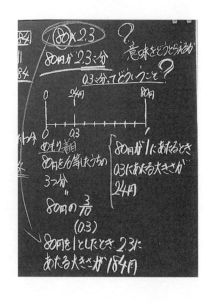

T：80は今いくつにあたっていますか？

C：1にあたっています。

C：80円が1にあたるとき，その0.3にあたる大きさが24円になっている。

T：では，改めて，80 × 2.3をどう捉えればいいのでしょうか？

C：同じようにみていくと80が1に当たっていて，80円を1とみたとき2.3にあたる大きさ が，184円になっています。

C：2.3にあたる大きさが184円。ここで，ピッタリ止まった。**80円を1とみたとき2.3にあ たっているのが184円。このことを式で表すと，80 × 2.3となる**ということですね。

■ 小数倍と整数倍を統合する

T：では，同じように式が言えますか？ （長い方のリボンをどんどん縮めていく） 80円を1とみたら？

C：（リボンが2.2のとき）80 × 2.2

C：（リボンが2.1のとき）80 × 2.1

T：では，ここは？（長い方のリボンをどんどん縮めていき，リボンが2のとき）

C：80 × 2

T：今までだったら，2個分と言ってきたけど，どう捉え直すことができますか？

C：80を1とみたとき，2に当たる大きさが160円。

C：それが，80 × 2ということになるんですね。

C：小数のときと同じだ。

T：では，どんどん縮めていきましょう。

C：（リボンが1.3のとき）80 × 1.3

C：（子どもと一緒に）80を1とみたとき，1.3にあたる大きさ。

T：（リボンをどんどん縮めていき，そのリボンの長さを式で表現させる）

C：80 × 1.1

C：80を1とみたとき，1.1にあたる大きさ。

C：（リボンが0.9のとき）80を1とみたとき，0.9にあたる大きさ。

T：式で表現できますか？

C：80 × 0.9

　　今までと同じようにかけ算で表現できます。

C：（リボンが 0.5 のとき）80 × 0.5　80 を 1 とみたとき，0.5 にあたる大きさ。

C：80 × 0.5 は，40 円です。

T：どうしてすぐにわかりましたか？

C：だって，ちょうど半分だもん。

C：今までだったら 80 ÷ 2 = 40 と求めたけど，今日の学習で 80 円を 1 とみたとき，0.5 にあたる大きさが 40 円になり，かけ算でも表現できました。

T：こうやって，かけ算の意味を捉え直していったんですね。

T：では，振り返りをノートに書いてください。

■実践の考察

　　子どもたちの振り返りには，式の多様さについて書かれているものが多かった。これは，代金を求めるために様々なアイデアを出し，式と数直線を関連させながら，全員がわかろうとする授業展開があったためと思われる。本時は，第 1 時とのつながりが強く，板書も第 1 時のものを再現したところから授業したため，内容が盛りだくさんになったところがある。**成果としては，見えないものに目盛りをつけて見ようと測り取ることで既習と関連させ，何倍かを捉えようと理解できたところにある。**

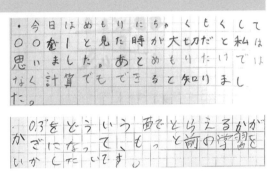

　　課題としては，比例についての理解が曖昧なままであったことである。前単元で，かけ算は比例が前提になっていることを学習したが，本時において子どもは明確に捉えていないことがわかった。二量を比較する中で，倍の数直線に目盛りをつけることが比例を見いだすことになると考えていた。しかし，この**二量の数直線にも縦線の目盛りを入れることで二量を比例として可視化させ，保証するものになる**のではないかと考えた。

引用・参考文献

文部科学省（2018）『小学校学習指導要領 解説 算数編』日本文教出版.
齊藤一弥（2021）『数学的な授業を創る』東洋館出版社.
杉山吉茂（2010）『復刻 公理的方法に基づく算数・数学の学習指導』東洋館出版社.
杉山吉茂（2008）『初等科数学科教育学序説』東洋館出版社.
中島健三（2015）『復刻版 算数・数学教育と数学的な考え方』東洋館出版社.
中村享史（2008）『数学的な思考力・表現力を伸ばす算数授業』明治図書.

本実践の価値と今後に向けて 齊藤一弥 解説

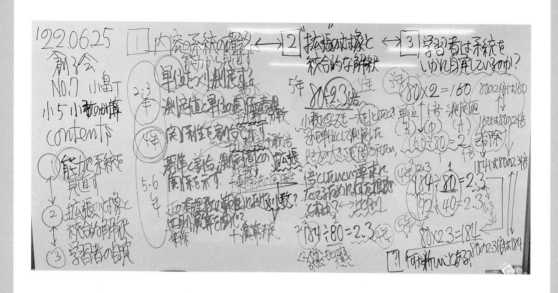

指導のオーバービュー

　この教材で重視すべき数学としての価値は，**意味の拡張**です。**拡張とは統合の一つです**。学習指導要領の教科目標に60年ぶりに「統合的・発展的な考察」を入れましたが，それは算数・数学で最も重視したい能力だからです。なるべく学習したことは統合して整理しておきたい。なるべく少なく覚えて多くを学びたい。だから拡張して統合していくのです。**整数の乗除法という範囲を小数へと拡張することにより，かけ算という枠が広がり整数・小数の範囲において統合できる**のです。拡張しているということは，統合的に考察しているということですから，**子どもがいかなる過程で統合的に考察しているのかが大切**です。今までの実践では，どのようにこの難しい教材を指導していけばよいかということが議論の対象でした。しかし，これからは**子どもがいかに学んでいるのかという視点から実践研究を進めていかなければいけないのです。なぜなら，学習指導要領で期待しているのは，「主体的・対話的で深い学び」であり「個別最適な学び・協働的な学び」だからです。学習の主体者である子どもが「学び」をいかに創るかなのです。有能な子どもが学びを創っていくことへ指導者が転換できるかです。**子どもが学ぶ目的を自覚しているかを常に意識しながら学習を展開していくことが大事**と言えるでしょう。

WHY　内容の系統の確認　能力から見直す

　内容の系統の確認をしましょう。まず，**乗法の入り口は単位をつくるという仕事**からです。これが一番大事な仕事です。単位は，最初から与えてはいけません。重要なのは**子どもが単位を決める**ということです。しかし，多くの授業では，単位を教師が与えてしまっていませんか。**倍概念の育成においては，自分で単位を決め，それをもって測定値を測ることが重要**です。次は，**測定値と単位の関係の表現をする**ことです。例えば，80が2つあるから160，160とは80の2つ分ということです。これを演算で表現すると $80 \times 2 = 160$，$160 \div 2 = 80$，この2つの演算の関係を表現できるかです。その関係性を今度は割合で表現します。割合では，基準量と割合，その両者によって導き出される測定値が出てきます。その測定値とは比較量です。本提案の場合であれば，80と2.3，その両者によって184が導き出される。こ

の関係が示せるようにしたいわけです。そして6年の分数の乗除法を含めて，**正の有理数において四則演算を閉じるようにしたい**のです。

このように考えていくと，まず単位というものがつくれるか，それによって測定できるか。次に，その測定値と単位との関係を捉えることができるようにする。さらに，その関係性を割合で表現する。すると基準量，割合，測定値いわゆる比較量の3つが出てくるので，この三項の関係を表現する。つまり三項の関係を表現することができるようにするにはどのような指導を積み重ねていけばいいのかということなのです。

本提案では2.3倍を扱いますが，それまでの整数の範囲での表現の仕方では端下が出てしまいます。その表現を可能にするためには，小数，分数という表記が必要になってきます。つまり，割合を表すために，事前に小数倍，分数倍を手に入れ，それを用いて関係性を示すことができる準備がいるわけです。そして最後に残るのが演算決定となります。

学年でいうと，単位をつくり測定すること，測定値と単位の関係の表現は第2・3学年。そして，関係性を割合で示すことは第4学年。さらに基準量・割合・測定値の関係を示すことは第5・6学年で，正の有理数の範囲における演算決定を閉じるのは第6学年となります。このことからも**第5学年の小数のかけ算は，第4学年の学習内容がもと**になっていることがわかります。5年生では「×小数」の演算決定をする際の根拠をいかに説明するかが重要です。

ここまでコンテンツがどの学年に貼り付いているのかを確認しました。本提案は，単位をつくり，それをもとにして測定しているので，「数と計算」領域だけではなく「測定」領域にも関わる内容です。測定で学習してきている内容です。例えば，「コップ2杯分」とか「消しゴム3個分」と単位をつくって測定していることが土台にあります。そのように表記するということは，倍概念の基本を学んでいるのです。しかし，かけ算が「数と計算」領域だけではなく，「測定」領域や「変化と関係」領域にもあるというのではなく，**乗除法を学習していく際にそれを支えている見方・考え方が，いろいろな領域の中にも位置付いているということ**なのです。そして，それらをつないで幹になっている部分がまさに能力なわけです。**学習内容の系統を数学の能力から再度見つめ直す，問い直すということが大切**なのです。

残念ながら現行学習指導要領の学習内容の構成や配列が，必ずしもそのようにはなっていませんし，教科書もこのような関係を意識して構成されているかというとそうではありません。なぜなら，まだ内容を基盤に据えた教材単元でパッケージ化されているからです。能力でつながりを意識して，単元構成・配列ができているかというとまだ不十分だなというところがいっぱいあるのが現状です。**単元をつなぐといったときに，従来の教材単元をどういう順番で指導するか，従来の教材単元をどのようにつないでいくかという話ではなく，本当は再構成すると**いうことなのです。第4学年の内容はその再構成が必要と言えるでしょう。

WHAT　拡張の対象と統合的な考察

第5学年では乗除法を拡張することになります。しかし，ここでは何を拡張しているのかを確認してほしいのです。つまり拡張の対象です。第5学年の小数のかけ算における**拡張の対象と拡張することによって何を統合的に考察するのか**を考えていく必要があります。

本提案の「80×2.3」では，乗法において2.3倍することを学習しますが，2.3倍自体は既に第4学年で学習しています。小数倍については第4学年で学習しますから，第5学年では演算として成立するのかと計算方法についての確認をすることになります。

第4学年では，小数になっても一方を1とみたとき，それを単位として測定した他方の大

きさを倍で示したいという要求から2.3倍という見方ができることを確認しています。第2学年のときに，2つ分のことを2倍，3つ分のことを3倍と言ってきました。しかし，2.3つ分とは言いません。だから小数になっても倍ということで示しているわけです。乗法の導入時において1つ分，2つ分，3つ分という子どもたちがイメージ的に納得するような理解の下で生まれてきた整数倍という考え方が小数になっても使えると概念が広がっていくのです。つまり一方を1とみたときの他方の大きさを表現したい，倍と表現したいという要求に応えたいわけです。

　それに応えるために何を根拠とするか。第4学年で小数倍を学習しています。これまで何倍にあたる大きさを求める際には乗法が使えたのです。小数倍を認めるということは，言い変えるとかけ算ができるということを認めているということです。**拡張の対象といったときに，倍としたいという要求に応えるために，これを倍と認めるということは，かけ算という演算に小数倍というものがあってもよいということを認めていることと同じなのです。**それを認めるための根拠は比例です。比例を第5学年で学習します。簡単な比例を必ず小数のかけ算の前に学習するのは，小数のかけ算の演算決定の根拠にするからです。しかし，私からするともっと先に扱うべきではないかと思います。4年の小数倍で2.3倍と言えるかと議論する際に，「倍」とはこれまで何算で扱ってきたのかと問いたいわけです。かけ算です。この段階で既に確認していくことも大切かと思います。

　2.3倍とは，184円を80でわり進んで2.3になったことから導き出されています。184÷80＝2.3の80は何かと言えば，第4学年で簡単な割合をしているので，80はもとにする大きさ，基準量となります。これを1とみたときの184が，比べられる量の大きさが2.3にあたるということです。このことを第4学年で学習する「わり算のきまり」で関係付けること（右図参照）ができます。除数を1とするために除数を80でわる。そこで被除数も80でわる。両者ともにわり進んだら2.3になる。つまり2.3倍になると考えていくわけです。4年生の学習指導要領

$$184 \div 80 = 2.3$$
$$\downarrow \div 80 \quad \downarrow \div 80$$
$$2.3 \div 1 = 2.3$$
比較量 ÷ 基準量
80を1とみたとき，184が2.3にあたる

の組み立て方はなかなか難しく，簡単な割合は整数での扱いになりますが，その一方で小数倍を学習しているのです。

HOW　学習者は系統をいかに自覚しているのか？

　今回の授業展開で子どもは混乱しませんか。**学習の主体者としての子どもは系統をいかに自覚しているのでしょうか。**

　80×2は第3学年で学習します。80×2＝160，80は単位，基準量です。2が倍，割合です。160は測定値です。第3学年では，160÷80＝2という形で，包含除になります。**第3学年で学習する等分除・包含除は包含除統合するわけですから，わり算とは倍を求めている**ということで理解しています。80を1とみたとき，160がどのくらいの割合かを求めているのです。第3学年の段階から，2個取れるということは，80を1個分と考えたとき160は2個分。そのように捉えると簡単な割合であり，倍の見方ができるのです。**80の2倍は160だとしたら，160は80の2倍。わり算の文脈で表現する仕事を丁寧に指導してほしいのです。**子どもがそのような関係を自覚できているかどうかです。

　第3学年では乗除法の関係を確認していくことが大切です。80の2倍は160で，一方80は160の$\frac{1}{2}$という言い方をできるようにしようとしたのです。3倍のときは$\frac{1}{3}$を入れなければ

いけないので，簡単な分数で$\frac{1}{2}$，$\frac{1}{3}$，$\frac{1}{4}$に変えたのです。**わり算が使えないから分数でこの逆の関係を表現するというのが第2学年の内容です。**

　第4学年では，第3学年での学びを生かして$184 \div 80 = 2.3$，184は80の2.3倍という言い方ができます。包含除で考えているのだから何回取れるのかということです。例を挙げれば，80cmの平ゴムが2.3倍に伸びるということです。この80cmの平ゴムの真ん中に当たる40cmのところにマジックで印をつけたら，40cmを2.3倍に伸ばすと92cmになります。$92 \div 40 = 2.3$ということです。割合とはこういうことなのです。どこでも同じ関係になっているということです。だから80cmの平ゴムに10cmずつ印をつけるのです。80cmの平ゴムを184cmのところまで2.3倍に伸ばすなら，それぞれの印をつけたところはどこまで伸びますか。10cmは23cm，40cmは92cmになります。**共通点は，80cmや40cmを1とみたとき，184cm，92cmは，それぞれ2.3倍だということなのです。**

$184 \div \boxed{80} = 2.3$
$92 \div \boxed{40} = 2.3$
　↑1とみたとき
　どちらも2.3倍

　第5学年では，第4学年の学習と関連付けて$80 \times 2.3 = 184$を学んでいます。**$184 \div 80 = 2.3$をやっているという前提から，この$80 \times 2.3 = 184$が出てきたときに，「このように表していいか」と聞いたら子どもはどのように答えるでしょうか。**小数倍をやりたいために，この逆の除法の関係が先に出てきているということなのです。学習指導要領を問い直す意味があるのではないかということです。既に$184 \div 80 = 2.3$を学習しています。第5学年の$80 \times 2.3 = 184$は，80の2.3倍は184ということです。これは，第3学年のときの80の2倍は160，160は80の2倍ということと同じ関係になっています。第4学年で，184は80の2.3倍とわり進んで包含除で説明していますが，これはとても難しいことです。184から80が何個取れるかということですから，2.3個取れるというのはおかしな表現です。しかし，この**2.3の0.3は，80を1とみたときに0.3の大きさにあたる**ということなのです。80を1とみたときの0.3にあたる大きさとは24です。$184 \div 80$，何本取れますかと言ったら2.3本取れると言ったらおかしな表現になります。だから2本と，あまりは0.3になります。その**あまりの0.3とは，80を1とみたときの0.3の分だけ余っているということ**なのです。それが24cm。そういう置き換えをしているわけです。

　子どもがいかに系統を自覚しているのかを考えたときに，第3学年で80の2倍は160，160は80の2倍という関係から類推したとき，第4学年「184は80の2.3倍」と第5学年「80の2.3倍は184」は，果たしてきちんとつながっていくのでしょうか。$184 \div 80 = 2.3$とは，除法で何個分取れるかということです。80を1とみたときどれくらいの大きさかということです。それを第5学年で学習するということなのです。

　第5学年では，「$\times 0.3$」に課題があるのではないでしょうか。$24 \div 80$をわり進んだとき，0.3が求まります。これは80を1とみたとき24の大きさが0.3にあたるということです。**$80 \times$純小数の0.3になると比較量，測定値が小さくなるときに，かけ算を使っていいのかどうかという演算決定の理解**はかなり苦労します。現行の教科書では，第4学年でわり進んだときの小数倍，第5学年で80×2.3を学習しているため，80×0.3に関しては，ほとんど違和感なくできると子どもが言っているから「$\times 0.3$」を認めてしまっている。**もし小数のかけ算の導入から純小数でやってみたらどうでしょうか。子どもたちは絶対にかけ算にしていいとは言わないでしょう。**純小数×純小数は，小数のかけ算の数時間後に位置付けられていますが，それでいいのか，皆さんに考えてほしいと思います。

12

平行四辺形の性質や特徴と求積をつなぐ
乗法にこだわり新たな問題解決を見いだす

教材単元名：四角形と三角形の面積（第5学年）

　まず，「B図形」とは何のための学習なのか考えてみる。学習指導要領解説では，「B図形」の趣旨を<u>図形の性質を考察する領域</u>と示している。つまり，この「B図形」は簡略して述べると，**今，学習している図形は，どんな性質や特徴をもっている図形なのか考える学習**と言えるのではないだろうか。そして，本単元の「四角形と三角形の面積」の学習は，平成29年の学習指導要領の改訂に伴い，**図形の特徴を計量的に捉えて考察するという視点**から「平面図形の面積」として，上学年の「B図形」領域に再編成された。

　では，図形の特徴を計量的に捉えて考察するとはどういうことなのか考えていく。

　学習指導要領解説の各領域の内容の概観「B図形」（p.54）では，**図形の計量の仕方について考察すること**について次のように示されている。

　「ここでは，見いだされた図形の性質を基に，図形を構成する要素に着目しながら，求積へ活用することを考えることを指導する。」

　このことから，本単元では，**既得の図形の性質や特徴とこの求積の学習をつなぎ，そして，「B図形」の趣旨である図形の性質を考察すること**が主なねらいと考えた。

　では，図形の性質や特徴と求積をつなぐとはどういうことか，以下述べていく。

WHY　なぜその学習があるのか？　子どもは何ができるようになるのか？　学習の価値

■図形の性質や特徴を計量的に考察

　第4学年では，単位とする大きさを決めて，そのいくつ分として乗法を用いて効率よく面積を求めることができるようになる。そして，乗法で求積する際に，正方形や長方形の向かい合う辺が等長，垂直や平行があるといった図形の性質や特徴を求積に活用していることにも気付いていく。このことから，この第5学年の求積の学習の価値とは，**まず三角形，平行四辺形，ひし形，台形の面積も正方形や長方形と同様に乗法で効率よく求めることができるようになること。次に，物事をできるだけ簡便に処理しようとする態度の育成につながること。さらに，求積を通して，基本図形の性質や特徴についての理解を深めることができること**だと考える。

　では，第5学年の求積で扱う図形を計算で求める場合，どういったことを数学として取り上げる必要があるのか，さらに述べていく。

WHAT　数学として何を取り上げるのか？　数学のもつ意味・内容

■図形の性質や特徴を生かす学び

　正方形や長方形の面積を計算で求める場合，正方形や長方形は辺に沿って単位正方形が規則

正しく並んでいることを生かして乗法を用いて求積する。そもそも，正方形と長方形に単位正方形が規則正しく並ぶのは，向かい合う辺が等長，垂直や平行といった性質や特徴を正方形と長方形がもっているからである。つまり，面積を乗法で求めることは，正方形や長方形の性質や特徴について考察することにつながるのである。この第5学年で扱う**三角形，平行四辺形，ひし形，台形の面積を計算で求める場合も，それぞれの図形の性質や特徴が求積に大きく関係する。**

　では，どのように図形の性質や特徴を求積に活用するのか数学的活動に焦点を当てて述べていく。

HOW　数学らしく学んでいるか？　見方・考え方を働かせた数学的活動

■ 計量的に考察するとは？

　正方形や長方形を計算で求積する際，基準となる単位を決めて，そのいくつ分になるか乗法を用いて求積してきた。第5学年で扱う**三角形，平行四辺形，ひし形，台形を求積する際も，乗法で求積できないかという問いをもち考察していくことになる。**

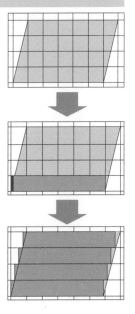

　例えば，平行四辺形の面積を求める場合，平行四辺形もかけ算で求めることができないかが子どもの問いになると考えた。

　そして，かけ算で求積するためには，基準となる単位が必要になる。そこで，**基準となる単位をどこに決めたらよいのかが焦点化された問いになる**と考えた。平行四辺形をかけ算で求める場合，子どもは自然に平行四辺形の図形を構成する要素などに着目することができる。しかし，平行四辺形には，正方形や長方形とは違い，斜辺と底辺が垂直の関係ではないため，辺に沿って単位正方形が規則正しく並んでいないことに気付く。**つまり，平行四辺形を乗法を用いて解決するには，新たに基準となる単位を定める必要がある。**

　そこで，平行四辺形をかけ算で求める場合，基準となる単位をどこに決めたらよいのか考える展開を考えた。

　平行四辺形は，2組の平行線をもち，向かい合う辺は等長といった性質や特徴をもつ図形である。そのため，子どもが底辺に同じまとまり（基準とする単位）を見いだし，平行線の性質から同じまとまりを高さ分，積み上げることを操作を通して実感できるようにしていく。そうすることで，底辺を軸にして高さ分，同じまとまりが積み上がることを実感し，乗法が平行四辺形でも適用できることを理解していくことができると考えた。また，基本図形の求積する順番については，教師が決めるのではなく，子ども自らが，基準となる単位が見えそうな図形を選択して取り扱うようにしたい。例えば，三角形は，合同な2枚の直角三角形であれば，長方形になる。つまり，既得の図形の性質や特徴を活用して求積することが可能と言える。そこで，導入時にどの図形を扱うかは，子どもとのやり取りから単位が見えそうな図形を子ども自らが選択して取り扱うようにする。

乗法に着目し，新たな問題解決を見いだす単元デザイン

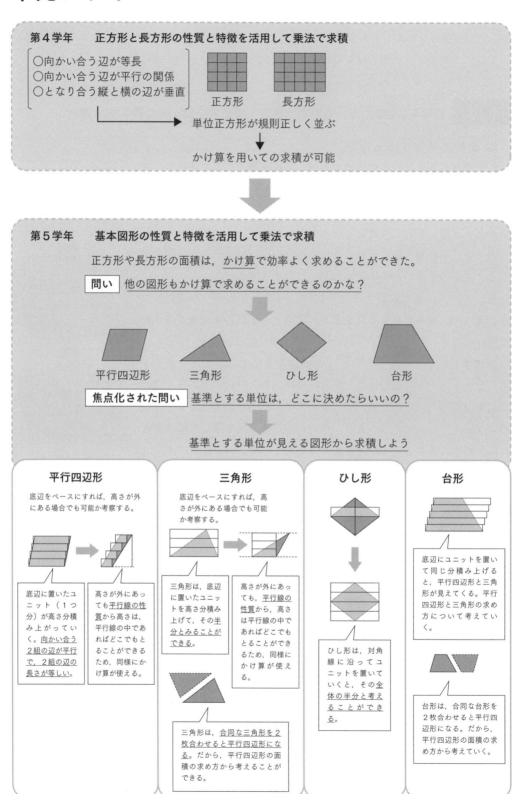

第4学年　正方形と長方形の性質と特徴を活用して乗法で求積

○向かい合う辺が等長
○向かい合う辺が平行の関係
○となり合う縦と横の辺が垂直

正方形　　　長方形

→単位正方形が規則正しく並ぶ

↓

かけ算を用いての求積が可能

第5学年　基本図形の性質と特徴を活用して乗法で求積

正方形や長方形の面積は，かけ算で効率よく求めることができた。

問い　他の図形もかけ算で求めることができるのかな？

平行四辺形　　三角形　　ひし形　　台形

焦点化された問い　基準とする単位は，どこに決めたらいいの？

基準とする単位が見える図形から求積しよう

平行四辺形

底辺をベースにすれば，高さが外にある場合でも可能か考察する。

底辺に置いたユニット（1つ分）が高さ分積み上がっていく。向かい合う2組の辺が平行で，2組の辺の長さが等しい。

高さが外にあっても平行線の性質から高さは，平行線の中であればどこでもとることができるため，同様にかけ算が使える。

三角形

底辺をベースにすれば，高さが外にある場合でも可能か考察する。

三角形は，底辺に置いたユニットを高さ分積み上げて，その半分とみることができる。

高さが外にあっても，平行線の性質から，高さは平行線の中であればどこでもとることができるため，同様にかけ算が使える。

三角形は，合同な三角形を2枚合わせると平行四辺形になる。だから，平行四辺形の面積の求め方から考えることができる。

ひし形

ひし形は，対角線に沿ってユニットを置いていくと，その全体の半分と考えることができる。

台形

底辺にユニットを置いて同じ分積み上げると，平行四辺形と三角形が見えてくる。平行四辺形と三角形の求め方について考えていく。

台形は，合同な台形を2枚合わせると平行四辺形になる。だから，平行四辺形の面積の求め方から考えていく。

本時の実践と分析

本時目標　平行四辺形の構成要素及び性質に着目して，それらの性質を根拠に乗法による面積の求め方を筋道立てて説明することができる。

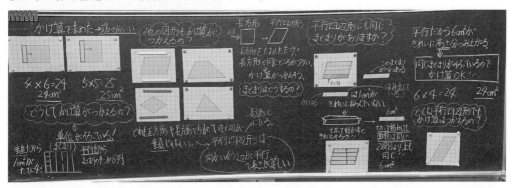

■ 正方形や長方形を乗法を用いて求積したことを想起する

C：長方形や正方形は，かけ算で面積を求めた。

C：だって，数えるより効率がいいから。

T：どうして，正方形や長方形の面積を求めるときにかけ算が使えたのですか。

C：だって，正方形や長方形は単位がそろっているからです。

C：**長方形は，縦と横の辺が垂直だから，縦に $4cm^2$ のまとまりができて，平行だから，$4cm^2$ のまとまりが6個ある。だから，かけ算が使える。**

C：正方形も垂直と平行があるから，単位がそろっているからかけ算が使える。

C：同じまとまりがきれいに並んでいるからかけ算が使えるんだね。

■ 基本図形の乗法を用いた求積方法について検討する

T：正方形や長方形はかけ算が使えますね。では，他のこれまでに学習してきた図形はどうですか。

　　（平行四辺形，三角形，台形，ひし形を提示）

T：これらの図形の面積も正方形や長方形と同じようにかけ算で求めることはできますか。

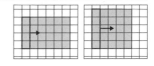

C：いや，できない。

T：どうしてですか。

C：だって，垂直じゃない。**長方形や正方形は垂直や平行があるからかけ算が使えた。**

C：それなら平行四辺形はできるかも。

C：どうして。

C：上の辺と下の辺は平行で，向かい合う辺の長さは同じだから。

C：**平行四辺形って長方形を横に傾けただけでしょ。だから，かけ算が使えると思う。**

C：かけ算が使えるなら1つ分はどうなるの。

T：今，平行四辺形の話が中心になっていますが，それでは，平行四辺形の面積から考えていくでいいですか。

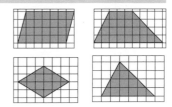

■ 平行四辺形の性質や特徴を活用して，基準となる単位を見いだす

T： かけ算で面積を求めていくには，まず何が必要になりますか。

C： えっと，1つ分。同じまとまり。

C： 同じまとまり。だって，同じまとまりがいくつあるか考えるから。

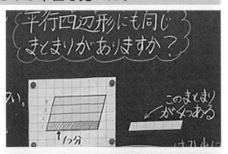

T： そうなると，この平行四辺形にも同じまとまりがありますか。

C： あるのだけど，これでいいのか不安。

C： どれのこと。

C： ここ，同じまとまりがあるよ。ここのところ。これが4つある。

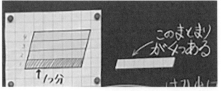

C： でも，これってまとまりとして使っていいのかな。1cm^{2}じゃないところがあるよ。

C： 確かに。5cm^{2}までは，そろっているのに。

C： あっ，そうか。この部分ってこっちに移動すれば，これまでと同じじゃん。6cm^2。

C： 本当だ，じゃあ，これが1つ分だ。

T： 移動しても大丈夫ですか。面積は変わらないの？

C： だってはみ出した部分を移動してくっつけるだけだから面積は変わらないよ。

C： それなら，2段目からも同じように考えればいいね。

T： 同じってどういうことですか。

C： 全部同じように形が変えられるってことです。

C： はみ出たところを移動したら6cm^{2}ができる。1段目と2段目も同じ関係になっている。

C： 3段目も4段目も同じだよ。

■ 基準となる単位と高さの関係から乗法を見いだす

C： できた。やっぱり同じまとまりが積み上がっている。

C： 平行だからできるんだね。

C： だから，6×4でできる。底辺の6cm^{2}のまとまりが4段だ。

C： できた。平行四辺形でもかけ算が使えた。

T： 同じまとまりが積み上がってるから平行四辺形でもかけ算が使えましたね。確認ですが，6×4というのは，平行四辺形でいうとどこのことですか。

C： 6のまとまりは底辺。4は……この6のまとまりが4段。

T： 4は，平行四辺形のどの部分として考えたらいいかな。

C： 高さです。高さは底辺に垂直だから。底辺をもとにして，この平行四辺形の高さ分積み上がっている。

C： だから，かけ算が使える。

T： こんな平行四辺形でも底辺と高さの関係でかけ算が使えるのか確かめてみようか。

■実践の考察

　長方形や正方形を乗法で求積した経験を想起することで，**平行四辺形や他の基本図形でも乗法が使えるのか子どもが問いをもつことができた。**求積を乗法で行った経験から長方形や正方形がもつ性質や特徴を振り返り，他の基本図形，特に平行四辺形の性質や特徴を長方形と比較する姿が見られた。

　乗法を用いるには，基準となる単位が必要になるが，「平行四辺形にも同じまとまりがありますか」と問うことで，**長方形と平行四辺形の共通する性質を捉え，同じまとまりを見いだしていく**ことにつなげることができた。

　1つ分を最初に子どもが見いだした際は，これまでのように$1cm^2$が横に6個並んだものではなかったため，それを単位としていいのか悩んだ子どももいた。しかし，はみ出だした部分を移動して$6cm^2$のまとまりが見えたこと，はみ出た部分を移動しても面積は変わらないという量の保存性を確認することができたため，2段目以降については，迷うことなく処理することができていた。

　今回の授業では，子どもから「平行四辺形は，長方形を横に倒しただけ」や「長方形と同じで平行がある」という発言があり，既習の長方形と関連付けて考察する姿が見られた。第4学年で初めて平行四辺形を学習するが，その際にも**既習の長方形を関連して扱い，長方形との共通点や相違点を意識できるようにすることが大切**だと考える。

　B領域は図形の性質の考察が趣旨であるため，この単元に限らず，今学習している図形は，どんな図形であり，その図形がもつ性質や特徴がどう学習に活用されるのか，子ども自身が実感できるようにしていく授業を構成する必要がある。

引用・参考文献

文部科学省（2008）『小学校学習指導要領 解説 算数編』東洋館出版社.

文部科学省（2018）『小学校学習指導要領 解説 算数編』日本文教出版.

杉山吉茂（2008）『初等科数学科教育学序説』東洋館出版社.

横浜市小学校算数教育研究会（2019）『数学的に考える資質・能力を育成する算数の授業』東洋館出版社.

筑波大学附属小学校算数研究部編（2016）「算数授業論究「図形」を究める」『算数授業研究 VOL.106』東洋館出版社.

本実践の価値と今後に向けて　齊藤一弥 解説

指導のオーバビュー

　一点目は，平行四辺形という図形の性質や特徴との付き合いについてです。面積の学習になると面積の求め方にしか関心が向かなくなる。なぜ，現行学習指導要領では領域が変わったのでしょうか。「量と測定」領域から「図形」領域に変わったということは，どのような指導を期待するようになったのでしょうか。4年で学習した平行四辺形の性質や特徴をいかに求積に活用していこうとするのかということを考えたい。4年では**平行四辺形をどのような図形として約束したのでしょうか**。そこに関心をもった展開を用意したい。

　二点目は，**関数を道具として使うという話です**。現行学習指導要領では，「変化と関係」領域が新設されました。ここで改めて確認するまでもなく，まさに中学校の数学の「関数」領域を視野に入れているのです。関数という視点から内容の整理を図っています。そして，関数の考えを用いて問題解決することの重要性が強調されています。問題解決の道具としての関数の役割を学ぶことが大切です。

　三点目は，一つ目の平行四辺形との付き合い方とも関わりますが，**「令和の日本型学校教育」**で話題になっている**「個別最適な学び」**と**「協働的な学び」**についてです。

WHY　平行四辺形とはどういう図形か

　まず，4年生では平行四辺形とはどのような図形と指導しましたか。現行学習指導要領の「図形」領域は，「図形の性質の考察を行う」としています。図形の性質を考察するための領域にしたのです。図形の求積では，「図形の特徴を計量的に捉えて考察する」としています。基本図形を様々な視点から考察して，その性質や特徴の理解を深めていくというものです。ですから，面積の求積を通して，性質や特徴を考察していくことができているかどうかが肝要です。

平行四辺形

　平行四辺形の求積に取り組む際にも，常に「どのような図形ですか」と考察していくことが重要です。まずは2組の平行線があること。そして平行線であるということは，高さが一定になります。次に向かい合う辺は等長であること。向かい合う辺が等長ということは，底辺と同じ長さが段々と積み上がっていくように見える。中学校の内容になりますが，**底辺の平行移動でできた図形**として見えるようになります。同じように，角柱や円柱も底面が平行移動してできた立体ですから，底辺に子どもたちが目を向けて，数学らしく類推を働かせた議論をしてもらいたいです。その際には具体物を用いな

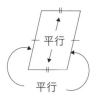

平行

平行

底辺が平行移動
してできた図形

がら，数学のメガネで事象というものを眺めていける子どもに育てていきたいわけです。

WHAT　関数を道具として使う

　二つ目は，乗法の利便性についてです。**関数とは，問題解決の道具です。** ある要素をブラックボックスに入れるとその箱の中の仕事によって結果を手に入れることができます。ですから，$y = ax + b$ という関数があるとしたら，x という数値さえ決まれば，そのブラックボックスの中で処理がなされて求めたい値が出てくるのです。これが問題解決の道具と言われるわけです。

　子どもにしてみれば，これまでに $y = ax$ の形で長方形の求積ができます。縦の数値である a さえ決めれば，あとは横の長さを求めれば面積は求められるという経験をしてきました。このことから**何を決めたら，平行四辺形の求積もできるのだろうかという問い**にするのが筋ではないかと思います。言い方を変えれば，**この形の求積もかけ算でなんとかできないだろうかと思考すると**いうことです。既習事項と同じように乗法で処理ができないだろ

長方形や正方形はかけ算で
求積できた

↓

問い 平行四辺形でも
かけ算が使えるかな

↓

基準となる単位をどこに
決めたら面積は決まる？

うかと問える子どもにしていきたいのです。どのような図形であれば，かけ算で同じように処理できるだろうかと問える子どもにしていきたい。しかし，多くの子どもは「ちょっと待って」と感じると思います。なぜ「ちょっと待って」と思うのか。それは平行四辺形の図形の特徴からです。底辺と斜辺の関係から長方形の求積との違いに関心が向いて「同じように処理することができるのかどうか」と思うわけです。長方形のときはうまくいったのですが，平行四辺形の場合は２つの構成要素の位置関係が異なります。長方形の際は垂直関係でしたが，平行四辺形の場合は違います。そのような関係でも，果たしてうまくいくかどうかと考えるでしょう。

　だとしたら，このときに子どもが考えなければいけないことは何でしょうか。ここで子どもたちにとっての，数学的活動のプロセスでいう「焦点化された問い」は何になるでしょうか。「算数の問題」は，「**これもかけ算で求めることはできないか**」であり，「焦点化した問い」は，平行四辺形に変わった場合，「**基準となる単位をどこに決めたら，面積は決まるのか**」となります。これが「決まれば決まる」という関数の考えを用いた問題解決の問いとなります。４年生のときは，縦が単位と決まれば，$S = $縦×横で処理ができました。だとしたら，５年生の平行四辺形の場合に考えるべきことは，「**単位が見えますか**」ということになります。「**対象になるものがあなたには見えますか**」と一段進んだ思考を期待されるようになるのです。ここで何が大切なのかというと，関数という道具をうまく使うことができるように事象を捉える目を育てるということです。$y = ax$ の形で処理できるように事象を捉え直すことができさえすればうまく手際よく処理ができます。これが公式にまとめるよさです。つまり平行四辺形の求積の公式としてまとめるために，何を決めたら関数という道具に収まるかを考えることが大切になります。関数という道具のよさは，いつでも通用するということです。それが乗法を用いる利便性と言うこともできます。

　三つ目は，**子どもの有能さを引き出し，それを生かす学びを創る**ということです。これが能力ベイスの授業づくりの基本です。この事例の場合，子どもの有能さとは何でしょうか。関数の考えを用いて問題解決しているわけですから，乗法を活用して新たな解法を見いだそうとするということでしょう。子どもが本来有しているそのような知恵を引き出し，育てていくことが大事です。

　例えば，4年で勉強する長方形であれば，縦に単位正方形が4個で，それが6列あれば，乗法で処理できるということで確認しました。だとしたら，次に子どもは，「**他の基本図形でもできないのか**」と考えるのではないでしょうか。**かけ算が使えるのは，長方形や正方形だけなのかなと考えるような子どもにしたい**。そして，いろいろな基本図形に関心を広げて，解決方法を考えていくはずです。これが学習者の個性化いうことです。教師がすべきことは，この子どもの当たり前の感覚，有能さを発揮しながら学び進もうとする姿勢を大切にするということ。ひし形でも台形でもできるし，長方形に対角線を引いてみたら，直角三角形となってそこから類推すれば4×6の半分で面積が求められると考え進んでいく子どもにしていきたい。4年生のとき，たくさんの基本図形，特に四角形を学習します。平行四辺形以外にどのような四角形を扱いますか。ひし形。さらには台形ですね。学習者が乗法をどの図形から適用しようとするのかが，まさに個性化ということとなります。

長方形や正方形はかけ算で
求積できた

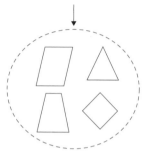

他の図形でもかけ算で
できないかな？

　学習者の個性化に対応するものとして大切なのが，指導者にとっての学習の個別化です。昭和の終わりから平成の初めにかけて「個に応じた指導」の充実が盛んに取り上げられました。今回の令和の日本型学校教育の「個別最適な学び」と比較すると，一見似ているようですが，両者はその主語に違いがあります。「指導」の主語は教師，「学び」の主語は学習者です。今回の「個別最適な学び」「協働的な学び」では主語を学習者に置いたわけです。そして，その両者を一体的に充実させていくというのが令和の日本型学校教育です。

　このように捉えると，先ほどから話題にしているように，**単位を見いだしさえすれば，他の基本図形であっても求積することができるはずだと，学習者の個性がそこに発揮されることになります。また彼らの自らの有能さから，カリキュラムを描くことに関心をもつようになると，これからのカリキュラム・マネジメントはいかに展開していくべきなのかにも目を向けていく必要があります。**今，子どもの多様性に対応するには従来型の指導では厳しいことからICTが積極的に活用されていますが，ロイロノートやクロームブックを使うことで，一人ひとりの子どものカリキュラム・デザインにも対応が可能になってくると言えるでしょう。

　一旦，子どもにカリキュラム・デザインの主体を委ねたらどうでしょうか。他の図形も求積できますかと問うてみたらどのような道を描くでしょうか。個々が独立してしまって指導が大変であったらクラスで相談しながらできそうなものから取り組む，つまり単位が見えそうな図形から取り組んでみるのもいいかもしれません。当然，台形が一番厄介でしょう。等脚台形のような台形であればいいですが，自ずと子どもは一番最後に回すでしょう。また，ひし形か平行四辺形で意見が分かれます。図形の置かれた状況にもよりますが，安定感からするとひし形

の方がいいという場合も出てきます。ひし形は縦横の関係が長方形に近いので安定性があり，これから取り組みたいという意見も多いかもしれません。かつて横浜市立三ツ沢小学校で平成2年に出された算数科のカリキュラムでは，学習者が学習計画を立てていく展開が用意されました。カリキュラム・デザインに子どもが参画するということも考えていくことが必要になるかもしれません。子どもは急に出された課題では自分事とならずに，つまりオーセンティックではないために，問い続けていくことが難しくなるのではないでしょうか。

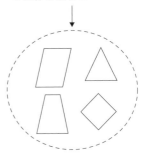

カリキュラム・デザインの主体を委ねる

↓

どの図形だったらかけ算でできるかな？

↓

単位の見える図形から求積しよう

↓

ひし形 or 平行四辺形？

　そのときに大事なのは，**このカリキュラムの柱となる追究すべき問いだけは明確にしておくこと**です。つまり，**単位を見つけて求積ができるかということ**です。それが，乗法の利便性だからです。「どの図形だったらかけ算で，この後うまくいきそうかな」と問います。子どもたちがある程度，このような学びに慣れてくると自分たちでカリキュラムをデザインしていくことになるはずです。山形県天童市立天童中部小学校の実践が紹介されている『個別最適な学びと協働的な学び』に出てくる子どもたちも自分たちでカリキュラムを作っています。カリキュラム・デザインというのは，先行研究等の教材研究を踏まえて，教師がいかに描き直すかということですが，もう一つ大事な視点は，教科の本質を踏まえて描けるのは教師ですが，その展開を描き直していくのは学びの主体である子どもだということです。子どもとともに展開を生起していくということが大切でしょう。

　現行学習指導要領では「図形」領域は**図形の性質を考察すること**を目的としています。**図形が一体どのような図形として捉えることができるのか，計量するための単位は，どこに存在するのかといった視点から学習対象に関わっていけるような単元やカリキュラムを作っていくことが大切でしょう。**学習者としての子どもに，意思決定のチャンスを与えないといけないわけです。そのような選択ができる子どもにしていかないといけない。意思決定するということが非常に大事です。それがキーコンピテンシーと言われる汎用性の高い能力なのです。

　意思決定のチャンスを，カリキュラム・デザインの意思決定のチャンスを与える。これを子どもに与えていくべきだと思います。

引用・参考文献

奈須正裕（2022）『個別最適な学びと協働的な学び』東洋館出版社.

13

子どもが比例的推論を働かせる学びを描く

計量的に図形をつかむことで比例を捉える

教材単元名：簡単な比例（第5学年）

　現学習指導要領は，「A 数と計算」「B 図形」「C 測定」「C 変化と関係」及び「D データ
の活用」の5つの領域により構成されている。「C 変化と関係」領域が新設されたのは，
**事象の変化や関係を捉える力の育成を一層重視し，二つの数量関係を考察したり，変化と
対応から事象を考察したりする数学的活動を一層充実するため**である。

　第5学年では「簡単な場合についての比例」の関係を知るとともに，伴って変わる二
つの数量を見いだし，それらの関係に着目し，変化や対応の特徴を考察する力を伸ばして
いくことが大切にされている。しかし，現状の各教科書会社の扱いを見ていくと，指導時
間が2時間という教科書もあり，扱いも「簡単」になっていることがわかる。第6学年
の比例，反比例，中学校第1学年の比例，反比例への接続を考えたときに，**第5学年の
「簡単な比例」の学びはどのようにあるべきなのかを，第5学年「体積」の学習と関連付
けながら考えていきたい。**

WHY なぜその学習があるのか？　子どもは何ができるようになるのか？　学習の価値

■比例的推論を働かせる

　比例的推論について，日野（2002）は「伴って変わる二量の間の比例関係を前提として未
知の量を求めたり，量を比較したりすること及びそれに準じる考え方」と定義している。第5
学年では，整数倍の比例の関係について知ることをねらいとしている。

　これが，第6学年になると，比例の意味に小数倍，分数倍を含み，より一般化して数量の
関係を見ていく。そこで，**第5学年で比例の関係が用いられる場面として有効であると考え
たのが「体積」である。**

　「体積」の求積では，「1段分の体積　$a \times b$」を1単位としてみると，体積は，高さによっ
て決まる。**高さを変えることで体積の大小が変わることは，「速さ」や「長さ」「買い物の代
金」などよりも視覚的に捉えやすい**と考える。ここで比例的推論を働かせる経験により，これ
までの**既習の乗法や，以降の小数のかけ算やわり算においても，比例の関係が前提としてある**
ということを考察することにもつながる。また，単位を決めることで，依存するものによって
値が決まる，いわゆる「決まれば決まる」という関数の考えによって，**問題解決のために必要
な数量を見つけたり，より簡潔・明瞭に物事を処理しようとしたりする態度を育成すること**に
もつながっていく。

WHAT 数学として何を取り上げるのか？　数学のもつ意味・内容

■ 計量的に図形を捉える

　L字形のような複合図形の体積を求める場面において，4年生での学習を想起し，図形の合成や分解，変形などの図形の構成についての見方を働かせ求めることができるのではないかと見通しをもつ。2つの直方体に分けたり，全体から部分をひいたりして体積を求めたことを考察することで，L字形のような体積も直方体や立方体の組み合わせと捉える。また，L字形の複合図形を求積する際に，①2つの直方体に分けてそれぞれの体積を合わせる加法的な求積と，②高さをそろえることで「1段分の体積」×高さで求める乗法的な求め方の2通りが考えられる。大半の子どもは，既習を生かして，①の方法で考えるであろう。しかし「**より簡潔な形で表せないか**」「**これまでの直方体や立方体のように，1段分の体積×高さで求められないか**」と考えると，置き方を変えることで高さをそろえることができる。1段分の体積が，その段の個数分（高さ）積まれていることを見いだし，1段目の体積の形がL字形であっても，1**段分の体積が決まれば，「1段分の体積×高さ」で体積を求められる**ことを考察する。**乗法を用いることで手際よく体積を求められることに気付き，「1段分の体積が決まれば，かけ算で体積を求められる」と計量的に図形を捉えられる**ようにしていく。

■ 稠密性への気付きから比例の適用範囲を広げる

　第5学年では，簡単な場合についての比例の関係，つまり整数倍の比例について知ることをねらいとしている。しかし，実際には整数倍の間には無数の「有理数」が存在し，第6学年の「比例，反比例」で，小数倍，分数倍を学ぶことになる。底面の図形が移動してできている柱体は，高さを変えることで「体積」も変わる。第5学年でも，**子どもが柱体の高さを変えて見ることで，整数倍の間に小数倍や分数倍を見いだせるような，第6学年の素地となる学びを展開していく。**

HOW 数学らしく学んでいるか？　見方・考え方を働かせた数学的活動

■「簡単な比例」と「体積」　見方・考え方でつなぐ less is more な学び

　「簡単な比例」で「体積」を扱うことは，それぞれの単元の領域は違えど，「**単位」となるものを決めるという点で，束ねることができる。**体積の求積をする場面で，面積を求めた場合からの類推により，縦，横，高さを測ることによって計算で体積を求める。そのとき，単位体積を敷き詰めた1段分の個数を一つのまとまりとみて，そのいくつ分を段の個数（高さ）で表すことができると捉え，面積のときと同じように思考できると気付く。段数と体積の二つの数量が，伴って2倍，3倍となる変化の規則性を捉えることで，**比例を用いて筋道立てて考え，求めたい数量についての結果を導く**ことができるのだ。「簡単な比例」で「体積」を扱うことで，図形を計量的に捉えることができる。**直方体や立方体の底面に着目し，それが長方形や正方形であることから四角柱の仲間であると捉え直す。**この経験は，第6学年で学習する**角柱や円柱の体積を底面積×高さで求積できる図形と捉え直す**ことにもつながり，その素地を培うことは less is more な学びと言えるであろう。

■ 単位を見つける文脈を丁寧に描く

　「体積」と「簡単な比例」をつなぐ「単位」を，子どもが見つける文脈を丁寧に描くことを大切にしたい。体積の求積では，面積を求めた場合からの類推により，縦，横，高さを測るこ

とによって計算で体積を求める。その過程で，子どもは単位とするものを「1cm³」→「縦（横）に並ぶ1cm³の個数」→「1段分の1cm³の個数」と必要に応じて変え，面積のときと同じように思考できると気付いていく。図形の計量場面だけでなく，「個数と代金」「長さと重さ」など，日常事象の比例の問題解決をする場面においても，子どもが「単位」を自ら見つける過程を大切にしていく。

「関数の考え」と「図形の計量」をつなぐ単元デザイン

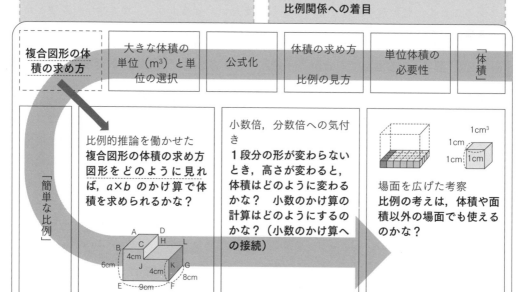

「関数の考え」

第1学年
数の合成・分解
10を（1＋9）（2＋8）（3＋7）…
とみて，変化の特徴を捉える。

第2学年
かけ算
九九について，かける数と積の関係を捉える。

第4学年
伴って変わる二つの数量を見いだし，それらの関係に着目する。

「図形の計量」

第1学年
長さや広さ，かさについて直接比較，間接比較，任意単位による測定

第2学年
長さやかさについて普遍単位による測定

第4学年
長方形，正方形の求積
単位正方形の面積をS1として，縦・横が単位の長さのa倍，b倍の長方形の面積を
$S＝(S1×a)×b＝S1×(a×b)$として求積する。
比例関係への着目

複合図形の体積の求め方 ｜ 大きな体積の単位（m³）と単位の選択 ｜ 公式化 ｜ 体積の求め方 比例の見方 ｜ 単位体積の必要性 ｜ 「体積」

「簡単な比例」

比例的推論を働かせた
複合図形の体積の求め方
図形をどのように見れば，$a×b$のかけ算で体積を求められるかな？

小数倍，分数倍への気付き
1段分の形が変わらないとき，高さが変わると，体積はどのように変わるかな？　小数のかけ算の計算はどのようにするのかな？（小数のかけ算への接続）

場面を広げた考察
比例の考えは，体積や面積以外の場面でも使えるのかな？

第6学年・中学1年
比例，反比例

第6学年
柱体の体積の求積
柱体の体積＝底面積 × 高さと捉え直す。

本時の実践と分析

| 本時目標 | 図形を計量的に考察することで，体積の求積をするときの単位となるものに着目し，比例関係を捉えることができる。

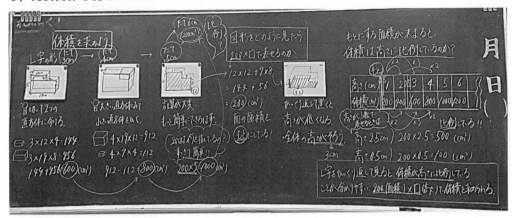

■ 問題場面の観察・把握

T：今日は，こんな形の体積を求めてみようかな。（実物を提示する）

C：紙の集まりだ。紙を重ねている。

C：**面積の集まりだ。**

T：これで，体積求められる？

C：できません。縦・横・高さの長さが知りたいです。

T：では，必要な長さを教えるよ。
（長さを提示する）これでできる？

C：できます。
（自力解決）

C：私は切って求めました。上の直方体が $3 \times 12 \times 4 = 144$（cm³）になって，下の大きい直方体が，$3 \times 19 \times 8 = 456$（cm³）になるので，
$144 + 456 = 600$（cm³）になります。

T：同じようにやった人？

C：はい。（多数が挙手）

T：では，これが，長さがぐんぐんぐんと奥に伸びて，**奥行きが 4cm になったら，体積はどうなるかな？**

C：面倒くさいことしないでよ。計算がやりにくい。

T：みんなは，この奥行きの部分をなんて捉えている？

C：縦。

T：では，**縦が 4cm になったら，体積はどうなるかな？**
（自力解決）

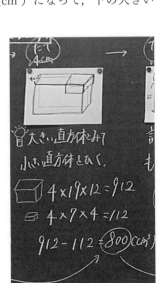

C：はい。$4 \times 19 \times 12 = 912$（cm³）で，$4 \times 7 \times 4 = 112$（cm³）になるから，**$912 - 112 = 800$（cm³）になります。**

T： これは，どういう考え方かわかる？

C： ないところをあると考えて，大きな直方体から小さな直方体をひいている。

■ 単位への着眼

T： では，これがさらに縦が 5cm になったら…。

C： 大変だよ！　面倒だよ！

C： **簡単だよ。すぐできるじゃん。**

T： 簡単って言った人，これ式はどうなる？

C： $200 \times 5 = 1000$（cm³）

C： 同じ同じ！（数人）

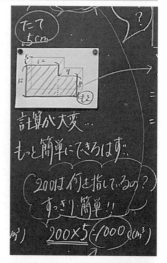

C： そう考えると，最初のものは $200 \times 3 = 600$（cm³）で，
縦が 4cm のものは $200 \times 4 = 800$（cm³）になる。

C： そういうことね！　奥に 1cm 増えていくごとに，体積が
200cm³ 増えていくから，200×5 になるのか。

T： じゃあ，200 って何を指しているの？

C： その L 字の面の面積。

C： **縦が 1cm 増えたときに増える体積。**

T： 200 がどこのことなのかわからない人？
（半分くらいの子どもが挙手）

T： 200 はどこを指しているんだろうね？　つまり，**図形をど
のように見たら，$200 \times \square$ で体積を表せるんだろうね？**

C： 見える表面の面積。（図に示す）

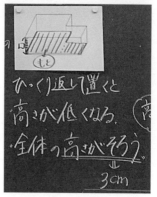

T： これ，式で表せる人？

C： $12 \times 12 + 7 \times 8 = 200$

T： これ，図のどの部分を指しているかわかる？

C： はい。（図に示す）

■ 図形の計量的考察から比例関係を捉える

T： これって，最初から $200 \times 5 = 1000$ で求めていた人は，図形をどう見てたの？

C： 奥行きで見る？

C： **L 字を，こうやってどっこいしょって縦にしたらさ，3cm が高さになるよ。**
（実際に立体を動かす）

C： ああ！

T： こうやってみると，何が変わるかわかる？

C： 向きが変わる。

C： 高さが低くなる。

T： なるほど。**逆にそろったものはある？**

C： **全体の高さ？**

C： そういうことか！　確かに高さはそろう。

T： じゃあさ，こうやって図形を見たときに，**$200 \times \square$ で体積を求めるときは，何をもとにし
ているのかわかる？**

C： 面の面積。

T：いいところに気付いたね。つまりこれをもとにしているんだよね。

（L字の紙1枚を見せる）つまり，この紙がどんどん積み重なっていくと…。

C：体積も変わる！

T：そうだよね。そうなったときに，高さと体積の関係を表に表していくと…。

高さ（cm）	1	2	3	4	5	6
体積（cm³）	200	400	600	800	1000	1200

C：200をもとにして，高さ1cmから2cmで2倍のとき，体積も200cm³から400cm³で比例しているんだけど，その2と3の間，400と600の間でつまずく。

T：つまずくね。じゃあこれ，例えば高さ2.5cmってありえる？　ありえない？

C：ありえる。紙の枚数によって変わる。

C：先生が1枚2枚…って紙を積む枚数を変えるだけで，多少だけど高さは変わる。

T：変わるよね。じゃあ，これ高さが2.5cmだったら，体積はどうなる？

C：$200 \times 2.5 = 500$（cm³）

T：じゃあ，高さが0.5cmだったら？

C：$200 \times 0.5 = 100$（cm³）

C：高さ1.5cmで300（cm³）になるよ。

C：おお，すごい！　整数だけではなくて，小数でも比例ってあるんだね。

T：では，今日新しく知ったことや大事だなと思ったことはありますか？

C：ひっくり返してみたら，体積と高さが比例していることがわかりやすかった。

C：面積をもとにすると，200×□で体積を求められる。面積がわかれば体積は求められる。

■ 実践の考察

　5年の「体積」と「簡単な比例」をつなげるような位置付けとなる1時間となった。複合図形の求積をする際に，既習をもとに考察すると，2つの直方体の和や差で求積をしていくのが自然な流れではある。しかし，基準となる「単位」の積み重ねが見えやすい体積で比例を捉えるためにも，複雑な式ではなく，子どもがより簡潔な式を求めて求積していくプロセスを描いた。L字の柱体を，紙の積み重ねで示すことで，初めから子どもは柱体を「面（積）の集まり」とも捉えていた。「単位」を見つけるために，計量的に図形を考察したり，式と図を関連付けたりすることで，体積の「単位」とするものを「1段分の体積」から「面の面積」と捉え直すことができた。また，面の積み重ねにより柱体が構成されていることから，小数倍にも着目し，比例の適用範囲を広げて考える姿も見られた。

引用・参考文献
杉山吉茂（2008）『初等科数学科教育学序説』東洋館出版社.
文部科学省（2018）『小学校学習指導要領 解説 算数編』日本文教出版.
横浜市小学校算数教育研究会（2019）『数学的に考える資質・能力を育成する算数の授業』東洋館出版社.
齊藤一弥（2021）『数学的な授業を創る』東洋館出版社.

本実践の価値と今後に向けて　齊藤一弥 解説

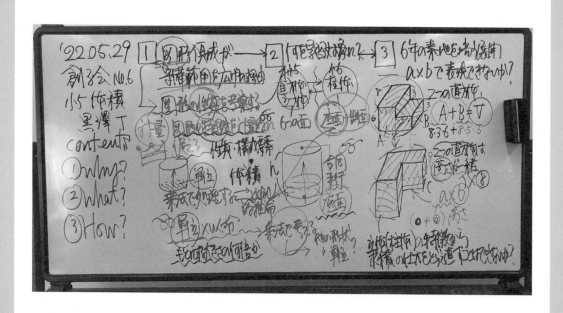

WHY　「図形」領域が守備範囲を広げる理由

　一つ目は，「図形」領域についての確認です。現行学習指導要領において「図形」領域は守備範囲を広げました。守備範囲を広げた理由を再確認してほしいです。

　この事例で扱った体積は，これまでは「量と測定」領域でした。「量と測定」だったものが「図形」になったわけです。この「図形」という領域がどんな領域なのかを確認しなければいけません。「図形」は**図形の性質を考察する領域**として位置付けられました。その領域に図形の計量として体積が位置付いています。では，この図形の計量が「図形」領域に入った理由は何かということです。図形の計量を扱う目的は，図形の性質や特徴を計量的に捉えて考察するということです。このことを確認してほしい。子どもがこれまで学んできた**図形を計量する際に，その性質や特徴というものを計量的に捉えながら考察していけるようにしてほしい**ということです。

　計量的に捉えて考察すると言うけれども，具体的にはどのようなことかが見えてこないといけません。そもそも**なぜ計量を学ぶのかというと，図形の性質や特徴をより深く理解するため**です。計量するために，図形の性質や特徴をいかに捉えたらいいのか，どのように活用したらいいのかを考察するために学んでいるわけです。この「計量的に」という部分が大切ですね。図形の計量をする，つまり面積や体積を求めているわけですが，どのような手続きで行っていますか。漢字で書くと，面「積」，体「積」ですね。そう，乗法で処理しています。比例的推論です。どのように図形を捉えたらかけ算で処理ができるかという話です。**かけ算の適用場面をどんどん広げて，比例の考えを用いて事象を捉えることができる子どもにしたい**ということです。

　この事例では体積を求めるために乗法を用いていく，そのために比例という視点から物事を捉えるということですね。では，比例を用いて処理するといった際に着目することは何ですか。**ここで一番目をつけなくてはいけないものは単位です。単位のいくつ分で処理します。簡**

潔な形で表現して，処理していけるように事象を捉える，そのように事象を見つめるメガネを磨いていきたいわけです。

（単位）

　将来的には，柱体の体積を求める際に，何に目をつけて比例関係が成立していると考えるでしょうか。中学になれば移動です。**移動とは逆に言うと，単位が次々と重なっている**とも見えます。それをかけ算の式で表しているわけです。同じもの，つまり単位のいくつ分になっているものが見いだせるか，そのような単位がないかを探しているのです。逆の言い方をすると，乗法で処理できるようにするためには，この図形をどのように捉えたらいいのかと思考することになります。

　そのように考えると，比例関係が成立しているということは *a* × *b* の式になります。こうして，なるべく覚えることは少なくしたい。それが less is more の考え方です。そのように思考できるよさを実感してほしいのです。

WHAT　図形の性質を考察するときの，学習対象とは？

　二つ目は，何を学習対象にするかということを考えたい。この事例では立体図形を扱っていますが，小5での体積は直方体，立方体，そしてそれらが組み合わさってできている複合図形を扱います。小6ではどうでしょうか。ここでは柱体を扱います。数学的に言うと両者は異なる約束で整理されています。それを教科書では統合的に捉えて，関連付けていこうとしているけれど，その違いを確認することは大切です。

　何が違うのでしょうか。直方体，立方体は6つの面で構成される図形ですね。特に底面が規定されるわけではなく側面もありません。しかし，**柱体では，底面と側面で構成されるわけです。**底面を決めることが大切になるのです。底面を決める

小5
直方体
立方体

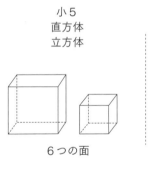

6つの面

小6
柱体

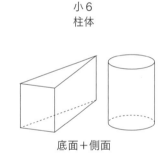

底面＋側面

ということは，それをもとにして求積することにつなげていきたい。つまり**比例的推論とつながっていけるように学びを創っていきたいのです。**もとにするものがあって，円柱の場合，底面という2つの合同な図形である円があり，これがもとになる。そして2つの底面は平行になっています。合同でかつ平行ということが担保されたならば，このように（右図参照），**同じものが積み上がっているというイメージを子どもにもたせたい**わけです。

　大事なのは，底面を決めたことによって何ができるようになるかということです。そのようなメガネで事象を捉えることができるかどうかです。底面と側面とは垂直の関係になっていますね。垂直になっているということは，斜角柱ではありません。**これがまっすぐに上に伸びているという見方ができるような子どもにしたいのです。**その同じものが，つまり円がどれだけの高さに積み上がっているのかということになります。繰り返しになりますが，**比例的推論が使えるような視点から捉えられる子どもにしたいわけです。**図形の特徴を計量的に捉えて考察するというのはそういうことです。それを5年の求積の学習でも取り扱ってきているのですけど。

ある事象や場面がかけ算で処理できたら，次に何ができるのかを考えていくことが大切です。他の形状でも適用できるのか，他の単位では処理できないのかなどと考え進めることができるようにしたい。

直方体の場合は1段目のところに単位立方体が何個並ぶのかと考えました。しかし，そこが三角形であったらキューブは並びません。では，キューブが並ばないときはどうしたらいいかと問うわけです。キューブが並ばないなら切ればいいじゃないかとすぐに対応できる子どもにしたいですね。しかし，そこで思考が終わってはいけません。これまでの経験と関連付けて説明できる子どもを期待したいところ。平面図形の求積での学習で三角形，平行四辺形，台形の計量をする際に，特に台形や三角形では倍積の考えを用いて処理できました。そこでの経験を使いたい。三角形の場合でも倍積にすれば直方体に戻して考えられると言えるようになりたいものです。

つまり，**積極的に他の図形の形状では計量できないのかとか，別の単位を用いて計量することも可能かと問い続ける子どもにしていきたい**わけです。そして単位が決まったら，この**単位，もとにする大きさの何倍になっていると表現できる**ようにしたい。5年で扱う「簡単な比例」では，このようなことができるようにしたいのです。

HOW　6年の素地を培う展開　体積の求積を「$a \times b$」で表現できないか？

三つ目は，6年の素地を培う展開にするということです。6年の比例で扱う $a \times b$ という簡単な形で表現できないかと問うことです。

柱体の体積を求める場合に**大事なものは底面とそのいくつ分ですね**。多くの教科書では体積の学習は5年の一番はじめに位置付いています。いろいろな理由があるのだと思いますが，**この体積の事例が一番比例を理解するのに楽**なのかもしれません。その際に，本時で扱ったL字形の立体図形（下図参照）の体積を子どもたちはどのように求めるのでしょうか。これは直方体が組み合わさった図形なので，面積の学習で経験した考え方を用いて2つの直方体に分けて考えますね。

図形を2つに分けて，Aという直方体とBという直方体があって，それらを合わせれば全体が求められるという話になります。なぜこのように分けるのかというと，長さが違うので一度のかけ算では処理できないからです。ですから2つに図形を分けてかけ算が使えるようにするわけです。しかし，ここで**図形の性質や特徴を計量的に捉えて考察するということが大切**になります。この図形は，**一度のかけ算で処理できる図形には見えないか**ということです。この図形を寝かせてみたらどうなりますか。

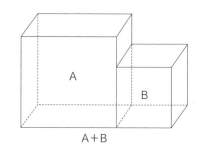

A+B

このようになりますね（下図参照）。このように見るとあることが起こります。何が起こりましたか。子どもは**「両方の直方体の高さが同じになった」**と言いますね。

そうなると，今度は体積をどのように求めたらいいかということになり，さらに子どもは「別々にし

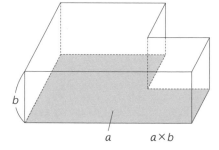

なくてもいい」と言うでしょう。1段目にL字形に並んでいる，同じ大きさになるもとにするものを見いだせば，それに高さをかければいいということに気付くわけです。

ここでは底面積×高さという見方を必要とはしません。単位とするものが一つに決まれば，かけ算で簡単に処理できる。底面とか底面積ということはまだ学習していないわけですから。底面という言葉は使わなくとも，基準にしているところが指摘できればいい。もとにする大きさを決める，それが a になる。そして $a \times b$ の形に表現することができるようになる。なぜそのように表現できるのかと言ったら，高さが同じだからと言えるようにしたい。この a は2つの長方形が並んでいるものが入っている。この並んでるものを合わせたならば，あとは高ささえかければいいということです。そのように事象を捉えることができるように育てていきたい。このように考えるとかけ算がきれいな形でまとまります。2つの直方体に分けて考えるということは，加法的に処理しているということです。

一方，もとになるものを決めてそのいくつ分で考えるというのは，乗法的に処理しているということです。そういう見方を明示的に育てていかない限り，底面×高さといっても，「1段目に並んでいた単位立方体が平らになったことです」という説明で無理やり納得させるということになってしまいます。

円になったときも，三角形になったときも，台形になったときも，要するに単位にするもののいくつ分で処理できると比例的推論によって，それらを統合的に捉えることができるかどうかです。そのような目を育てていきたいものです。

教材をちょっと工夫してあげるだけで，そのような目を育てていくことができます。この立体図形の特徴から求積の仕方を捉え直して考察できないかと指導していきたいものです。

もとにするものが決まったら，その4倍の体積になる，その5倍の体積になると事象を捉えることができるという考え方。基準になるものを決めることが大事です。なぜ基準を決めるかというと計量というのはかけ算によって行われるからです。対象の図形の特徴をかけ算の視点からいかに捉えることができるかです。

将来的には，この先で底面とか側面の学習が終わってから再度捉え直すことができるようになります。また，中学校数学で平面の平行移動が取り扱われるようになってくると，「なるほど」と概念が腑に落ちていくことになるでしょう。こういった捉え方を継続的に指導しておいていただけるといいかと思いました。

分数の除法を学ぶ意味を考える

分数の乗除の学びを再考し，中学校数学へつなぐ学びを探る

教材単元名：分数のかけ算・わり算（第 6 学年）

「分数のかけ算やわり算は，何のために勉強するのですか？」このような子どもの問い
を追究するにあたり次の 2 点をポイントとして挙げる。

① 分数の乗除は四則演算の総まとめである。学習したことで数の世界観が広がり，「学ん
で良かった」と思える価値ある学びの展開を考えたい。

② 分数の乗除は，分数×整数　⇒　分数÷整数　⇒　分数×分数　⇒　分数÷分数の順
序で，演算決定から計算の仕方，計算の習熟まで同じような展開が 4 回繰り返される。
時間をかけているにもかかわらず，わり算は「分子と分母をひっくり返してかけたらい
い」と計算の形式だけが子どもの記憶に残ってはいないだろうか。**学ぶ過程で分数の意
味理解を生かす授業展開を提案する。**

WHY なぜその学習があるのか？　子どもは何ができるようになるのか？　<u>学習の価値</u>

■ 四則演算の集大成である分数の乗除

学習指導要領解説第 6 学年に「分数の乗法及び除法の意味については，整数の乗法及び除
法から小数の乗法及び除法へと拡張された乗法及び除法の意味を適用できるように指導する」
と書かれている。

例えば，5 年生の小数の乗除の場面「0.8m で 240 円のリボンがあります。このリボンの 1m
の値段はいくらですか」では 240 ÷ 0.8 ＝ 300 の式となる。この小数値が分数になったとき，
**「0.8m が $\frac{4}{5}$ m となっても，式はわり算で 240 ÷ $\frac{4}{5}$ ＝ 300 としてもよい。なぜなら分数も表し方が
違うだけで小数と同じ数であり，数量の関係は同じであるから」と考える子ども**を育てたい。そ
のため数直線などの図で数量関係が明らかになるようにし，今まで学習してきた乗法・除法の意
味を統合的に考えられるようにすることを意識したい。その上で整数，小数にはない分数の特性
に着目し，多様な計算の仕方を考えることで，四則計算の総まとめになることに重点を置く。

■ 分数の意味と表し方を根拠として計算の仕方を考える

分数の乗除の計算の仕方で活用される分数の意味と表し方とは 3 年生で学習した，$\frac{a}{b} = \frac{1}{b} \times a$ （単位分数）と 5 年生で学習した $\frac{a}{b} = a \div b$ （商分数）である。

単に多様な計算の仕方を考えたら良しとするのではなく，分数の意味と表し方を考えること
により，計算の仕方のアイデアが出てくることが大切である。例えば $240 \div \frac{4}{5}$ の計算の仕方で
あれば，$\frac{4}{5}$ は $\frac{1}{5} \times 4$ であるから，$\frac{1}{5}$ に対応するのは 240 ÷ 4，このとき 1 にあたる値を求める
には，240 ÷ 4 × 5 となる。

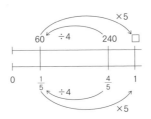

また，$\frac{4}{5} = 4 \div 5$ であるから，4に対応するのは1200，このとき1にあたる値を求めるには，$240 \times 5 \div 4$ となる。

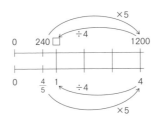

WHAT　数学として何を取り上げるのか？　数学のもつ意味・内容

■ 逆数

逆数の定義は「2つの数の積が1になるとき，一方の数をもう一方の逆数という」である。形式的な理解にとどまらず，逆数を用いることにより除法が乗法の形に置き換えることができるという「逆数を用いるよさ」について子どもが感じるためには，**分数の除法だけでなく，小数，整数の除法も同じ見方・考え方ができる**ことを子ども自ら発見できる授業構成を考えることが大切である。

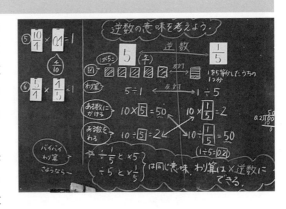

HOW　数学らしく学んでいるか？　見方・考え方を働かせた数学的活動

■ 乗除の関係性を深め，乗除を統合する

$\frac{4}{5}$ m² のへいをぬるのに青いペンキ2dLを使います。このペンキでは1dLあたり何m²ぬれますか。

この問題場面の式である $\frac{4}{5} \div 2$ の計算の仕方を通して出てくる式，$\frac{4}{5} \times \frac{1}{2}$ の関係について考える場面を扱った。問題場面は除法であるが，かけ算の式でも答えは同じとなることに気付かせたい。これは分数の除法の計算の仕方だけではなく，今まで学習してきたことと関連付けて考えることができる。例えば，小数の除法で0.5mが100円のリボン，1mの値段を求める際の式は基準量を求めるわり算，$100 \div 0.5 = 200$ である。しかし $100 \times 2 = 200$ のかけ算の式を考えることもできた。2つの式「$100 \div 0.5 = 200$」と「$100 \times 2 = 200$」の関係を比較させてみる。$\frac{4}{5} \div 2 = \frac{2}{5}$ と $\frac{4}{5} \times \frac{1}{2} = \frac{2}{5}$ の関係と併せて比較してみると，**乗除の関係について小数，分数も同じように統合的に考えていくことができる**と考える。

四則演算のゴールへの単元デザイン

第2学年 かけ算	1つ分の大きさが決まっているときに, そのいくつ分かにあたる大きさを求める		1つ分の大きさの何倍か にあたる大きさを求める

第3学年 わり算	等分除 1つ分の大きさ を求める	包含除 いくつ分の大き さを求める	分数 $\frac{2}{3}$ は1を3等分したもの（単位分数 である $\frac{1}{3}$ ）の2つ分の大きさを表す

等分除・包含除の統合

第4学年 わり算 簡単な割合	わり進み 商を小数で表す	小数倍 小数で倍を表す	簡単な割合 除法の意味の捉え直し

乗法・除法の意味拡張

第5学年 小数の乗除 分数と小数 割合	基準量×割合＝割合にあたる大きさ 割合にあたる大きさ÷割合＝基準量 割合にあたる大きさ÷基準量＝割合	分数 整数の除法「2÷3」の結果 （ $\frac{2}{3}$ ）を表す（商分数）

乗法・除法の統合

第6学年 分数の乗除	分数×整数 乗法の意味を振り返り，被乗数が分数である場合も数量の関係は同じであることを理解する。	分数×分数 **分数の意味と表し方をもとに乗数が分数である計算の仕方を考える。**	分数÷整数 除法の意味を振り返り，被除数が分数である場合も数量の関係は同じであることを理解する。	分数÷分数 **逆数を用いて，除法を乗法としてみる。**
		逆数		

中学校数学へ

中学校	◎整数，小数が交ざった乗法，除法の計算を1つの分数の式にまとめて表す ◎正の数・負の数の計算（加減統合）

本時の実践と分析

本時目標 逆数の働きについて想起し，除法と乗法の関係性に着目しながら分数÷整数の計算の仕方を考えることができる。

$\frac{4}{5}$ m² のへいをぬるのに青いペンキを2dL使います。このペンキでは1dLあたり何m²ぬれますか。

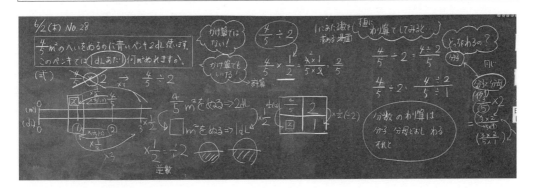

■ 問題場面の把握

T： 式を考えてみましょう。

C： わり算です。$\frac{4}{5} \div 2$

C： かけ算でもいけます。$\frac{4}{5} \times \frac{1}{2}$

C： だって量が2dLから1dLになったから$\frac{1}{2}$になっているから$\frac{1}{2}$をかけました。

T： $\frac{4}{5} \times 2$ の式は違うの？

C： そっちの式は違います。

T： $\frac{4}{5} \times \frac{1}{2}$ と言っている人がいますが，わかりますか？

C： ペンキを2dL使って$\frac{4}{5}$ぬれるわけだから，その半分の1dL，2dLの半分の1dLだから$\frac{1}{2}$になります。

■ 数直線図で考える

C： 数直線を書いてみたら？

T： ではみんなも数直線で表してみましょう。

T： この数直線を使って，誰か説明してほしいです。すごいね。Aさんが言葉で書いてくれています。

T： この図とこの言葉がわかりましたって人，どれだけいますか？　ちょっとわかりにくいです，って人はどれぐらいいますか？　いいですよ。わかりにくい人が何人かいるのでその人たち向けに丁寧に説明してください。

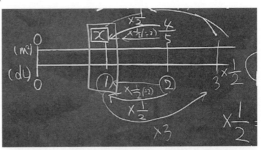

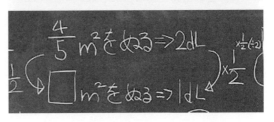

C： 説明を始めます。数直線のこのdLとm²は正比例ってことはわかりますか？

C：はい，前にやりました。

C：もし，ここが3としたとき，1からここは3倍でこっちからこっちも3倍になる……。

C：ということは2から1にいくのは$\frac{1}{2}$倍になるのでdlとm²は正比例だからこっちも同じことで$\frac{1}{2}$倍となります。

■ ÷2と×$\frac{1}{2}$の関係について考える

T：じゃあ，さっきBさんは2から1にするのに×$\frac{1}{2}$を数直線に付け加えました。Cさんは同じところに÷2を付け加えました。これはどうしてですか？

C：えっと，×$\frac{1}{2}$って÷2ってことなんですけど，これはなんで一緒かというと例えば○が1個あったとして，もしこれ×$\frac{1}{2}$すると，それが$\frac{1}{2}$個，半分あるということ，いいですか。

C：2日前に学習した気がする。

C：逆数。

C：そうそう。

C：$\frac{2}{3}$と$\frac{3}{2}$

T：では何と何が逆数になっているのですか。

C：$\frac{1}{2}$と2

T：じゃ，かけ算でもいけるのですか？

C：いけます。

T：わり算でもかけ算でもいけるのですね。では2つの式を書いてください。

C：今後のことを考えたらかけ算の方がいいと思います。分子がわり切れないとか。

C：むしろわり算はいらない。

T：わり算いらないの？　ではかけ算の式どうぞ。

C：えっと$\frac{4}{5}×\frac{1}{2}$

T：これは計算できるよね。かけ算の式でもできました。でも，この問題はかけ算の場面ではないですね。だってこれ$\frac{4}{5}÷2$って書いた人もいるでしょ。わり算の式書いた人はどうして？　この数直線図からわり算の特徴が見えませんか？

C：1あたりを求める。

T：1にあたる数，ここ見て，1がxになっていますよね。1を求める，1にあたる数を求めるときはわり算だったよね。でも計算はかけ算でもできました。
　　では，次の時間は計算の仕方を考えましょう。

■ 実践の考察

逆数の考えの活用について

$\frac{4}{5}$ m²のへいをぬるのに青いペンキを2dL使います。このペンキでは1dLあたり何m²ぬれますか。

　この問題文から早々に$\frac{4}{5}×\frac{1}{2}$と式を立式し，「この問題はかけ算である」と発言した子どもがいた。この場面で$\frac{4}{5}×\frac{1}{2}$の式は成り立つのか？

　この問いに時間をかけたが，$\frac{4}{5}÷2$の式と比較しながら，どちらも数直線上で基準量を求めていることを逆数の働きと関連付けて考えられるようにするべきであった。さらに違う分数ではどうだろうか？と展開していくと，除法と乗法に変換したときの乗数と逆数について理解が深まったと考える。

　さらに，小数や整数の除法の問題場面でも同様のことが成り立つことを確かめれば，除法に

ついて下図のように統合的に考えることができたのではないかと思う。

$$
\begin{array}{c}
\text{分数の除法} \Rightarrow \text{逆数をかける} \\
\downarrow \\
\text{除法} \Rightarrow \text{除数の逆数をかける}
\end{array}
$$

　単元全体を通して言えば,「除数を逆数にしてかける」ことについて逆数の働きを考える時間を取った成果が出て,子どもたちは形式的理解にとどまらず,自在に乗法を除法に,除法を乗法に変えることができるよさを感じていた。乗法⇔除法を相互に行き来できることを活用して考える子どもの姿が見られた。例えば次のような問題を解く際,

商が 10 より大きくなるのは,どれでしょうか。記号に○をつけその理由を「わる数」という言葉を使って説明しましょう。

　① $10 \div \frac{6}{7}$　　② $10 \div \frac{5}{3}$　　③ $10 \div 1\frac{1}{12}$　　④ $10 \div \frac{6}{10}$

「かけ算の式にすると,かける数は逆数になる。逆数にしたとき,分子が分母より大きいと答えはかけられる数より大きくなるので,①と④が当てはまる」
と逆数を活用して解答した子どもが見られた。

　また,$0.3 \div \frac{1}{4} \times 2$ の計算では $\frac{3 \times 4 \times 2}{10 \times 1 \times 1} = \frac{12}{5}$ と分数に表す方法だけではなく,$0.3 \times 4 \times 2$ と除法を乗法にして計算するなど数値によって臨機応変に考えていた。

分数のかけ算やわり算は何のために勉強するのか?　その答えとは

　分数の乗除を学んだことで,できるようになったこと,見えてきたことを整理する。
① 乗法⇔除法(新しい概念であること)
② 3口以上の乗除混合計算(小数分数交ざり)の計算を乗法で計算でき,分数で簡潔に表現できること
③ 中学への仮説(加法⇔減法もできるのではないか?)例　$5 - 3 \Leftrightarrow 5 + (-3)$
　これらのことを子どもが実感し,その価値を伝えていくことが大切である。

参考文献
文部科学省(2018)『小学校学習指導要領 解説 算数編』日本文教出版.
中島健三・平林一栄 他(1991)『新・算数指導実例講座　高学年』金子書房.

本実践の価値と今後に向けて　齊藤一弥 解説

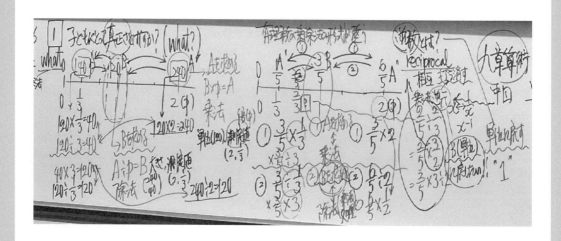

指導のオーバービュー

　個別最適な学びというのは，自分の学びのストーリーが描けるかどうか，学習者が学びの系統を自覚することです。現行学習指導要領解説にある算数数学の学習の学びの数学化のAのプロセス（日常生活や社会の事象，数学の事象から問題を見いだす）に該当します。

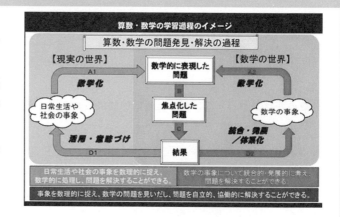

　個が内面の整理をするということとは「どんなことができていて，どんなことができないのか，そしてこの次に何をなすべきなのか」。自らの学びのストーリーが描けるかどうか，個別最適化が強調されていると言えます。

　学習の過程で子どもは何に困っているのか，どうやってその困り感を超えていくのか，そのプロセスを我々教師側が用意し，その経過として何ができるようになるのかを考えることが大切です。授業について議論していくとき，そのあたりがしっかりと議論されないと先に進まないのです。

　子どもはこの分数の乗除の学習でいったい何にこだわりをもっていて，どこに疑問を感じているのでしょうか。今回の展開の在り方は面白くていいなと思っているのですが，途中でしりきれとんぼになっていて，子どものこだわりや疑問が強調されないまま終わっています。

WHY　比較量（A）を求める

> 1m120円のリボンの代金を求める場面

　どうやって求めるのですか，比較量A″は。これは当然のことながらこうやって求めるでしょう。

$A'' \Rightarrow 120 \times 2 = 240$

比較量＝基準量×割合

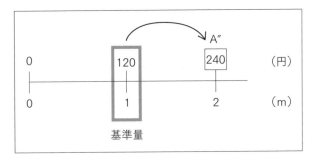

次に A′ は,

$A' \Rightarrow 120 \times \frac{1}{3} = 40$

でも，A′ の場合は，どうやって
求めようとするかというと，こうし
たいのでしょう。

$A' \Rightarrow 120 \div 3 = 40$

でも，ほうっておけばいいので
す。答えとしては変わらない。問題
は「A を求める」っていったい何で

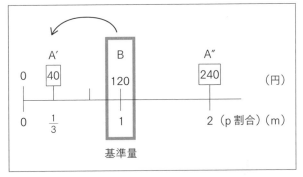

しょうか。A を求める，つまり比較量を求めているわけですね。

ですから，**B × p ＝ A を乗法，かけ算で求めたい**わけです。

基準量（単位）とその測定値としての倍がわかっています。測定値というのは 2 であり，$\frac{1}{3}$
です。これがわかっているときはかけ算で仕事をしましょうということです。そういう約束に
したいわけです。そういう約束にするということを何と言いますか。統合していきたいという
ことです。

WHAT　基準量（B）を求める

次に，比較量から基準量（240 や 40 から 120）を考えましょう。つまり基準量 B を求めま
す。基準量 B を求めるときは，A ÷ p ＝ B，除法で行います。

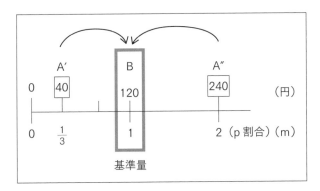

しかし，この話の大半は 5 年で決着がついています。演算決定がわかっているとはどうい
うことかというと，この 3 項の関係がわかっているということです。6 年では分数を扱います
が有理数の表現としてやや稠密性の高い範囲が広がっているだけの話です。これが $\frac{1}{4}$ や $\frac{1}{2}$ だっ
たら 0.25 や 0.5 になりますから，表現方法が違うだけで関係性からすれば小数の乗除法で終
わっています。

何と何がわかっているかというと，比較量と測定値（倍）がわかっています。こちらの 2

であり $\frac{1}{3}$（測定値）がわかっています。2や $\frac{1}{3}$ がわかっているときに基準量B（120）を求めるにはどういう計算で処理しますか。

これは何ら問題ない。これと同じように、$\frac{1}{3}$ がわかっているとき、B（120）を求めるには 40 × 3 = 120 としますね。でも、本当は 40 ÷ $\frac{1}{3}$ = 120 としたいわけです。

B ⇒ 240 ÷ 2 = 120
基準量＝比較量÷割合（測定値）

40 × 3 = 120 と 40 ÷ $\frac{1}{3}$ = 120 の違いです。

先ほどの比較量を求める式と、基準量を求める式とを並べてみます。

右のように比較させたいのですね。

比較量
$120 × \frac{1}{3} = 40$
$120 ÷ 3 = 40$

基準量
$40 × 3 = 120$
$40 ÷ \frac{1}{3} = 120$

HOW　有理数の乗除法の形式を整う

今日の授業では最初に、$\frac{4}{5} × \frac{1}{2}$ か $\frac{4}{5} ÷ 2$ を取り上げましたが、2つの違いが指摘できるでしょうか。なぜ× $\frac{1}{2}$ なのか、÷2なのかは子どもにとって厄介です。

でも分数を小数に置き換えると、そもそも5年の小数のときにそんな経験をしたのでしょうか。提案にあったように分数の特徴、性質を使うことによってどんなことが分数の場合はできるようになるかを子どもが気付くことが大事です。

例えば、基準量が $\frac{3}{5}$、割合が $\frac{1}{3}$、比較量が $\frac{1}{5}$ のとき、比較量 A′ を求めるとき（右図参照）、式は、

$\frac{3}{5} ÷ 3 = \frac{1}{5}$ ではなく、$\frac{3}{5} × \frac{1}{3} = \frac{1}{5}$ …①としたい。

また、基準量Bを求めるとき、式は、

$\frac{1}{5} × 3 = \frac{3}{5}$ ではなく、$\frac{1}{5} ÷ \frac{1}{3} = \frac{3}{5}$ …②としたいわけです。

しかし、この単元が終わったら、逆数をかけるからどちらでもいいとなってしまいます。そういったところを問いにしたいです。

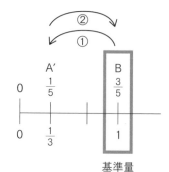

授業が終わるころ、最初はダメだと思っていたけど、あながちダメではなくて、やっていることが結果的には同じと気付くようにしたい。しかし自分たちが最初に考えていた意味とは違う意味でこれがよしとされたのだということが見える子どもにしたいのです。

形式的に÷ $\frac{1}{3}$ だから3倍したけれど、結果的には分数のわり算は逆数をかければいい。でもやっている仕事はわり算で $\frac{1}{5} ÷ \frac{1}{3}$ となる。そこで子どもはなんでこんなおかしいことが起こっているんだと考え進みたい。最初はわり算を使おうと言ってたのに、計算はかけ算になった。だったら前からかけ算でよかったのにと考えるようにしたい。でも $\frac{2}{3}$ だったら、それはそもそもかけられません。$\frac{1}{3}$ は極めて特殊な単位分数だから起こってくるわけです。分数そのもののやっていることが違うことに気が付きます。

今度は基準量が $\frac{3}{5}$、割合が2、比較量が $\frac{6}{5}$ のとき、比較量 A″ を求めるとき（次頁図参照）、式は $\frac{3}{5} × 2 = \frac{6}{5}$ …①です。これ以外何にもありません。

次に同じ場面で基準量Bを求めるとき、式は $\frac{6}{5} ÷ 2 = \frac{3}{5}$ …②で大丈夫ですか。どうでしょうか。

$\frac{6}{5} × \frac{1}{2} = \frac{3}{5}$ も正解ですね。2を使っていませんね。何でこのようなことになるのでしょうか。

そのように考え進むと，わり算とは逆数を
かけているという話になるわけです。2の逆
数は$\frac{1}{2}$です。そういうことに気が付ける子ど
もにしたいのです。逆数をかけるのは，形式
的にひっくり返してかけたら分数のわり算が
できるようになりましたという話でありませ
ん。**整数のわり算だって逆数をかけていると
いうことに気付いてほしいのです。**

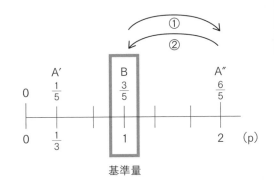

それで**A（比較量）を求めるときは乗法，
B（基準量）を求めるときは除法**だけど，ここでの処理は乗法で行うという話になります。つ
まり，これが形式になっていくのです。**有理数の世界の乗除法を閉じるわけです。**

次に，割合が$\frac{2}{3}$，比較量が$\frac{2}{5}$のとき（右図
参照）はどうしたらいいかという話になって
きます。

$\frac{2}{5}$は単位分数ではありません。でも，数学
的に類推して，逆数をかけたら基準量になる
のではと考えたい。1になるようにしたいの
です。1になるようにするには，逆数をかけ
ればよいわけです。$\frac{3}{2}$倍したということはど

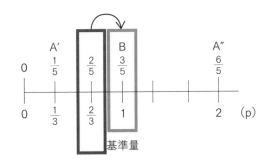

ういうことかといえば，「$\frac{2}{5}$を3倍して，2でわる」ということです。つまり$\frac{2}{5} \times 3 \div 2$です。

逆数とは分数の乗法で出てきます。**逆数は英語で reciprocal と言います。相互という意味な
のですが，もう一つ重要な意味があって逆数というのは乗法逆元です。逆元とは打ち消すとい
う意味，つまり乗法の場合は，基準の1に戻すということです。**

わり算は常に基準（単位）に戻したい。この発想が大事です。1に戻すにはどうしたらいい
か，6年になってかけ合わせたら1になる便利な数が出てきた。0.2でわるのも5をかけてよ
かった，0.25でわるのも4をかけたらよかったんじゃないか。そういう見方が出てきます。

逆数をかけるということは1に戻すということです。単位に戻すことをしていることを，
子どもたちが実感できるようにしたいものです。

15

「文字と式」領域変更の意味を再考する
A領域で子どもが式を読むとは

教材単元名：文字と式（第6学年）

　今回の学習指導要領では，算数的活動が数学的活動として小学校でも新たに位置付けられた。これまで以上に，小・中・高の接続を意識して指導をすることが重要になってくる。また，小学校算数科では，学習指導要領の改訂に伴い，「D 数量関係」に位置付いていた「文字と式」は，「A 数と計算」の領域に位置付けられた。

　領域変更の意図は，**事象を考察する際の式の役割を一層理解しやすくし**，日常生活の場面や算数の学習の場面で，**式に表現したり読んだりして問題解決できるようになる**ことである。

　中学校数学科では，文字式の指導について，**文字式の理解を深め**，**活用する力**を育むことの重要性が全国算数・数学教育研究（島根）大会で提言されている。そのためには，**文字式を使って問題を解決**し，**文字式のよさを実感**する経験を重ねること，文字式を「表す」，文字式を「計算（変形）する」，文字式を「読む」など**文字式を活用**し，**事象の探究の中にこれらの活動を位置付け**，総合的に育むことの大切さが述べられている。そこで，学習指導要領の意味を解釈し，小学校における数学的活動の充実が一層図られる授業について考えていきたい。

WHY　なぜその学習があるのか？　子どもは何ができるようになるのか？　<u>学習の価値</u>

■ 式の表現と読み

　日常事象の中に見られる数量やその関係などを表現する方法として，言葉，図，数，式，表，グラフがある。**「式」**は，算数の言葉と言われるように，事柄やその関係を**簡潔**，**明瞭**，**的確**に，また，**一般的**に表すことができる優れた表現方法である。

　式の読み方としては，第1学年から第6学年を通して，次のようなことを学んできた。

① 式からそれに対応する事柄や関係などの具体的な場面を読む。

② 式の表す事柄や関係などを抽象化し，一般化して読む。

③ 式に当てはまる数の範囲を拡張するなど，より発展的に読む。

④ 式から自分や他人の思考過程を見通し，問題解決などにおける思考過程を読む。

⑤ 数直線などのモデルと対応させて，式が表していることや立式の根拠などを読む。

　文字の使用については，第6学年全体を通じて少しずつ活用場面を広げていき，中学校における文字式の学習の素地を養うことが大切である。

WHAT 数学として何を取り上げるのか？　数学のもつ意味・内容

■ 文字の働きと約束

　文字に関する学習は，算数から数学への一つの壁と昔から言われ，小学校から中学校に進学した子どもが，最もつまずくところである。**文字の働き**には，**未知数，変数，定数，不定元**としての働きがある。また，文字には，いくつかの**約束**があり，その約束が小学校と中学校で変わっていることも多い。その約束についても十分に指導しておく必要がある。

① たし算とひき算では，数と同様に a と b の和は $a+b$ で，差は $a-b$ と書く。

② かけ算では，5×6 のように数と数の積を表す場合は，記号×を省力し，$3 \times a$ は $3a$，$x \times y$ は xy のように書く。ただし，小学校では，記号×は省略しない。

③ $1 \times a$ や $a \times 1$ では，1を省略して a と書く。

④ $x \times x$ は x^2，$a \times a \times a$ は a^3 のように書く。小学校では，累乗は指導しない。

⑤ わり算では，$a \div b$ の商は，$\frac{a}{b}$ と書く。

■ 式の働きとそのよさ

　子どもの中には，式の意味や立式の根拠がわからず，式は答えを出すためのもの，計算の仕方を示したものだと認識している子もいる。**式の働き**としては，次のような5つの働きがあり，その**よさを子どもが実感**する経験を積み重ねていくことが大切である。

① 事柄や関係を簡潔・明瞭・的確に，統合的・一般的に表すことができる。

② 式は，式の表している具体的な場面や意味を離れ，形式的に処理して，問題解決を図ることができる。

③ 式から具体的な事柄や関係を読み取ったり，推測したりすることができる。

④ 自分の思考過程を客観的に表現し，見直すことができる。

⑤ 自分の考えや思考過程を的確に伝達したり，他人の思考過程を理解したりできる。

HOW 数学らしく学んでいるか？　見方・考え方を働かせた数学的活動

■ 式指導の重点

　「文字と式」の指導においては，問題解決の中で活用する力を育成したり，文字式のよさを実感したりする経験を重ねることが必要である。事柄や数量，その関係を式で表したり読んだりする能力や態度を，低学年から発達段階に即して伸ばしていくことが求められる。式の指導では，①**具体的な場面に応じて，数量，事柄，関係を式で表せるようにする**。②**式を読んだり，式で処理したり，考えたりできるようにする**。③**自分の考えやその進め方について式変形に即して他人に説明したり，伝えたりできるようにする**。④**式の働きに着目させ，式のよさが感じ取れるようにする**。⑤**式を進んで活用できるようにする**。などの指導を明示的に繰り返し，自覚化を図っていくことが重要である。

■ A「数と計算」とC「変化と関係」の式を読むモデルの違い

　子どもがもつ文字式の困難の原因として，**学習する内容の変化**と**認知発達的な変化**が挙げられる。数という具体的な世界から文字という抽象的な世界へと変わってきたことが原因で，半具体物のモデルを媒介として式を読むことが大切である。A領域では，**図や数直線**などと対応させながら式を読む。C領域では，**表やグラフ**などと対応させながら，式を読むことが重要となる。

　モデルの違いを意識しておくことが，指導者にとって肝要である。

「式の表現と読み」における単元デザイン

第1学年
・加法及び減法の場面の式表現・式読み

第2学年
・乗法の場面の式表現・式読み
・加法と減法の相互関係
・（ ）や□を用いた式

第3学年
・除法の場面の式表現・式読み
・□を用いた式
・図及び式による表現・関連付け

第4学年
・四則混合の式や（ ）を用いた式表現・式読み
・公式についての考え
・□，△などを用いた式表現（簡潔・一般的）

第5学年
・数量の関係を表す式
（簡潔・一般的）

第6学年
・文字a，xなどを用いた式表現・式読みなど（簡潔・一般的）

【単元の見通し】第1時　これまでに，式についてどんなことを学習してきたのかな？

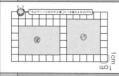
　　　　　　　　　　　小学校の学び
　　　　　　　　　　　・5×5＝25
　　　　　　　　　　　　25cm²

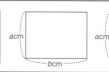
中学校の学び
・$a×a$
・$a×b$

【問い】数字ではなく文字を使うと，どんないいことがあるのだろう？

第2時　本時
文字xを用いた式の表現
結果を表す式と関係を表す式の理解，数の範囲の拡張

第3時
文字x，yを用いた式の表現
結果を表す式と関係を表す式の理解（意味拡張）

第4時
$(a+b)×4÷2$の式が表す図形を考察（式による図形の統合）

三角形　　台形　　長方形　　平行四辺形　　正方形　　ひし形

第5時
碁石の総数を表す式を用いた問題解決

【単元における振り返り】文字のよさを実感

本時の実践と分析

本時目標 数量の大きさを，文字 x を用いることで，未知数や変数の場合でも式で表せることを理解する。

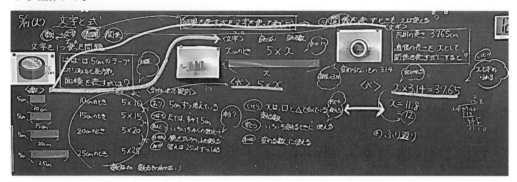

既習の見方・考え方を働かせる

問題　はばが 5cm のテープを切り取るとできる長方形の面積を表す式は？

T： じゃあ，テープを切らずに考えていこうか。この図や式を見て，気付いたことや疑問に思ったことはありますか？

C： さっき，T さんが言っていたけど，横の長さが変わっていくからいちいち数字を書いて式で表していくと面倒じゃないかな。

C： 同じです。そう思う。（変数に着目）

C： 横の長さが変わっていくので，**数で書いていくと大変だからアルファベットを使えばいいんじゃないかな**と思いました。（式の働きとそのよさに着目）

T： なんでそう思ったの？

C： だって，いちいち書くの面倒くさいと思ったから。わからないときに，□を使っていたから，昨日の学習の中で，中学校は，文字を使っていたのでそこを文字にすればいいんじゃないの。

T： みんなも本当にアルファベットを使って簡単にできるの？

C： そんなの簡単。できるよ。

C： 他にもまだ，気付いたことがある。
全部答えを出してみたんだけど，答えが 25cm² ずつ増えていた。

C： **比例してるよ。**（比例に着目）

C： 面積と横の長さが比例してる。

文字を使うよさを実感し，文字 x を拡張（整数から小数）する

T： 今までは，小学校では数で表すとき，5cm のとき，10cm のとき，15cm のときというように，一つひとつ式に表してきたね。中学校のように文字を使って表すと，これまでと何が違うの？

C： 横の長さを自由に決めることができる。だから，**どんな数にも使える。**（一般化）

C：他にも，気付いたことがある。

C：x は，小学校でいう□と同じ働きをしている。

C：中学校は，x を使っていて小学校と似ている。

C：いいと思います。

C：さっきは，数が変わったらいちいち式に書かないといけなかったけど，文字だと書かなくていい。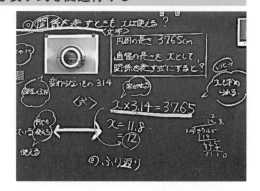

T：書かないでいいってどういうこと？

C：15cm だったら，5×15，20cm だったら，5×20 と全部書かないといけなかったけど，横の長さを $x$cm にすれば，長さを決めてわかりやすくなる。

C：**先生，x はいろいろ変わる数のことを言うんだよ。**（変数としての働きを顕在化）

C：頭さえてるね。

T：x は，横がいろいろ変わるときに使えるっていうこと？

C：何の数にでもなるということ。

T：具体的に言ってもらっていい？

C：だから，A さんが言っていたけど，5 でもいいし，7 でもいいし，23 でもいいし，629 でもいい。

T：どんな数でもってことは，整数じゃなくても使えるの？

C：**小数でも分数でも使える。**（数の範囲を拡張）

C：すごい，**便利だ！**（小数の場面のみを確認）

■ **学習を振り返り，結果を表す式と関係を表す式を関連付ける**

T：今日は，関係を表す式と結果を表す式の両方を学習したけど，2 つを比べて気付くことはありますか。

C：結果を表す式は，$5 \times x$ で答えの x を求められないけど，関係を表す式は，x が求められた。

C：さっきは，結果を表す式は，文字を使うとたくさんの式を 1 つの式にまとめることができた。関係を表す式は，式から答えを求めることができた。

T：同じ文字を使っても，式の形によってできることが違ってくるんですね。今日の学習でどんなことがわかったのか聞いてみたいと思います。感想がある人，よろしくお願いします。

C：□が表す関係と，文字が表す関係は似ていると思いました。

C：関係を表す式は，逆算をして答えを 1 つ求めることができることがわかりました。

C：文字を 1 つ使って，結果を表す式と，関係を表す式ができることがわかりました。

T：今日は，文字を 1 つ使って式に表せることがわかりましたね。次回は，どんなことを学習するんだっけ。

C：文字が 2 つの場合に挑戦する！

■ 実践の考察

第2時の子どもの学習感想（本時の授業で自分がわかったこと・できるようになったこと）
x は，□でもいいと思っていたけど，x を使うことで，変わる数を1つにまとめられるし，関係を表す式で x を求められることがわかりました。
x と□，△の関係が似ている。x を逆算をすると，x を解けることを知った！
x は数がわからないときの関係や結果の式を<u>わかりやすくまとめられる</u>。（数字が固定されてないときにも使える）
文字を使うのは簡単で，数字より<u>わかりやすかった</u>。
僕は，□より文字の方がいいと思った。理由は，文字の方が数が多いから。
x やいろいろな文字を使ったりすると，<u>わからないところをわかったりできてすごい</u>。
アルファベットを使うことで関係や結果を表す式が<u>わかりやすくなる</u>。文字から数に逆算することもできる。□や△とアルファベットは似ていた。
x は，□と同じような役割をもっていることを知った。数字が変わって，いろいろな数字になるときに，x を使う。また，数から文字だけじゃなく，文字から数を求めることもできる。
文字はかたいイメージがあったけど，意外に簡単で，<u>便利なものだった</u>。なぜ，x を使い，他のアルファベットを使わないのか気になりました。

本時提案に関して

　他のクラスを借りての授業でもあったので，教科書をアレンジして，子ども自身に文字のよさとして，簡潔かつ一般的に式に表せることを自分で感じ取ってもらいたいと考え授業を設定した。教科書の問題場面を動的に見せながら，変数と未知数を別個に取り上げるのではなく，同時に取り上げることで文字の働きには様々な役割があることを実感できるように工夫を行った。学習感想の中に，簡潔や一般的につながる「1つにまとめられる」などの言葉が出てきたことは，意義があったと思う。また，単元のはじめに単元を貫く学習問題と学習計画を立てて授業を行うことで，子どもが見通しをもって学習を進めることができた。しかし，問題解決の授業になっていたかというとそこには課題が残る。

図形と結びつけた展開に関して

　単元を通して，図形と関連付けて学習を進めていく工夫を行ったことで，子どもにとっては文字の働きがイメージしやすく，変わるものと変わらないものが視覚的に理解できていたと感じる。しかし，文字範囲の拡張場面としては，分数まで授業の中で取り上げることができなかったところには課題が残る。

引用・参考文献

島田茂（1990）『改題　数学教師のための問題集』共立出版.
清水静海・杉山吉茂 編集（1989）『改訂 小学校学習指導要領の展開 算数科編』，明治図書.
杜威（1989）「学校数学における文字式の学習に関する研究：認知過程モデルの提案と実証」筑波大学博士論文.
日本数学教育学会（2018）『算数教育指導用語辞典』pp.83-94 教育出版.
藤井斉亮（2010）「文字式」，日本数学教育学会編，『数学教育学研究ハンドブック』東洋館出版社.
三輪辰郎（1996）「文字式の指導序説」筑波数学教育研究.
三輪辰郎（2001）「文字式の指導に関する重要な諸問題」筑波数学教育研究 第20号.
北川如矢・竹之内修・松浦宏・三輪辰郎（1987）『分数・文字式を教えるということ』明治図書.

本実践の価値と今後に向けて　齊藤一弥 解説

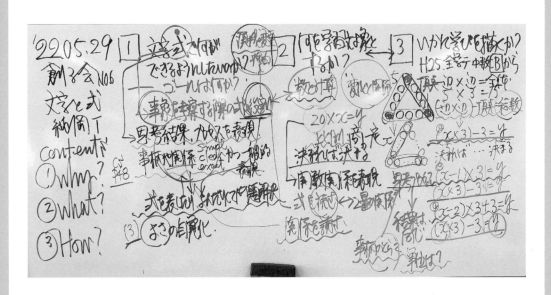

指導のオーバービュー

　本提案を創るにあたり，いろいろな先行研究や論文にあたって自分なりの考えを整理していこうとする姿勢はとても大事なことです。そういう姿を見て若い先生方が育ちますので，これからも引き続き頑張ってください。

　お話ししたいことの一つ目は，「**なぜ，この単元があるか**」ということです。二つ目は，「**6年において何を学ぶのか**」ということ，そして三つ目は，「**いかにこの学びを描くか**」ということです。

WHY　なぜ，この単元があるのか　文字式で何ができるようにしたいのか？

　まず，一つ目は**文字式で何ができるようにしたいのか**ということです。言い換えると，**文字式に期待しているゴール**は何かということです。ここで改めて現行学習指導要領の確認をしたいと思います。この「文字と式」は，従来は「数量関係」にあったものですが，現行では

〈式の役割〉
・思考結果，プロセスを表現
・事柄をsimple, clear, exact かつ一般的に表現

「数と計算」領域に位置付いています。なぜ領域変更をしたのかが説明できますか。そこが大切なポイントとなります。

　学習指導要領解説の p.37 の下段から p.38，そして p.39 の冒頭 2 ページにわたって，「数と計算」領域に式の読みを位置付けたことの意図が書かれています。「数量関係」領域がなくなったから，「数と計算」領域で引き取ってもらったわけではありませんね。式の果たす役割を確認したいからです。**事象を考察する際の式の役割**をクローズアップしたいのです。つまり**式の働き**に関心をもたせたいわけです。式とは数学の文章だと言われます。例えば，式によってどのようなことができるでしょうか。まず，**思考結果や思考プロセスを表現**したりする役割があります。また，事柄や関係を simple，clear，exact に，つまり簡潔，明瞭，的確かつ一般的に表現するという役割ももっています。これらに関しては学習指導要領解説の p.48 に整理されています。こういう役割を果たすためには，**問題解決の中で式の役割を指導していくこと**

が重要になります。結果がわかりきっているような場面で式を指導したところで，子どもが式の必要性や役割，よさを感じることができるでしょうか。教科書には，「テープがあります。2倍，3倍になったときの長さを式を用いて表してみましょう」というような問題が見られます。「数量関係」の領域では，その関係性を見せていくのでそのような問題が用意されていました。もちろん，現在使用されている教科書での扱い方が間違っているわけでもないし，それぞれの問題にはそれぞれ意図があります。しかし，領域変更の理由から照らし合わせたときに，それでいいかどうかについてはぜひ考えてもらいたいと思います。**式を表したり読んだりしながら問題解決をする過程の中で，式の役割を自覚するようにしたいです。その結果，式のよさについて自覚する**ようにしたいものです。教科目標の三つ目の柱に当てはまりますが，このことはとても重要なことです。

　小学校の最後に文字を用いた式指導を行うのは，中学校数学への段階的指導という意味合いもあります。文字式には一定のルールや基本があります。□とか○だったら，どっちを優先しても問題はありません。しかし，$b \times c \times a$ と示されたら，その答えは何ですか。演算記号を除けば abc と表します。そのように，数字と文字が組み合わさった場合には，文字を後ろに置くなどという一定の役割ルールがあるわけです。これまでも演算記号の乗除法を除くことのプレ的な経験をしています。5年生では，$a \div b$ は $\frac{a}{b}$ と表しているでしょう。このことについては，わり算の $a \div b$ は $\frac{a}{b}$。$\frac{a}{b}$ は，$a \div b$ と捉えることができるようにすることが学習指導要領の解説に書いてあります。中学校で本格的に始まる文字の式へ向けての移行段階としての経験を積んでいくことが大切です。だから，先生たちが「すごいね」「もうわり算の演算記号がなくなったね」と明示的に指導することを心掛けてほしい。すると，子どもたちは，「へえ，これでもいいんだ」って気付いていけるようになります。そのような指導を大切にしてほしいです。

WHAT　6年の文字と式は，何を学ぶのか　何を学習対象とするか？

　二つ目は，何を学習対象とするかということです。これには，いろいろな考え方や立場，賛否両論あるかと思いますが，私なりの考えを話します。それは，現行学習指導要領における領域変更と関係しています。「文字と式」は「数と計算」領域に移りました。その理由を考えていきたい。

　本提案では6社の教科書の比較・検討を丁寧に行われました。これまでも，教材研究において「各社を比較してどこが違うかを考えてみることが大切」と言われてきました。例えば，T社の第3時間目では何を取り扱ってきているかを確認しましたか。**和・差・商・積が一定**という4つの場面を扱っています。ここで扱われている「$20 \times x = y$」という式は比例を表しています。しかし，小学校4年生の段階

> 〈問題場面〉
> 数量の関係が次の式で表される場面をつくりましょう。
> （1）$20 + X = y$
> （2）$20 - X = y$
> （3）$20 \times x = y$
> （4）$20 \div X = y$

> **$20 \times x = y$**
> **比例**⇒商一定
> 　決まれば決まる
> 〈関数関係を表現〉
> 式を読む⇔二量の関係を読む

での取り扱いは商一定です。比例とは関数ですね。この式は比例関係を表していますが，比例の式について扱うのは6年生です。もちろん小学校算数における比例とは限定的な場面での話です。中学校に進めば「$y = ax$」の形で表せるものを比例として，0も入れば，負の数も入るから，堂々と比例と言えるようになるわけですが，小学校では恐る恐る取り扱っているわけです。しかし，その一方，「数と計算」の問題場面では，平気で比例式がどんどん扱われていま

す。しかし，4年生ではこの式で商一定の関係を表現するので，式を通して**二量の関係を読む**ということの価値を学んでいると言えるでしょう。

　そのように考えると，「文字と式」の内容を果たして**「数と計算」領域内にとどまるような単元の組み方でよいか**ということも考える必要が出てきますね。算数という教科は，他の教科に比べても領域をまたいで単元を創ろうとはしません。4年生以降で扱う変量は，3年までで扱ってきた未知数とは違って□と○の二量が出てきます。双方の関係を捉えていくことが大切で，一方が動くともう一方も動き始めることになる。そういう見方を育てているわけです。ですから，もっとその**関係性というものにクローズアップする**ような単元を考えていく必要がありますね。今日のテープの話で言えば，長さが変われば面積が変わるということです。一見そこにはある規則性，関係性がなさそうだけれども，よく見てみるときまりがあり，それを活用して問題解決していくというのが**関数の考え**です。だけど，「数と計算」になると，あらかじめ関係がわかっているような場面を用意してしまうことが多く，なぜこの関係性を表現するのか，その必要性が見えてこないという話になってしまう。ここでは，問題解決に関数の考えを生かしていくという姿勢を育てていってもらいたいと思います。

HOW　いかに学びを描くのか　H25 全国学力・学習状況調査中学校数学 B 問題より

　三つ目は，いかに学びを描くかということです。ここに示すのは平成25年実施の全国学力・学習状況調査中学校数学で出題された碁石の問題です。これをベースにして考えてみたらどうでしょうか。

　実際に私は高知の小学校において実演授業で試してみました。「正三角形の一辺の長さはどこですか」と聞くと，「3辺の長さが同じだ」と答えます。また「一辺にいくつ碁石が並んでる」と聞くと，「5個並んでる」と答えるんです。だから，辺が3つあるので「一辺×辺の数は，全体の総個数なのでこのようになるね」という話になります。それで「5×3 = 15 これでいいですか」と聞くと，「そうじゃないよ」と言います。でも，「同じ」という子どもも5人くらいはいます。

　この問題が出たとき，日本全国の約110万人の中学校3年生のうち，約25%の生徒が間違えました。この問題は，頂点に重複の部分がありますね。この重複している部分というのを最後にひかなければいけないということから，「一辺×一辺の数から頂点をひけば総数が出る」という話になります。「では，6年生になったんだからね。そこのところはいくつあるかわからないときはアルファベットの何を使うんだっけなあ」と聞いたら，「xを使います」と答えました。

　これを，中1でやるのであれば全然問題ありません。小学校でやるのですから，同じように文脈をなぞって考えるようにします。「この一辺がxなんだから。$(x × 3) - 3$」「これは総数だから，アルファベットにしようよ。どうしますか」「$y =$ にしてあげればいい」「今日はxがわからないから，ちなみにさっきの問題に戻ろうって」「もしxが5って決まればどのようになりますか」「5×3 = 15でyは12」。

〈問題場面〉
図1のように，1辺にn個ずつ碁石を並べて正三角形の形をつくり，碁石全部の個数を求めます。

図1

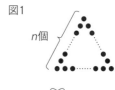

一辺×辺の数＝全体
5×3 = 15
（一辺×辺の数）−頂点＝総数

このように，決まれば決まると**関数の指導**をしているわけです。ここは，従属変数，独立変数のそれぞれが**決まりさえすればこっちが決まる**という関係に関心をもってほしいです。

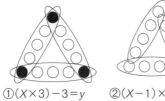

①$(X×3)−3=y$　②$(X−1)×3=y$　③$(X−2)×3+3=y$
　　　　　　　　　　$(X×3)−3=y$　　$(X×3)−3=y$

　しかし，**単位の取り方**は，xだけではないですね。先ほどは一辺が重複したけれども，重複しない取り方もあります。さらには，頂点を逆に残すという方法もあります。重複しないやり方でいくと$(x−1)×3$となりますね。これがyです。これは小学校では難しいけど，少し解説を加えればできないことはありません。xに一度3をかけてそれから$−3$にすればいいということになります。また，頂点が重複しないやり方では$(x−2)×3+3$となります。$x×3−6+3$で6ひいてから3たすから，結局は3ひくことになります。

　ここで考えたいことが，**3つの最後の式が同じ**になることです。最後の式は同じになるけど，最初のスタートは違っていました。つまり**思考のプロセスが違った**わけですね。でも最終的にはやってることの結果は同じになる。そして大事なことはこの二量の関係です。つまり**x さえ決まればyが決まる**ということです。さらには，この思考プロセスと同時にもう一つ重要なのは，**事象の捉え**。この並び方をどう捉えるかということ。言い方を変えると，**単位を何に決めるかということ**です。単位にするのは一辺の数なのか，重複を嫌って1つ減らすのか，またはその頂点を除き，後からたすかというように，単位をどのように決めるのかということです。事象をどのように捉えて問題解決をしようとしているかということが大事です。このようなことに関心が向いて，正三角形の一辺の個数と辺の数から頂点の数をひけば総和が求まるという関数の考えを用いて問題解決しようとするようになると，**正方形だって正五角形だって，どのような正多角形でもできる**ようになりますね。

　中学校では，これをさらに進めていきたいわけです。中学になると個数をnと置き，辺の数をmすると，$n×m−m$となります。つまり，m角形のところにn個ずつ並んだとき，そうすると演算記号が抜けるようになる。nmっていうのは，mnになる。$mn−m=y$。このように**徐々に一般化が図られるようになる**わけです。そして平面で考え進むと，今度は立体になります。立方体はこの3つのどれでやればうまくいきますか。そのように思考し続けて問題解決を進めていくのですが，このプロセスの中で文字が大いに活躍することになります。そのように考えていける子どもにしていきたいわけです。

　そのために文字式を問題解決に活用していく学習場面を設定することが大切です。文字式にしなくてはいけないから文字を使っているといった話ではなく，xとyの関係性をどのように表記していったらいいかを考える，つまり**文字で表現することを通して学ぶというスタンスが大事**です。文字の使い方に関する作法の確認は，それは覚えるべきことだから展開上の工夫の余地はなく仕方がありません。それは手続きです。これまでの先人が考えてきた知恵だから。そこはそれとして活用するということですね。

16

曲線で囲まれた図形ならではの学びを描く

円の性質や特徴から「積」の形をつくる

教材単元名：円の面積（第6学年）

　　学習指導要領での内容領域が再編成されて5つの領域となり，図形の特徴を計量的に捉えて考察するという視点から，「円の面積」は，上学年における「図形」の領域の内容に位置付けられている。本単元は，**円の性質や特徴を計量的に捉えて考察する**学習と捉えることができる。図形を求積する際は，図形の性質や構成する要素などに着目し，見いだした性質を活用する。これまでに円を等長，直径と円周の関係などで捉えてきた。こうして捉えてきた円の性質や特徴を求積に活用していくことが，図形を計量的な視点から統合的に捉え直していくことと考える。もちろん，筋道立てて説明していくことが重要になる。それは，**円について統合的に，また関連的に既得の内容を説明し直す**ことであり，円の求積という視点から図形の特徴を捉え直すこととも言える。では，既得の内容とは何か？　どのようにそれを活用していくのか？を考えていきたい。

WHY　なぜその学習があるのか？　子どもは何ができるようになるのか？　学習の価値

■ 既得の知識との関連

　　昭和22年の学習指導要領試案では，「（二）形について」において，第6学年で三角形や平行四辺形，台形，多角形，円周と共に円の求積を学習すると示されている。これは，**既習の求積できる図形を用いると，どのような図形でも求積できる**と考える子どもの育成を目指したと考えることができる。平成20年以降，三角形，平行四辺形，台形の求積が第5学年，円の求積が第6学年と位置付けられた。それは，**他の図形の求積とは違い，円は曲線で構成されているが故に，円を既習の求積できる図形にすることに難しさがある**からだと考える。

■ 逐次近似と極限の考え

　　円の面積では，円周率が無理数であるため，正確な数値を出すことはできない。円周の長さと同様に，**大体の大きさをどのようにしたら求められるようになるのかを考える**ことになる。こうした，**近似に向かうプロセス**を経験することは，筋道立てて説明する力の育成につながると考える。

　　円周の長さを考えるときに正多角形を用い，**直径の3倍＜円周＜直径の4倍**というように，**不等号で挟んで逐次近似した経験**から，円の求積でも，アルキメデスが考えたように，**円を正多角形の極限として考える**プロセスを経験したい。円を円周の内側に接する正多角形と比較したとき，その正多角形の面積は，底辺や高さの相等しいいくつかの三角形の面積の和であり，正多角形の頂点の数が増えていくほど，円の面積と近づいていく。見積り，逐次近似していく

ことで計算によって求めるという経験は，極限へとつながっていくと考える。

WHAT 数学として何を取り上げるのか？ 数学のもつ意味・内容

■ 関数の考え

　面積は単位正方形をもとにしていく考えから学び進んできている。平行四辺形や三角形では，底辺上に並ぶ単位正方形のまとまりを長方形として捉え，それをもとにして求積し，$S = a \times b$ というように公式化までしている。このとき用いられているのが関数の考えである。関数の考えを育成する上で重要になるのが，**依存関係を見抜くこと**で，何が決まれば面積が決まるのか，もとになるものを見いだせば，どのような図形の面積も求められる。

　円の求積においても，**何をもとにして考えたらよいのか**をしっかりと子どもが考えたい。単位正方形のいくつ分と考えるには，円には直線が見えず，既習の図形に変形させるのは難しい。そこで，円周の長さを求める式と円の求積の式とのつながりを，比例という観点でみる。

　円周の長さ $\ell = 2\pi r$ は，比例定数が 2π となり，円周の長さは半径に比例している。また，**円の面積 $S = \pi r^2$ は，比例定数が π で，半径の二乗に比例している**。つまり，半径が決まれば円周の長さや円の面積が決まるという関係性が読み取れる。

　これまでできないと思っていた曲線のある図形である円も，求積することができ，「もうどんな形でも面積を求められる」と言える子どもにすることが重要だと考える。そのためにも，一方が決まれば，もう一方も決まる関係をどちらの視点からも見る目を養いたい。

HOW 数学らしく学んでいるか？ 見方・考え方を働かせた数学的活動

■ 数学的活動の A の局面

　既習の図形の求積方法を振り返り，共通点を整理する。乗法を用いるという共通点が浮かび上がれば，もとにする大きさを探し出そうとする考え方が引き出される。求積の経験を振り返ることによって，円の場合でも働かせる見方・考え方を引き出していく。円の性質や特徴を捉えることができれば，円の求積の見通しをもつことができるようになる。

　本単元の前後を含めた見方・考え方を明確にすることで，子どもが問いを見いだし，単元全体の数学的活動を子どもが回すことにつながると考える。

　教師から与えられたことをこなすのではなく，子どもが見いだした問いを，見通しをもって解決していくからこそ，批判的思考や粘り強さを生むことにつながる。

■ 数学的活動の D の局面

　求積の方法を比較し，既習の求積について課題解決のプロセスに着目して振り返っている子どもは，これまでの経験とのつながりを見いだす。これは，子ども自身が自分の図形の求積についての理解の状態を，メタ認知したとも言えると考える。

　さらに，課題解決のプロセスを個々に振り返るだけでなく共有したい。個々の振り返りを全体で共有することで，互いの学びを評価することになり，また，自分の学んだことに対する評価をすることにもなる。つまり，**「振り返り方についても振り返る」**ことにより，子どもが自分の学びを評価する力を高めていくことがさらなる深い理解につながると考える。

円の性質や特徴を計量的に捉えるための単元デザイン

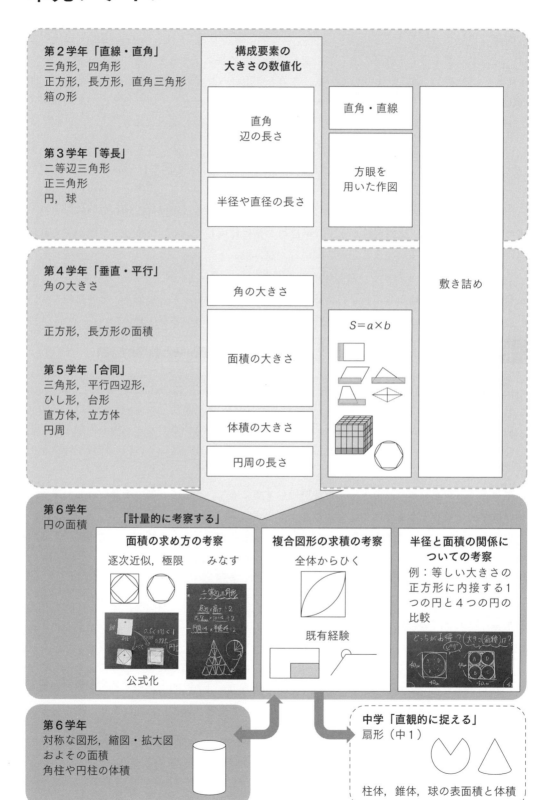

第2学年「直線・直角」
三角形，四角形
正方形，長方形，直角三角形
箱の形

第3学年「等長」
二等辺三角形
正三角形
円，球

構成要素の
大きさの数値化

直角
辺の長さ

半径や直径の長さ

直角・直線

方眼を
用いた作図

第4学年「垂直・平行」
角の大きさ

正方形，長方形の面積

第5学年「合同」
三角形，平行四辺形，
ひし形，台形
直方体，立方体
円周

角の大きさ

面積の大きさ

体積の大きさ

円周の長さ

敷き詰め

$S=a\times b$

第6学年
円の面積

「計量的に考察する」

面積の求め方の考察
逐次近似，極限　　みなす

公式化

複合図形の求積の考察
全体からひく

既有経験

半径と面積の関係に
ついての考察
例：等しい大きさの
正方形に内接する1
つの円と4つの円の
比較

第6学年
対称な図形，縮図・拡大図
およその面積
角柱や円柱の体積

中学「直観的に捉える」
扇形（中1）

柱体，錐体，球の表面積と体積

本時の実践と分析

本時目標 円の面積の求め方について，既習の求積可能な図形の面積の求め方などに着目し，円に外接する正方形や内接する正多角形をもとにして考えることができる。

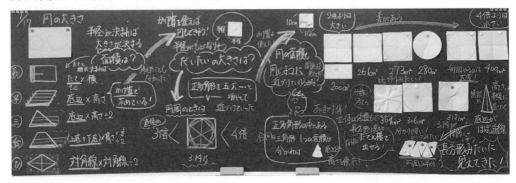

■ 求積できる図形との関連

C：平行四辺形の底辺のところの面積がもと。

C：底辺にあるユニットが積み重なっている感じ。

C：だから，底辺×高さだ。

T：底辺のところに並んだ面積をもとにしたということですね。

C：それを高さ分積み重ねて，倍で考えている。

C：もとにするのは，大きさが決まるものです。

C：全部かけ算で求めているから，**円の面積もかけ算でできるはず**。

T：では，円の面積でもとにするものは何ですか？

C：**半径は使うでしょ。大きさが決まるから。**

■ 近似へのプロセス

C：でも，1cm² は直線がないから並べられないから，大体の大きさがわかればいいかな？

C：円周も関係しそう。円周を求めるときもこんなことしたよね？

C：直径× 3.14 のときだ。円に正方形を入れて，五角形や六角形も…。

C：正多角形を増やしていくと円に近づいた。面積も同じように考えたら近づくかもしれない。

C：円がすっぽり入るから，一辺の長さが半径の2倍よりは大きくて，4倍よりは小さい。

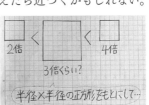

C：面積も同じように正多角形を作ればできるってことかな？

C：何角形で考えよう？　自分で決めたらいいよね。

T：面積を見比べてどうですか？

C：面積が段々大きくなっている。

C：余っていたところが減ってどんどん円みたいになってきた。

C：底辺が円周でほぼ直線で，高さは半径に近づいてる。

C：最初は高さと半径は違ったけど，どんどん近づいてきた。

T：さっき切ったものを並べていた人は何をしていたの？

C：長方形っぽく並べてみました。

C：本当だ，長方形みたい。もっと細かく切ったら長方形みたいになりそう。

C：長方形とみたら，縦×横で出せるんじゃない？

C：底辺は円周の半分だからそれと半径を使えば計算できる。あと，3.14 も。

C：なんで 3.14 ？

C：円周を求めるときに使ったからです。

C：本当に出せるかやろうよ。

C：うん。まさか長方形になるとは。

T：では，次回それを確かめてみるということでいいですか？
　　では，振り返りましょう。

■ 振り返り的省察

C：正多角形の角が増えていくと面積が増
えることがわかりました。**それは比例
みたい**でした。もっと簡単な求め方が
あるのか知りたいです。

正多角形で円に一番近い □角形は何
だろう。円は有限だから無限角形はないだろう

正?角形 ＝ 円

C：正多角形を円に入れたり，正多角形に
円を入れたりすることで，円の面積が
正多角形の面積とどのような関係があるのか見えてきました。僕も細かくしていくと面積
が増えるのは，隙間が減るからだとわかり，比例に似ていました。

C：三角形みたいな形をくっつけて，長方形みたいにするとは思わなかったです。その長方形
の形として面積を出すということに，なるほどと思いました。多角形の四角が細かくなる
たびに，面積が大きくなるのは，高さが半径とほぼ同じだからだとわかりました。

C：円の中に合同な三角形をたくさんかけば，かくほど円に近くなるけど，たくさんかくのは
大変でした。三角形を何個かいたら，円の面積になるのかが知りたいです。

C：もっと正確に円の面積を出せるのかが気
になりました。毎回図形をかいて面積を
求めるのは大変なので，最も円に近い
3.14 を使った方がいいと思いました。
**あくまで大体の数ですが，これが円の面
積を出すのに一番簡単**だと思いました。
円の面積が出せれば，円柱などの立体の
体積も求められるんじゃないかと思いま
した。

最後に，32角形でやってみたら，310.4㎠に
なった。4角形と32角形を比べると，けっこう
な差があることが分かった。
○角形の○が多ければ多いほど，
円に近づいていくから，もっとこまかい数で
やってみたいと思った。でも，こまかい数に
なると，底辺をはかる時，大変だと思った。
今日の授業で，1mmでもはかりミスをして
いたら，変わるから，そこが大切だと
思った。

C：昔やった長方形とかの面積を求めるとき
にかけ算を使って求めていたから，かけ
算を使って円の面積を求めようとしたら求められました。だけどすごくたくさん多角形を
増やさないといけなかったからすごく大変でした。

C：1つの三角形の面積を出すのがわからなかったので，みんなの発表を聞いてよくわかりま
した。三角形にしてつないだら長方形になると言ってたからびっくりしました。そしたら
縦×横で出せちゃうなと思いました。多角形でなく，長方形にできないかなと思いまし

た。円の面積もこれでできると思い
ました。

C： もしかして 3.14 とかが関係してく
るのかなと考えました。式にも 3.14
という数が出てきたので，何か関係
しているのかもしれません。

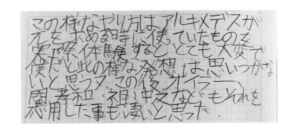

■ 実践の考察

　求積の経験を振り返る中で，今何ができるのかを子ども自身が自然と明確にしようとしていた。構成要素の言葉は忘れていたが，プロセスは覚えていた。そのことから，**どのように見方・考え方を働かせたのかが重要であり，公式を見いだすプロセスやその意味をしっかり説明できる力が必要である**ことがわかる。公式はただ暗記するものではなく，アイデアやひらめきが詰まっているものとして捉える機会となった。

　また，既得の知識とのつながりは，面積だけではない。円周の長さを求めた際の経験も生かされた。**「面積も同じように正多角形を作ればできるってことかな？」**という発言は，円周の長さを求める際に，直径の 3 倍＜円周＜直径の 4 倍と不等号で見通しを立て，正多角形と円の近似によって円周の長さを求めた経験によるものである。「面積もできないだろうか？」と統合的・発展的に捉えていくことで，本時の課題解決の見通しを子どもが見いだした。

　既習の求積できる図形と同様に，面積は乗法を使って求めることができることにも自然と気付く姿が見られた。さらに，もとにするものを明らかにしたことで，比例の関係が見えてきた子どももいた。比例とは言い切れないまでも，見方・考え方を働かせ，依存関係があると捉えることができていた。さらに，一辺が半径の正方形をもとに，約 3 倍と考えたことや長方形としてみることができそうだと推測したこと，**円周の長さを求める際のプロセスを振り返ったことで，円周率が関係しているのではと，自らつながりを見いだそうとしていた。**

　また，経験とのつながりが見えてきたことで，比較して考察する姿も見られた。円にはこれまで求積してきた図形と違い，曲線で構成されていることから，直線がなく，頂点や角がないなど，その図形の性質や特徴の違いから生まれる解決方法の違いに少しずつ目が向き始めた。

　長方形や平行四辺形に目が向いたことで，これまでの求積の経験とつなげ，円も長方形のようになるのではないかという問いを見いだし，課題を明確にした。つまり，**子どもが自然に学び進むための問いをこれまでの経験や見方・考え方とつないだことで見いだした**と考える。

　子どものこれまでの経験や成長させてきた見方・考え方と今の学びの関連を子どもが自覚できるように考えたことで，既習の求積の経験や円周を求めた際の経験を掘り起こしながら，統合・発展して授業を展開することができた。

引用・参考文献
文部科学省（2018）『小学校学習指導要領 解説 算数編』日本文教出版.
学習指導要領一般編（昭和 22 年試案）
齊藤一弥（2021）『数学的な授業を創る』東洋館出版社.
齊藤一弥・高知県教育委員会編著（2019）『新教育課程を活かす能力ベースの授業づくり』ぎょうせい.
和田義信（1997）『和田義信　著作・講演集』東洋館出版社.
杉山吉茂（2008）『初等科数学科教育学序説』東洋館出版社.
杉山吉茂（2006）『豊かな算数教育をもとめて』東洋館出版社.

本実践の価値と今後に向けて　齊藤一弥 解説

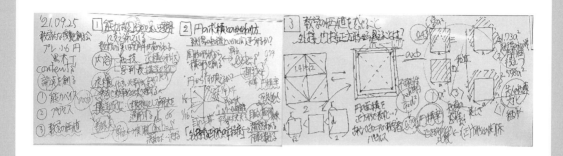

指導のオーバービュー

　まず一つ目は，現行学習指導要領が目指している能力ベイスをどのように捉えるかです。能力ベイスでの教材研究とはどのように行うべきなのか。能力ベイスの授業が期待していることやその実現へ向けた教材研究の在り方を明確につかめているかが重要です。

　二つ目は，現行学習指導要領では数学的活動という数学らしい学びのプロセスが強調されています。その中で，例えば「数学化による問題設定」や「焦点化による問いの位置付け」など，学びのプロセスの中で期待される数学らしい営みが重視されています。問題や問うべき問いを数学的活動の中でいかに組織していくかという議論が重要です。

　三つ目は，「このような勉強をしてどのようないいことがあるのか」と，その価値を問うことです。つまり，先人先達の文化遺産の継承を担っている教師として，数学の価値をどう捉えているかが肝要です。教科書に書いてあるから一生懸命教えるというといった志の低いことではなく，その価値をしっかりと考えていけたらと思います。

WHAT　能力は内容の深い理解に支えられている

　能力というのは，内容の深い理解に支えられています。能力ベイスというのは，これまでの内容ベイスと真逆にあるものではありません。今まで内容ベイスでも大事にしてきた**教科の内容そのものをもっと深く理解することによって，確かな能力として積み上げていくことになる**ことから，これまで以上に教材の深い理解が教師に求められています。現行学習指導要領で内容は一体何かということを授業者がいかに解釈しているかが問われます。

　内容は大きく分けて2つ。一つは，知識・技能面としての内容，もう一つは，思考・判断・表現です。数学的活動も内容ですが，まずこの2つの確認です。

　知識・技能の**内容として重要なものは，求積です。もう一つ重要なのが図形の特徴や性質の理解**。つまり，特徴や性質と関連させながら求積するということです。思考・判断・表現でいうと，大事なのは，求積の**構造・手続きが同じという見方**です。

　まず，求積の視点から大事なことは，求積の働きや必要性，さらにはよさをわかっているかどうかということです。

---

① 能力は内容の深い理解に
　　支えられている

教材の深い理解が求められる

内容	知・技	求積⇔形状
	思・判・表	構造が同じ という見方

求積とは，どのような仕事を指すのでしょうか。なぜそれが必要となるのでしょうか。そして，どのようなよさがあるのでしょうか。**ここで一番大事なことは，乗法で効率的に処理するということ**ですね。図形の特徴や形状と関連付けながら，乗法で効率的に処理することができるという仕事を経験し，その効率性によさを感じるということです。このような視点から求積を子どもが捉えることができるかどうかです。

　また，なぜ第5学年の求積において円を取り扱わないかに関心をもつことも大切です。それは**第5学年までの求積とこの円の求積が根本的に違うところがある**からです。その部分が，先ほどから単位正方形の方眼を数えるか数えないか議論になったわけですよね。なぜ，教科書には方眼を数えるということが相変わらず残っているかという議論をしなければいけないということです。

　それからもう一つは，**構造が同じであることを見抜く**ということです。構造が同じということは，仕組みが同じということ。その問題がもっている裏側の構造，仕組み，それさえわかれば，後はそれを使えばいいのです。同じだということを，求積の基本である「$a \times b$」を根拠にして，解法を導き出していくわけです。「仕組みは同じ」「単位のいくつ分という形にすればいい」と言える子どもに育てたいです。同じ方法で処理したいならば，単位を探せばいいですね。そして，その単位は何にしたらよいかという目で円を捉えるのです。単位のいくつ分を根拠にするのですが，構造が同じにしていきたいというのが図形の着眼点になります。求積ですから乗法を用いるわけですね。単位を決めるということです。**そのときに重要なのは，関数の考えを用いて追究するということです。**面積とは，単位とするものが決まれば面積が決まるからです。乗法にしているということは$a \times b$の形にしているということですから，aを決めさえすれば面積が決まります。このような見方を子どもができるかどうかが大事になります。基本的に**第2学年で$a \times b$を学習した際のアレイ図はどのように並べたかと問われた瞬間に，方形，つまり長方形だと言えないといけない**という話です。だから，台形も平行四辺形も，ひし形もみんな結果的には，既習の図形に変形するということではなく，長方形の形と捉え直すことができるかどうかが問われます。

　しかし，円を長方形の$a \times b$にするのは非常に厄介です。そこで，円は何によって決まるかを考えます。「半径」です。半径が決まれば円が決まるわけですから，「このaにあたるものが半径ではないかな」と目をつけられるような子どもにしてほしい。求積のために改めて図形の特徴や性質を考察することに意味があります。

　見方・考え方として，何に着眼して，いかに思考していこうとするかという，そこの見極めをしっかりしないといけません。だから，$a \times b$を根拠にしていく。これが考え方です。だから後は同じように進めていけばいいと考えられるようにしてほしいです。

HOW　円の求積とのかかわり方

　二つ目は，円の求積とのかかわり方です。観察という言葉が出てきましたが，**既得の知識といかに関連付けるか**ということが非常に大事です。既得の知識とは，図形の形状から積の形を作ることです。$S = a \times b$を作ってきたわけですが，この単位を今までは，長方形であれば縦，平行四辺形であれば，提案授業にも出てきたように，底辺にある鉛筆や割り箸のユニットにしてきました。円の場合はこの目の付けどころが難しいわけです。「円はどのような単位がいくつ集まったものでしょうか」と子どもに問うと何と答えるでしょうか。

　簡単に言うと，半円が2つ。次は円の$\frac{1}{4}$が4つ。$\frac{1}{8}$が8つという言い方もありますよね。さ

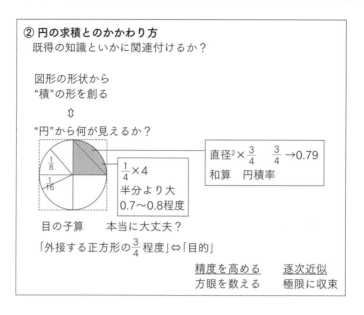

② **円の求積とのかかわり方**
既得の知識といかに関連付けるか？

図形の形状から
"積"の形を創る
⇕
"円"から何が見えるか？

$\frac{1}{8}$
$\frac{1}{16}$

$\frac{1}{4}×4$
半分より大
0.7～0.8程度

直径^2×$\frac{3}{4}$　$\frac{3}{4}$→0.79
和算　円積率

目の子算　　本当に大丈夫？
「外接する正方形の$\frac{3}{4}$程度」⇔「目的」

精度を高める　逐次近似
方眼を数える　極限に収束

らに言えば，$\frac{1}{16}$が16個という言い方もあるでしょう。つまり単位とするもののいくつ分ということを経験してきているはずです。その考え方で円を捉えていったときに，初めてここの$\frac{1}{4}$が4個あれば，円になるという考え方をしてもらいたい。そのときに大切なのが，「目の子算」です。目で確かめながら概測して処理するということ。つまり，細かな計算はする必要がないのです。円を正方形で囲むと，外接する正方形の$\frac{3}{4}$程度だということです。円に内接する正方形をかいてみれば半分よりは大きい。およそ0.7～0.8程度と見当をつけるということです。このように計算しなくても大体予想がつくわけです。

　しかし，この程度かなと言っているだけでは不確かなままです。これをもっと精度を高めて，クリティカルに考えていきたい。本当に大丈夫か，と。批判的な思考というのは，データの活用だけの話ではなく，このような場面でも積極的に用いられます。そのように思考し続けていく際に，どのようなアプローチが求められるでしょうか。精度を高めるために，まずは方眼を数えてみます。方眼を数えるというのは稚拙なやり方として捉えていませんか。ここでは方眼を数える目的が違います。**目的は，今度は精度を高めることであって逐次近似に取り組みたいわけです。**逐次近似のために，極限で収束させていくためにこのようなアプローチを採用するのです。最終的には，直径の二乗×$\frac{3}{4}$程度でいいのではないかということになり，これはおよそ0.79です。これは，先ほど話題になった和算の円積率です。小学校では，円積率の話は出てきませんが，直径×直径というのは外接する正方形の面積で，その$\frac{3}{4}$くらいになります。

WHY　数学の価値を感じること

　三つ目として何が大事かというと，まずは先生がやってみることです。この問題を子どもに解かせる前に，どのような課題が内在していて，その解決にはどのような価値があるのかを，まずはそれを先生が感じることを大切にしてもらいたいです。

　円に外接する正方形と内接する正方形を取り上げるのですが，これから見えることは何でしょうか。これを考えてもらいたい。半径を1とすると，内接正方形の一辺は$\sqrt{2}$です。そうすると，外接正方形の一辺は2です。ちなみに$\sqrt{2}$は大体1.41ですから，これをもとにすると一辺が$\sqrt{2}$の正方形よりも大きくて，一辺が2の正方形よりも小さくなります。つまり d が

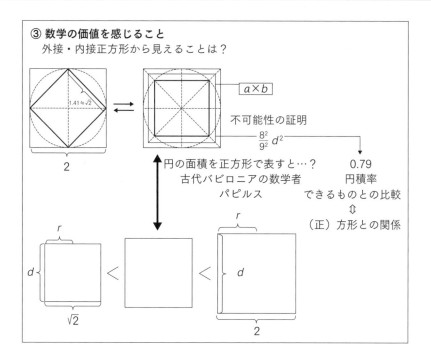

③ **数学の価値を感じること**
外接・内接正方形から見えることは？

$a \times b$

不可能性の証明

$\dfrac{8^2}{9^2}d^2$

円の面積を正方形で表すと…？
古代バビロニアの数学者
パピルス

0.79
円積率
できるものとの比較
⇕
(正)方形との関係

r
d
$\sqrt{2}$

<
<

r
d
2

直径で，r が半径ですが，これをもとにして考えたいわけです。この正方形の向きを変えたらどうなるでしょうか。教科書も全部このような示し方をしていますが，向きを変えてみる。首を少し曲げてみたらどう見えますか。これも円に内接している正方形と外接する正方形ですよね。先ほどのものとこれとの比較から何か見えることはないでしょうか。つまり，円の面積を正方形で表したら，どうなるのか。この2つの円に外接する正方形と内接する正方形の中間にあるということになります。

　古代バビロニアの数学者というのは，紙のパピルスに，紀元前千何百年前に既にもうこれが大体，$\dfrac{8^2}{9^2}d^2$ くらいだと算出しています。これを計算してみると 0.79 です。先ほど話題にした円積率です。一辺が直径の正方形の大体 0.79 くらいの大きさが円の面積だと言えました。けれどそれ以上先に進まなかったのです。なぜ進まなかったのか。円周率，つまり $\sqrt{}$ というのは無限だったわけです。不可能性というのが証明されてしまったわけです。それ以上先にはいかず，結果的に今，ここは一体いくつになるのかというと，$\sqrt{\pi}$ です。$\sqrt{3.14}$，計算してみると大体 0.77 くらいです。すごいですね。大体合っています。昔の人は偉いものです。

　なぜこのような話をしているのかというと，昔から先人先達は，なぜ逐次近似をやってきたかということです。逐次近似をしたいから挟み込みでこのようなことをするのではありません。これをやろうとしていたアイデアの裏には何があると思いますか。**できるものになんとか直せないかと考えた知恵があるのです。**

　ここにすべて一辺を a とした正方形があります。まずは，正三角形の面積は，$\dfrac{\sqrt{3}}{4}a^2$ で，大体 0.43。正方形の面積は，$1a^2$。三角形，四角形ときたら，五角形。これがいくつになるかというと，$1.73a^2$ です。次は何をかくと思いますか。六角形だと今度は，$2.598a^2$ です。先ほどの 0.79。円積率というものを考えようとした背景には，できるものに戻すということがあります。できるものとの比較で考える。つまり正方形との関係でやろうとしたわけです。これは，和算の中に出てきます。昔の人は，元々できる正方形というものを基準にして，比べてき

ました。だから，正三角形の面積も昔の人はすぐわかりました。一辺が2だとしたら，2×0.43，大体そのくらい。当然のことながら無理数なのでうまくいかないけれども，大体そういったことはわかります。

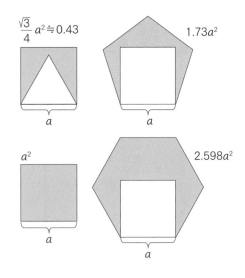

これが先人の知恵であり文化なのです。それをしっかりと継承するということが，教科教育を進めていく上で大事なことです。さらに，このようなことは我々の生活において役立ったわけです。それが数学の有用性です。昔の生活においては，土地の面積を求める際に正方形の大体何倍くらいだってすぐにわかれば，そんなに厳密な数字は必要ありませんでした。

数学の価値というのは，一つは先人先達の文化，それをしっかりと継承させていくことにあります。それと同時に，何よりも数学を学んでいくことの価値とは，生活に役に立つ極めて有用なものであるということ。何よりも数学のもっている美しさとか感性とかそういったものなのです。数学を知的に楽しむとか，数学を創り続けることのよさを経験させてほしいと思います。

先ほどから話題にしていますが，なぜこのようなことをやっているのでしょうか。挟み込みでその間にあるということももちろんそうなのですが，それ以上に大事なことは，ここでやっていることは，**この円も正方形に変えることはできないんだろうかと思考することを大切にしたいのです。**昔の人が考えた知恵を伝えてほしいのです。6年生に，このように数学の醍醐味を経験させてほしいのです。機械的に公式までまとめられればいいではなくて，もっとそのプロセスの中で，「すごいなあ。確かにこの間なんだよ」となって，いろいろやって工夫してみる。円の面積を教えてあげて計算のしやすい一辺にしておけば，「大体すぐ出てくるよ。大体このくらいではないか」となります。その中での逐次近似，極限へのプロセス。本当にインフォーマルな形で，操作によっていろいろなことにチャレンジできるのはここまでですからね。ぜひ，そのような挑戦をさせてあげてください。

すべてがシンプルな乗法式へ

図形を"$a \times b$"で捉えるメガネ

教材単元名：角柱と円柱の体積（第6学年）

　ここで提案する「角柱と円柱の体積」は，平成29年，学習指導要領の改訂に伴い，領域の変更がなされた。領域変更の意味やその領域を学ぶ価値を探っていくと，「様々な柱体は"$a \times b$"というシンプルな乗法式に統合される」というところへ行き着いた。

　"$a \times b$"で図形を捉えることができるようにするためには，図形の特徴を計量的に考察していかなければならない。子どもが学び方を自覚し，自ら問いを創りながら学び進んだ先に，"$a \times b$"というシンプルな乗法式へたどり着けたとしたら，子どもの図形をみる世界はもっと豊かに広がるであろう。そのために，子どもが"a"つまり**"ある基準となるもの（単位）"を見つけ，根拠をもってその図形を語り，統合的に考察することを繰り返すことで，図形の特徴を計量的に考察する**ことの充実を図りたい。

WHY なぜその学習があるのか？　子どもは何ができるようになるのか？　学習の価値

■図形の特徴を計量的に考察する

　この単元は，平成29年の学習指導要領改訂に伴い，「量と測定」領域から，「図形」領域への見直しがされた。平成20年の学習指導要領解説と平成29年のそれとの，領域のねらいを比較して見えてきたことがある。それは，「単位を定めて測定できることに終わるのではなく，**図形の性質，構成の仕方，図形の計量について考察し，日常に生かしていくことが大切にされている**」ことである。第1学年から第3学年まで子どもは，直接比較，間接比較，任意単位による測定，普遍単位による測定によって「量」というものを捉えていく。量は保存性，加法性をもつものだと十分に経験し，測りたいもので単位を定め，その単位のいくつ分で考える考え方は，別の領域となった第4学年以降の面積，体積にも通じている考え方である。

　量を捉えるときは，どこまでも，「基準となるもの（単位）のいくつ分」であると考える。この学習を通し，図形の特徴を，構成要素に着目しながら考察していくことで，**柱体はすべて「単位のいくつ分」であり，そこで乗法が活用されている**ことに気付くことができる。そしてそれは，実にシンプルな"$a \times b$"で表現できることに気付くことができるのである。

■柱体を捉える・比例関係が見える

　子どもは角柱をどのように捉えているのか。第4学年で，直方体や立方体を「面でかこまれた形」として定義されている。第5学年では，角柱や円柱の仲間分けを通して，代表的な角柱や円柱の図が示され，「このような形を角柱（円柱）といいます」と定義されている。そして第6学年では，本単元で図形の性質を活用して体積を求めることになる。その先の中学校第1学年では，それまでの柱体について，面の移動で捉え直していく。柱体を，面が移動

しているものだと捉えられれば，底面が移動した分だけ体積が増えていくため，「底面積×高さ」が見えてくるであろう。しかし，第6学年の段階で，面が移動しているとは捉えられていない状態で底面に目を向け，そこから体積を求めなければならないことに困難さがあるのではないだろうか。

　向かい合う底面は合同であり平行の関係にある。**「底面積×高さ1cm分」というもとになる立体が平行の関係を保ちながらずっと連続して重なっていったものが柱体であり，そこには比例関係が存在する**ということについて，言語化しながら捉える過程を，丁寧に扱っていきたい。

WHAT　数学として何を取り上げるのか？　数学のもつ意味・内容

■基準となるもの（単位）を見つける

　第6学年では，角柱や円柱は，上下に向かい合った2つの面が合同かつ平行な図形と捉えている。求積にあたっては，縦×横は，底面に並ぶ単位立方体の数とみて，底面積を表す数に等しいことから，底面積と捉え直すのである。だから，角柱や円柱は，「底面が高さ分，倍になっている」ものとしてみていると言える。一方で，中学校第1学年では，「（立体図形は）空間図形，すなわち，空間における線や面の一部を組み合わせたものとして扱う」（中学校学習指導要領解説，p.78）とされ，「空間図形は，平面図形の運動によって構成されたものとみる」（同解説，p.80）と書かれている。中学校では円柱・円錐については「直線を軸として，四角形や直角三角形が1回転している」図形として捉えていく。

　どちらも，立体を「ある基準となるもの（単位）を見つければ，それを何倍かしているもの」とみているのである。つまり，比例の考えで事象を眺めているのである。ここで大切なことは，基準となるもの（単位）を見つけることだと考える。**ある基準となるもの（単位）を見つけさえすれば，どんな形状の立体でも，柱体であれば体積を求められる**のではないかと，子どもが自ら問いを創っていけるようになると考える。また，たとえ柱体が錐体になったとしても，基準となるもの（単位）はどこにあるのかを見つければ，解決できるのかではないか，と中学の学習への円滑な接続も図れるのではないかと考えた。

HOW　数学らしく学んでいるか？　見方・考え方を働かせた数学的活動

■底面を見いだすプロセスを大切にする

　底面を見いだすというのは，どこを底面とみるか，なぜそこが底面とみることができるのかと，底面の位置関係を論理的に説明できるようにするということである。まず一点目に，底面を見いだすために，面と辺の位置関係や，面と面の位置関係をしっかりと捉えられるよう，実物を触り，観察する過程を丁寧に行っていきたい。そして，**観察を通しての気付きを見取図に落とし，底面の位置関係をしっかりと捉えられるようにしていく。**三角柱や円柱を倒した見取図も提示することによって，そこが底面である根拠を論理的に説明できるようにする。

　二点目に，「底面の高さ1cm分」というもとになる立体が，垂直方向に平行に移動していくこととはどういうことなのか，子どもとの対話を通してイメージを図に表したり，場合によっては，「底面の高さ1cm分」というもとになる立体が積み上がっていく様子を動画に撮ったりして，確実にイメージできるようにする。この2点に重点を置くことにより，ある基準となるもの（底面，合同かつ平行な図形）を見つければ，それの何倍かで体積を求めることができ

る，つまり比例で事象を眺め，乗法で処理ができる簡便さに気付けるのではないだろうか。

　子どもが単位を決め，測定する。単位が決まれば，乗法が使える。柱体を捉え直し，統合する価値を実感できる学びを，数学的な見方・考え方をつないで，デザインしていく。

図形の特徴を計量的に考察する単元デザイン

> **第4学年**
> ・角の大きさ，面の大きさも，単位を定めることでそのいくつ分かで表す。
> ・面積の単位や図形を構成する要素に着目して面積の求め方について考え，効率的・能率的な求め方を考察する。

> **第5学年**
> ・面の大きさも，単位を定めることでそのいくつ分かで表す。
> ・体積の単位や図形を構成する要素に着目し，乗法を用いることで手際よく体積を求められることを考察する。

第6学年 角柱と円柱の体積　　※吹き出しの中は，見方・考え方を働かせている子どもの姿

第1時

四角柱
4cm
5cm
6cm

四角柱の高さ1cm分の体積と，底面積が同じであると捉え直し，角柱の体積を，底面積と高さの積で表す。

> 縦×横は底面積で，「底面積の高さ1cm」をもととしたときに，それが高さ分，重なっているということなんだ！

第2時
四角柱（底面が水平の位置にない）の底面を見いだし，底面積と高さの積で表す。

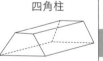
四角柱

> 底面（合同かつ平行）を見つけられたら，比例の考えが使えて，底面積×高さで体積を表せた！

第3時
三角柱の体積も，四角柱と同じように考え（比例の考えをもとにし），底面積と高さの積で表す。

三角柱

> 三角柱も底面を見つけられたら，比例の考えが使えて，底面積×高さで体積を表せた！

第4時
円柱の体積も，第2・3時と同じように考え，底面積と高さの積で表す。

円柱

> 円柱も底面を見つけられたら，比例の考えが使えて，底面積×高さで体積を表せた！

第5時
底面が複雑な柱体も，面と面の関係（合同・平行）に着目して，底面積と高さの積で表せることについて考察する。

> 柱体ならどんな図形でも，底面積×高さで体積で表せるんだ！

> **中学校第1学年**　底面が高さの分だけ平行に移動することによって構成される立体と捉え直す。

本時の実践と分析

本時目標 図形を構成する要素（底面の図形，面と面の位置関係）に着目し，四角柱（底面が台形）の体積の求め方について，四角柱の体積の求め方から類推して考えることができる。

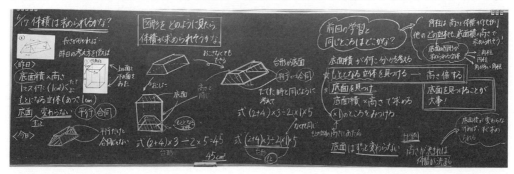

■問題場面の観察・把握

T：この体積って求められるかな。（底面が台形の四角柱を出す）

C：長さがわかれば。

C：底面積がわからない，これ。

C：台形の面積の求め方はわかっているから，昨日の底面積×いくつっていう求め方が使える。

T：昨日の考え方を使えるってことだね。昨日の考え方って，どんな考え方だったっけ？

C：底面積×高さ。

C：もとになる立体を見つける。

T：もとになる立体って，高さはいくつだった？

C：1cm。（多数）

T：高さ1cmの立体を見つけたよね。どこに目をつけて，もとになる立体を見つけた？

C：底面。

T：2つの底面はどんな関係だったんだっけ？

C：ずっと変わらなくて，平行。

C：合同。

T：今回の立体は，底面が平行で合同になっている？

C：なってる。

C：なってないよ。

C：なってるなってる。

C：台形のところは，同じ形で，平行になってる。

C：向かい合う面は，平行であり，合同になってる。

T：今回の立体には，その関係にあるのはあった？昨日は，上と下だったよね，底面が。

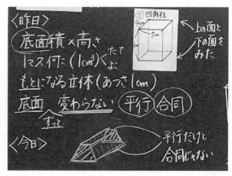

C：ここの（上と下の）長方形の部分は，平行ではあるけど，合同じゃない。この，台形のところは平行であって，さらに同じ形であるから，今まで考えてきたのと同じこと。

T：上と下の面だと難しそうだけれど，図形の見方を変えたら，体積は求められそう？

■ 論理的説明

C：今，横になっている図形を，底面が下にくるように考えます。下の底面積は，$(2 + 4) \times 3 \div 2$

T：これ（この立体）を起こしたんだね。底面積って，どこが底面？

C：その図でいうと，上と下の図形。その底面積は，×1しなくても答えは一緒になるので，$(2 + 4) \times 3 \div 2$ に，高さの×5をする。

C：式が違って，$(2 + 4) \times 3 \div 2 \times 1 \times 5$

C：×1ってしなくてもいいんじゃないの？

C：台形の面積を求めた後，ここからもととなる体積を出すために，もととなる体積は高さが1cmだから，×1したあとに，高さが5cmなので，5倍するので×5

T：もとの立体がこれで，×1。式で言うとここまで「$(2 + 4) \times 3 \div 2 \times 1$」。だけど×1は？

C：しなくても答えは同じ。

T：だから，この台形だけを考えたんだよね。この四角柱って，起こさないとできない？

C：難しい。

C：いや，そんなことない。

T：できるって考えた人は，どう考えたのかな？

C：台形が底面だから，台形の面積を出して…。

C：台形の形は，平行。

C：平行かつ合同。

C：平行かつ合同だから，立てたときと同じように考えた。

T：図で説明できるかな？　立てたときと同じって，どういうふうに考えたのかな？

C：ここが底面積で，ここ（奥行き）がこっちのここ（立てたときの図の高さ）にあたるから，高さ。

T：じゃあ，立てない場合の式ってどうなる？

C：式？　式は同じ。

C：さっきの式と同じで，$(2 + 4) \times 3 \div 2 \times 1 \times 5$

C：1はあってもなくても同じなので，$(2 + 4) \times 3 \div 2 \times 5$

■ 統合的な考察

T：前回の学習と同じところはどこですか？

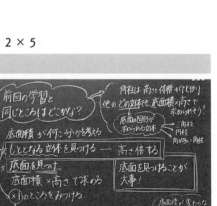

C：底面積が何個分かを考える。

C：もとになる立体を見つける。

C：底面積×高さ。

C：底面を見つけて，底面積を求めて，底面積×高さで求める。

C：×1を見つける。

T：なんで×1を見つけるの？

C：×1はもとになる立体の体積の高さだから。

T： もとになる立体の高さにあたるんだね。

C： また前回と同じなんですけど，今回底面は台形で，**底面はずっと変わらない**。

T： 底面はずっと変わらないんだね。ということはどんな関係が成り立っているんだろう？

C： 高さと体積が比例している。

C： だから，高さが決まったら，体積が決まる。

T： 比例の関係が成り立っているんだね。体積を求めるためには，どんな考えが大事ですか？

C： **もとになる体積を求めて，それを高さ倍する。**

C： **もとになる体積を見つけて，底面積を見つけて，高さをかける。**

C： 底面を見つけて，底面積を求めて，高さを倍する。

T： 底面を見つけることが大事なのですね。今日の振り返りを書きましょう。

■ 実践の考察

単元を通して，**ある基準となるもの（単位）を見つける**ことを大切に行ったことで，振り返りで「**底面を見つけ，それを高さ倍するという考え方が大切**」「**もとになる立体を見つけることが大切**」「**高さと体積が比例しているという考え方が大切**」といった，「底面を見つけることの価値」への気付きが生まれた。実物の模型を用いたことと，「実物⇒見取図⇒式」へのつなぎを丁寧に行ってきた成果である。

一方で，ある基準となるもの（単位）に着目できていない子どもに対しては，**終末の振り返りを丁寧に行う**ことで，自分の見方を**顕在化**させること，そして，比例の考えについては**第1学年からの見方・考え方の積み重ね**をしていく必要性を再認識した。

また，図形の特徴を計量的に考察することを通して，本単元で獲得した見方・考え方で**既習を見直し，統合していく**ことも大切である。例えば，面積の求積は「ある基準（単位）となるもののいくつ分」つまり，すべて「積」で表すことができた。体積も同様である。「図形を $a \times b$ で捉えるメガネ」をかけることで，今までの図形を捉え直し，「今までの図形も全部，もとになるもののいくつ分である」「図形は，すべてかけ算で表せる」と気付くことに，本単元の面白さがあるのではないだろうか。

参考文献

文部科学省（2018）『小学校学習指導要領 解説 算数編』日本文教出版.

文部科学省（2018）『中学校学習指導要領 解説 数学編』日本文教出版.

文部科学省（2008）『小学校学習指導要領 解説 算数編』東洋出版社.

齊藤一弥（2021）『数学的な授業を創る』東洋館出版社.

清水美憲・齊藤一弥（2017）『小学校 新学習指導要領 ポイント総整理』東洋館出版社.

本実践の価値と今後に向けて　齊藤一弥 解説

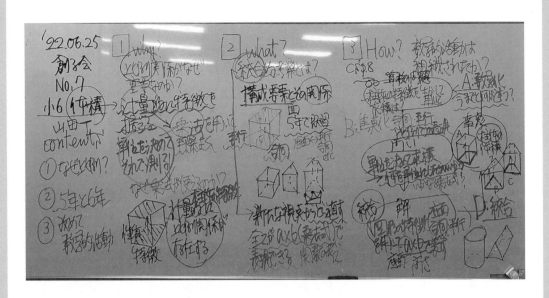

WHY　比例関係がなぜ重要なのか

　現行学習指導要領で体積は，「図形」領域で図形の計量として扱われていますね。**図形の特徴を計量的に考察する**ということが肝要です。つまり図形の計量を通して，改めて図形の性質や特徴を計量的に捉えるということです。実践研修の目の付けどころとして平成20年告示改訂の前回の学習指導要領と今回の学習指導要領を比較検討されたのはとてもいいことです。前回の学習指導要領とは大きく変わっていますから。前回まででではまずは量を測定することがメインでした。その過程で図形の性質や特徴を生かすことはしていますが，計量的にそれらを捉え直すということまでは要求していません。現行学習指導要領では大きく変わっていますが，その部分をあまり意識していないのではないでしょうか。**図形の性質や特徴を計量的に捉えて考察する**という趣旨の実現を目指していくことが大切です。

　では，計量的に捉えて考察するとは，どういうことでしょうか。この計量とはどのような手続きで行うのでしょうか。乗法で行うわけですね。計算で求めます。つまり**乗法を用いて，簡便に，そして手際よく**行うことにこだわってほしいのです。手際よくというのはどのようなことでしょうか。その手続き，仕事のやり方が整っているということです。手際よくとは，手続き，仕事の順序が明確で間違えなく取り組めるということです。そのためには何が一番大事でしょうか。乗法の場合は単位を決めることがとても重要です。かけ算で処理することを学んでいるわけです。となると単位を与えてしまってはいけません。**単位を子どもが決められるかどうかが大事です。**乗法を使うために単位を決める。単位を決めてそれを用いて計量するということをしたいわけです。

　では，単位を決めてそれで測るわけですが，**「測ることができますか」**と問いたいですね。「かけ算を使って大丈夫か」と問うのです。子どもは，「かけ算でできるよ。5年で体積の勉強しているんだから。縦×横×高さをやっているからかけ算を使っていい」と言うでしょう。そこで，「かけ算を用いていいわけを説明しよう」と言いたい。なぜ乗法が使えるのかを問うのです。「かけ算を使っていいのか」「かけ算が使える理由を説明しよう」と問うと，子どもは形

の特徴を根拠にして答えるはずです。場合によっては**性質**を用いながら説明するでしょう。まず合同。2つの図形が合同であること。一番下の底面にある四角形だったら四角形というものが，同じ形がずっと連続していることに着目して，比例関係が成立していることを用いるかもしれません。つまり，計量的に捉えて考察しようとします。このように説明できる子どもにしていきたいわけです。そのように図形の特徴，つまり**柱体の特徴や性質を計量的に捉えてもう一度説明し直す**という仕事をしているのですね。図形の特徴や性質を，例えば4年での対角線で三角形分割，そして5年での合同，そして6年における対称と，新たな視点で図形の性質を捉え直してきているのですが，ここでは空間図形，この柱体の特徴を計量的に捉えて考察します。**計量という視点から見たときにこの形をどんな形として説明するのか**ということです。

WHAT　統合的な考察

　次に，どのように説明するかが肝要です。ここで大事なのが図形の構成要素です。**構成要素の位置関係に着目**して，それを用いて説明していきます。構成要素でもこの場合は面です。底面の形です。2つの底面の関係について説明していきます。ここで2つ大事なポイントがあります。一つは平行。もう一つは合同です。そのような関係を4年と5年での学習を生かして説明をするわけです。そのように考えると，ここでの話は既に既習ですから，その説明自体はそれほど難しくはないはずです。

　5年生の学習で，底面が2つあり，それらは平行で，そして合同になっていると確認しています。今度は，6年で新たな視点で，もう一度基本図形を捉え直します。この**捉え直すということが高学年の図形のキーワード**ですね。対称の視点から捉え直す，点対称や線対称の視点から捉えて特徴を説明し直すのです。対角線で分割されたときに合同なのか合同ではないのか，または，表や裏の関係でも捉え直すということが非常に大切なことです。基本図形は4年までで出尽くしますが，5年，6年の学習ではそれらを合同や対称の視点から捉え直すということになります。

　今回，新たな視点は何かと言えば，**求積という視点**です。どういうことかというと，その視点から捉え直したときに，**すべてが $a \times b$ という乗法式で表現することができる**と捉え直していくということです。つまり図形（右図参照）は全

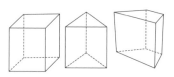

部違います。四角柱や三角柱，同じ四角柱でも底面が長方形や台形というようにすべて違います。しかしここでの学習では，これらの図形の計量が全部同じ手続きで処理できるということを学びたいわけです。これに加えてどのような図形が仲間に入るのかということです。子どもは「円柱」と言いますね。さらに言えば，底面の形は不定形でもいいということに気付くかもしれません。つまり，これら柱体では**比例がすべてで成立していると考える**ことができます。計量的に捉え直して考察した結果，柱体では一つの同じラベルを貼ることができ，柱体という同じ仲間として統合できるという話です。統合的に捉えるということは，現行学習指導要領ではとても強調されています。思考力，判断力，表現力等の中でも統合的・発展的に捉えることが非常に重要だということを確認していきたいです。

HOW　数学的活動は組織されていたか

　三つ目です。改めてここで数学的活動の重要性を確認していきたい。今回の提案にはこだわりがある本時展開があって，そこでは重要なキーワードがいくつか出てきました。論理的な説

明とか統合的な考察です。これらは算数を学ぶ上ではとても大切なことですが，この統合的な考察とは何かをきちんと確認しておきたいです。**合同な図形が平行に積み重なっていけば，同じ式で体積が求められるのかな**という問いを統合的に考察しながら解決していくわけですが，その過程を学習指導要領解説 p.8 にある「ぐるぐるの図」（学習過程のイメージ図）に対応させるとどうなるでしょうか。

まず事象があります。事象は当然のことながら，今まではこれを直方体と呼んでいたけれども，今度は 5 年生になると柱体と呼び，その柱体の体積を求めるという設定ですね。体積はどのように求めるかというのが「数学の事象」です。となると，A のプロセスとはどのような活動になるのでしょうか。この A の数学化のプロセスで**一体何をやる**のでしょうか。つまり，数学

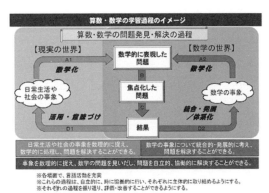

の土俵に乗るということはどういうことなのかと考えたいわけです。

ここでは**今までと何が違うのか**を問いたい。子どもの大半は「直方体の体積の求め方とほぼ同じじゃない」と言うでしょう。そこで子どもに突き返さないといけません。「直方体と四角柱って同じでしたか」と問い返すわけです。算数の土俵に乗った問題，「算数の問題」をいかに設定するかです。子どもたちが目をつけるべきところは何かを明確にすることです。ここも大きな問題です。**直方体と四角柱は何が違うかな**という話になると子どもたちは何と言うでしょうか。直方体・立方体とは 6 つの面で囲まれている，柱体には底面や側面があるなどといろいろ説明するでしょう。そこで**その柱体の特徴を生かして，それを用いて，求積ができないかと問いたい**。このような問いかけを行うと提案の本時は大きく展開が変わってくるはずです。

子どもは，柱体の特徴とは何か，それをいかに使えばいいのか，具体的にどのように計量したらいいのかと考え始めます。これが **B の思考の焦点化**です。ここで子どもは図形の特徴である合同とか平行などに関心をもちながら，**比例による計量への関心を高めていく**ことになります。合同な底面が上と下にあるその関係を用いたらいいのではないか，そのために何を単位にしたらいいのかというように考え進むでしょう。さらに問いを焦点化させていくと**いかなる乗法式になるか**という問いを生み出すことになります。

授業の導入では，より多くの柱体を見せた方がいいのではないかと思います。このような柱体の体積を求めたいときに，これらの柱体の特徴を生かしたらどうなるかという話にしたい。計量ですから単位を決めさえすればいいわけで，「この A，B，C，それぞれのこの柱体の体積を求めるときに，何を単位にしたらいいか」と問いたいです。いずれも底面の形は，長方形，三角形，さらに台形，とそれぞれ違うけれども共通することは何かを確認することが大切です。すべての柱体の特徴から，**底面が合同かつ平行**です。この特徴を用いると，$a \times b$ で表すことができるのではないかと考え進むようにしたいわけです。そして，この a が底面で，b が高さになることを確認していきます。ここで別々の立体図形が統合的に捉えてすべて同じとみれるようにな

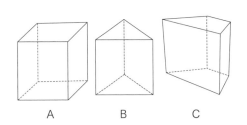

A   B   C

るのです。

　ここで考えてほしいことがあります。それは D のプロセスでさらなる統合的な考察を行いたいということです。どのように単位を決めたのか，**単位の決め方をもう一度確認したい**わけです。今日は底面に着目して，それが平行移動して上がっていったということに注目しました。ということは 2 枚の合同な図形があって，それが平行でありさえすればいい。であるとしたら「今日の学習で扱った形だけですか」と問うてあげればいい。きまりが生かせるものはどんなものがあるかと守備範囲を広げていくのです。多分，子どもは「円柱」と言うでしょう。先生から「このような図形はどうかな（三角柱・右図参照）」と聞いてあげてもいいですね。「それはできない」と言う子どももいるでしょう。しかし冷静な子どもは「よく見れば，三角柱がただ倒れただけじゃないか」と説明するでしょう。5 年で柱体をどのように捉えさせているかがすべてだと思います。5 年で図形の置き方（形状）によって判断が影響を受けないように，依存してしまわないようにしておけば，このような提示の仕方でも冷静に判断できると思います。縦にする，横にするといった見方を柔軟にしておきさえすれば，このような内容も十分に 1 単位時間で扱うことはできるでしょう。

　従来のコンテンツベイスでの単元の組み方，時間の取り方というものが，いわゆる能力ベイスになって大きく変わっていく教材がたくさんあると思う。それはその**前の学年とどうつなげるかによって大きく変わってくる可能性がある**のではないかと思います。むしろ，内容としてはもうなくなったけれど，平成元年の学習指導要領には錐体の体積もありました。$\frac{1}{3}$ と処理するものです。柱体の体積を学ぶ過程の中で錐体の体積は大体どのぐらいになるかということを聞いてあげてもいいし，少なくともね，この錐体の体積も柱体と同じように $a \times b$ で求められるかということくらいは聞いてほしい。子どもは，「それはできない」と言うでしょうね。その理由は「段々少なくなってくる」と言うはずだから。そのように説明するときに，平行四辺形や長方形の面積と三角形の面積は求め方が違うという学習経験が生かされて，そこで類推が始まるわけです。三角形は $\frac{1}{2}$ になるわけですから，「錐体も $\frac{1}{2}$ くらいかな」という話になっていくわけだけれど，そのような経験をさせてあげてほしい。体積の学習時間が単元で 4 時間取ってあるのだとしたら，むしろそういったところに回すとか考えてほしいのです。

　さらに，ここで乗法式で表現できるということから考えれば，ここで扱いたいのは，**関数の見方**ですね。決まれば決まるわけだから。そういった**関数として捉えて，この立体図形の特徴を生かすこと，あるものが決まった瞬間に体積が固定されてしまう**わけですね。そのくらいすごい話なのです。**式でその図形の特徴というのが見える**わけですが，そのような見方ができる子どもにしてほしいです。

　昔，錐体の求積は面白かったです。砂を入れたり水でやったりしました。子どもは困惑します。量感がなくてね。必ずその次，子どもはある図形を求めたいと言い出しました。球です。小学校の学習では 3 年のときにしか出てきません。等長として直径を扱うために出てきますが小学校では表面積も扱いません。教材的には，もっと子どもたちに追究させたいところがたくさんありますが，いつの間にかそのような教材がなくなってしまって残念です。

　まずは平成 20 年と平成 29 年の学習指導要領を比べてみて，図形の特徴を計量的に捉えて考察することが非常に大切であるという提案でした。すごく大きな変更です。その趣旨の実現を目指してください。

18

比と割合をつなぐ
比例の視点で比から割合を眺め直す

教材単元名：比（第 6 学年）

　今回の改訂により，第 4 学年の「簡単な割合」，第 5 学年の「割合」と，いわゆる同種の二量と呼ばれるものが，系統立てて位置付けられた。では，その割合のゴールである第 6 学年の「比」では，どのようなゴールをイメージしたらいいのだろうか。

　割合を用いるよさは，イメージしづらい量を，身近な量を基準量として，そのいくつ分として捉えやすくするところにあると考える。また，伴って変わる二つの数量に着目し，変化や対応の特徴を考察していくことで日常の問題解決に生かしたり日常を豊かにしたりしていくことにつながるものと考える。

　その中でも「比」とは，二つの数量の大きさを比較しその割合を表す場合に，どちらか一方を基準量とすることなく，簡単な整数などの組を用いて表す方法である。基準量を 1 とみたときの比較量の値が「割合」であることに対して，二量を並列して眺めるというものが「比」である。

　5 年生までに，倍や割合に関する指導，分数の指導，小数の乗除法，比例に関する指導などの中で比の素地を指導してきたが，二つの数量の間に比例関係があることが前提となっている。比とは，今回の学習でも，**比を扱う中で比例関係をいろいろな視点から眺め直し，これまでの学習と関連させ相互に理解を深める**ようにしていかなければならない。

WHY　なぜその学習があるのか？　子どもは何ができるようになるのか？　学習の価値

■基準量を決めず，並列してみるよさや形式的に処理ができるよさに気付く

　比は端的に言えば，「比例関係の代表値」である。二つの数量の大きさを比較しその割合を表す場合に，二量の関係を加工することなく測定値のままで表現できるのが，比のよさである。比は，**どちらか一方を基準量とすることなく，簡単な整数などの組を用いて表すことができる**。必ずしも片方を 1 にして表現し，考える必要がないため，**除法を扱う必要がなく，手際よく処理できることが比のよさ**である。また，二量の関係を簡単な比という整数の形で表現できることもまた，よさの一つである。

　子どもたちはこれまで，一方を基準量（1）としてもう一方をみることに慣れてきているため，二量を並列してみるというのは，この単元が初めてである。

　比は日常生活の中にも多数存在している。ソースの割合等，二量を並列させることで，量がイメージしやすくなるなどの面や，三量以上の関係性を表すには，基準量を決めるよりも比で並列してみる方が便利である。また，比は数の位置関係によって形式的に表現されたものであり，**同種，異種に関係なく，関係性を比で表し数値の処理ができる**のも比のよさである。つま

り比によって，同種と異種の統合を図ることができる。このような比の価値に本単元を通して気付くようにしていく。

WHAT 数学として何を取り上げるのか？ 数学のもつ意味・内容

■ 二つの関係性の比較

二つの数量の関係と別の二つの数量の関係を比べる場合，割合でみるとは，二つの数量を個々の数量ではなく，**数量の間の乗法的な関係でみていくこと**である。また，日常の事象において，割合でみてよいかを判断し，二つの数量の関係に着目することでもある。割合でみる場合，**二つの数量の間に比例関係があることを前提（もしくは仮定）**しなくてはならない。比例関係を前提とし，二つの関係性を乗法的にみていく力を育成することが求められていると言える。

■ 比で表すよさの自覚

本単元では，具体的な問題場面を通して，既習の割合の知識と関連させ，割合と比のそれぞれの特徴を比較していく。二量を並列して表現する比と，一方を基準にしてもう一方を表す割合を比較することで，それぞれの特徴やよさを実感し，必要に応じて両者を使い分けられるようにしていきたい。その中で，**整数の組で表現できること**や**三量以上の関係性を一度に表現できること**など比で表すよさを自覚していくことにつなげる。

HOW 数学らしく学んでいるか？ 見方・考え方を働かせた数学的活動

指導にあたり，第5学年までに，倍や割合に関する指導，分数の指導，比例関係に関する指導などの中で，比の素地を指導してきており，二つの数量の間に比例関係があることなど，これまでの学習と相互に理解を深めるようにしていかなければならない。

■ 図や式などを用いて数量の関係同士を比で比べる

比は，比例関係を前提（もしくは仮定）して，簡単な整数の比で表す。つまり，**2：3というのは，4：6，6：9，…などと同じとみる**ことである。この構造を捉え，数量の関係を比べたり，知りたい数量の大きさを求めたりしていく。

数量の関係を考察する上で，関係を図や式などを用いることは，大変有効である。また，図を根拠に比例関係を捉えたり，演算決定の判断をしたりすることもできる。問題場面を数直線や線分図などの図に表したり，除法を用いて，関係性を乗法的に捉えたりすることで，子どもが問題の構造を見抜いていくものと考える。また，図を用いて，関係性を縦にみたり横にみたりすることにより，同種と異種も統合的に捉えていけるようにしていきたい。

■ 比の三用法の場面で，割合と比を比較する

子どもは，本単元まで，二量の一方を基準量とすることで，基準量，比較量，割合の3つの数の関係性を捉えてきた。この見方も大切にし，基準量を決めないで二量を並列して表す比と比較することで，それぞれの特徴を捉えていく。割合や比は，日常の様々な場面で扱われ，子どもたちも無自覚的に使っていることが多い。割合や比を用いた比べ方を知り，比較することで，日常生活においても，必要に応じて割合や比を使い分け，判断をしたり，問題を解決したりできるようにしていく。

割合から比へのつながりを意識した単元デザイン

第2学年
かけ算
簡単な分数

| 倍 いくつ分 | かけ算 1つ分の大きさ × いくつ分 | 分数 もとの大きさの$\frac{1}{\bigcirc}$ |

第3学年
わり算

| 等分除 1つ分の大きさを求める | 包含除 いくつ分の大きさを求める |

第4学年
簡単な割合
伴って変わる二量

| 倍 基準量を1とみたときの 比較量の大きさ | 簡単な割合 二量の関係性を比べる （整数） |

第5学年
簡単な場合の比例
異種の二量の割合
同種の二量の割合

| 比例 一方が2倍，3倍……となると，もう一方も2倍，3倍……となる | 異種の二量の割合，1あたり量で比べる | 同種の二量の割合，二量の関係性を比べる（小数，分数） |

第6学年
比

割合の比べ方と比を用いた比べ方の比較

今までの割合とどこが違うかな？
0.4, $\frac{2}{5}$, 40%, 4割 ⇔ 4:6

比の値
$a : b = \dfrac{a}{b}$
bをもとにするとaがその何倍にあたるか

等しい比，比を簡単にする
$27 : 18 = (27 \div 9) : (18 \div 9) = 3 : 2$
比例関係を前提に等しい比を創り出す

比の第一〜三用法
片方を基準にもう一方の量を求めたり，全体を基準にそれぞれの量を求めたりする

連比
三量以上の割合も一度にわかりやすく表すことができる

第6学年
比例

比例
一方がm倍だともう一方もm倍（一般化），比例とみなす

中学校
関数 $y = ax$

本時の実践と分析

本時目標 数量の関係に着目し，図や式を用いて三量の数量の関係を考察することができる。

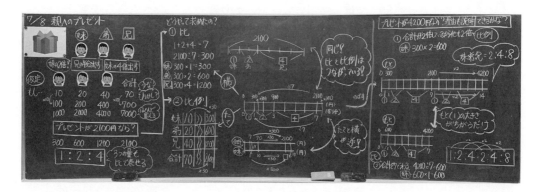

■ 問題場面の観察・把握

T： きょうだいでお金を出し合って何か買ったことある？

C： あるある！　2人でゲームのソフトを買ったよ。

C： 私は，母の日のプレゼントを買いました。

C： 僕はお菓子。ほとんど兄の僕が出したんだけど……。

T： 今回は，3人きょうだいで親にプレゼントを買うことにしましょう。兄は一番上なので，「妹の4倍出すよ」と言っています。弟は2番目なので，「兄の半分出すよ」と言ってくれています。もし，プレゼントが2100円なら，それぞれいくら出せばいいかな？

■ 一応の解決と論理的説明

T： いろいろと当てはめていっても見つけることができたけど，計算で求めた人はいますか？

C1： まず式を言うと，2100 ÷ 7 = 300。で，妹の場合が，300 × 1 で 300。弟が 300 × 2 で 600。兄が 300 × 4 = 1200 になりました。

T： どうして C1 さんは，この式になったんだろう？

C2： 何を1とみるか。この図（図1）でいうと妹を1とすると，2100円は，妹が何個分あるかって話だから，合計を見ると妹が7個分ってことだから，図を7つに分けます。で，そのうち1個が妹，2個分が弟，4個分が兄だからこんな図になります。

T： 比の考えを使ってこの線分図をかいたんですね。

C： 先生，7でわる前に僕は 1 + 2 + 4 = 7 としました。

T： この1と2と4って何ですか？

C： 妹がもとの1としたときに，弟が2で兄が4のことです。

図1

T： この妹と弟と兄の1と2と4の関係を，比を使って 1：2：4 と表すこともできます。今までは，二つの量を○対○で表していたけど，三つの量の関係もこのように表せます。

T： それでは，この比の考えではなく違う考えで求めた人はいますか？

C3： 私は表（図2）を書いて考えました。例で考えた **10 円と 20 円と 40 円と 70 円を使って，合計が 2100 円だから，そこから ×30 をして求めました。**

T： C3 さん考えは，どんな考え？

C： 比例！　妹と合計が比例してる。

T： どうして比例だとわかったの？

C： 例で考えたところで，**妹が 10 倍になると合計も 10 倍になっ** **ていたから。**

C： **弟と兄も同じで比例しているよ。**

T： C3 さんは比例の考えを使って求めたんだね。C2 さんは比の 考えで線分図をかいたけど，妹と合計が比例しているってこ とは，どんな図がかけそう？

C： 比例数直線？

T： 比例数直線でこの関係をかくとどうなるかな？

図 2

■ 図（比例数直線）の考察

T： 2 本の線の単位はどうしましたか？

C4： 僕は（円）と（円）でしました（図 3）。上の関係 が× 30 で，下の関係が× 30 です。

C5： 私は違う。図にしました（図 4）。妹のところをも との 1 にすると，合計が 2100 円だから 7。縦に見る と，300 倍しているから，1 を 300 倍して 300 です。

C： 僕は C5 さんと図は同じだけど，図を横にみて，÷ 7 をして考えました。

T： 比例数直線にすると，図を横にみたり縦にみたりで きましたね。図を縦にみる考え方は誰の考え方に似 ていますか？

C： C3 ！

C： じゃあ横にみると……C2 だね。比の考え方だ。

C： 縦や横にみただけだ。比も比例の考え方で解ける！

C： 比と比例ってつながっているんだ。

T： 比と比例ってつながりがあるんだね。この比例数直線をこのように 7 等分すると……。

C： あ，似てる。比の線分図と似ています。数字の場所が違うだけ。

C： 先生！　C4 の図（図 3）は縦にみるとそれぞれ÷ 7 だよ。

C： 本当だ。**ということは，上の図（図 4）と縦と横が違うだけだ。**

T： 比も比例の目でみることができました。では，プレゼントが 2100 円でなく 4200 円なら？

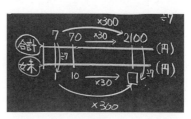

図 3

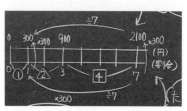

図 4

■ 三量の等しい比の考察

C6： 僕はこの数直線を伸ばして…で，ここが 4200 円になるから，4200 円は 2100 円の 2 倍 だから，割合も 14 になる。だから，比例しているから妹も弟もみんな 2 倍になる（図 5）。

T： 式で言うと？

C7： 妹が 300 × 2 = 600，弟が 600 × 2 = 1200，兄が 1200 × 2 = 2400

T： C7 さんが言ったことは，数直線でいうと，妹，弟，兄の部分は……。

C： 妹，弟，兄って繰り返されていくんだね。

C： それぞれ 2 倍だから 2：4：8 だ。

C8：私は，違った図になりました。4200を7等分して，妹が1で，弟が2で，兄が4（図6）。

C：確かに。それでもいいね。

T：このC8さんの図でいくと式は？

C：4200 ÷ 7 = 600 だから妹が 600 × 1 = 600 で弟が 600 × 2 = 1200 で兄が 600 × 4 = 2400 です。

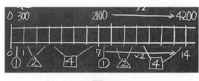

図5

T：C6さんの数直線とC8さんの図を見て，気付いたことありますか？

C：わかった！　1のところが違う！

T：ということは？

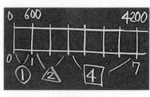

図6

C：**もとの大きさが違うんだ。C6さんは，もと（1）のところが300で，C8さんは，もと（1）のところが600になってる。**

T：C6さんは，もと（1）を300のままでそれぞれを2倍して比を2:4:8の関係で求めたけど，C8さんは，もと（1）を600にして，比を…？

C：1:2:4のままでやった。

T：ですね。でも，この2人の図も比も同じことを表しているから1:2:4 = 2:4:8と表すことができます。

C：等しい比になった。

T：三つの関係でも等しい比で表すことができるんですね。

■ 実践の考察

　単元を通して割合と比を比較していったことで，子どもたちはそれぞれの特徴やよさを実感し，必要に応じて両者を使い分けて日常の事象を解決していくことができた。また，「妹が10倍になると合計も10倍になっていたから」や「4200円は2100円の2倍だから，割合も14になる。だから，比例しているから妹も弟もみんな2倍になる」という発言などから，図や表を根拠に比例関係を捉え，それを根拠に演算決定をする場面も見られた。また，図3と図4のように**図を縦にみたり横にみたり，2つの図を関連付けたりして関係を捉えている姿から，子どもなりに同種と異種も統合的に捉えることができたと**考える。子どもの発言や感想から比のよさを実感し比例の視点で比を眺める様子も捉えることができた。

　単元を通して日常場面を扱ったが，数学らしい学び，数学的活動になっていたかどうかは疑問が残る。割合のゴールである比，それまでの学びである割合を，見方・考え方の視点から比例関係でつなげるためにも，系統性をより研究し，数学らしい学びを追究していきたい。

参考文献
齊藤一弥（2021）『数学的な授業を創る』東洋館出版社.
新算数教育研究会（2020）『新しい算数研究11月号』東洋館出版社.
日本数学教育学会（2018）『算数教育指導用語辞典第5版』教育出版.
文部科学省（2018）『小学校学習指導要領　解説　算数編』日本文教出版.

本実践の価値と今後に向けて　齊藤一弥 解説

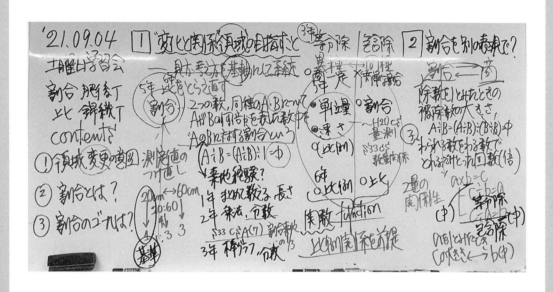

WHY　領域変更の意図

　まず，「変化と関係」領域が新設された意図についてです。現行学習指導要領では，これまでの学習指導要領とは違って領域に手が加えられました。この領域の新設・再編がどのように行われたかの確認をしたいと思います。

　現行の領域は「数学的な見方・考え方」を基軸に据えて，内容の系統を捉え直した結果と言えます。教材の何に目をつけて，そしていかに教材とお付き合いするかという数学的な見方・考え方の視点を軸に据えたときに，どのような内容が系統としてつながってくるのか，そのように整理されてできたものです。本提案で扱われている「割合」は 5 年，「比」は 6 年で学習します。両者とも「変化と関係」の領域に位置付いていますが，そこにはどのような系統があるのでしょうか。

　「割合」とは，「二つの数量があって，同種の A と B について，A が B の何倍かを表した数 p を，A の B に対する割合という」と指導されます。よく「倍と割合はどこが違うのか」と言われますが，**割合を表現するために倍が必要**なのです。A と B との二量の関係性を表現しています。式にすると，「A ÷ B ＝(A ÷ B)÷ 1 ＝ p」のことです。これは，どういうことかわかりますか。「A ÷ B ＝(A ÷ B)÷(B ÷ B)＝(A ÷ B)÷ 1 ＝ p」ということです。計算のきまりで，わられる数とわる数を同じ数でわっても変わらない，つまり B（わる数）を 1 にしたときの A の大きさを表現するということです。割合で表現しているということは，**測定値の付け直し**です。例えば，20cm と 60cm の二量の関係性は，比では 20：60 と測定値をそのまま使用して簡単に表すことができます。また，20 を 1 とみたら 60 は 3 となり 1：3 と簡単な比で表現することもできます。つまり 20 を 1 と測定値を付け替えて関係性を再表現していることになります。結果的に 1：3 の 3 は 20 を 1 とみたときの割合になるわけです。

　このように数量の関係性に目をつけて，それを生かして問題解決する関数の考えを用いている内容については同じ領域に位置付けるというのが，今回の領域再編の意図なのです。

子どもたちはこれまでどのような学習で割合の素地的経験をしているのでしょうか。

　1年生では，「まとめて数える」や「長さ」などが挙げられます。2のまとまりの5つ分で10の束を作ったり，長さを任意単位であるブロックの何個分で表現したりすることはまさに割合の素地です。ブロックの長さを1としたときに鉛筆の長さが…というように測定値の付け直しをしているのです。

　2年生は「乗法」や「分数」です。昭和33年の学習指導要領には割合の素地指導として分数が出てきます。「一方を1とみたときにもう一方を$\frac{1}{3}$とみる」などを扱っていますが，これは割合そのものです。

　3年生では，もちろん「除法」も大切ですが，「棒グラフ」でも素地経験を積んでいます。棒グラフを表現する活動でも割合の素地指導をしたいわけです。例えば，グラフの上に隙間が空いていると目盛りの数値を変えて棒の長さを調整しようとします。その際に，最初の棒グラフの長さを3倍に伸ばしたら，次の棒グラフの長さも同じように3倍になっているかという議論をしていくことが大切です。もとの棒グラフの長さを1とみたときに新しくかき直した棒グラフの長さが3になっているかという確認をする指導をしたいのです。目盛りを読むというだけでは不十分です。

　問題は5年，6年です。5年生になると，「単位量あたりの大きさ」「速さ」，そして「簡単な比例」が扱われます。また，6年生になると「比例」を扱います。これらの内容はすべて異種の二量の割合を扱うわけです。これらはどのような学習の延長線上に位置付いているのでしょうか。3年での「等分除」，4年での「商一定」の学習との関連を確認する必要があります。「等分除」はまさに単位量を求める計算です。「商一定」の学習では，縦の長さが2cmの長方形は，横の長さが2倍，3倍になると，面積も2倍，3倍となるというような場面が用意されます。面積を横の長さでわれば常に2になり，これが商一定ということです。これらの学習とのつながりを意識しておくことが大切です。また，同種の二量の割合は，5年生では「割合」，6年生では「比」です。これらは3年での「包含除」，4年での「簡単な割合」とつながっています。

　「単位量あたりの大きさ」「速さ」は，平成20年の学習指導要領までは「量と測定」領域に位置付いていました。昭和33年の学習指導要領のときだけ「数量関係」に「割合」が入っていました。そこでは，「同種」も「異種」も両者ともに「割合」として扱われており，「量と測定」の中に「速さ」だけが位置付いていました。しかし，昭和44年以降は，割合が「量と測定」や「数量関係」，時に「数と計算」に分かれて位置付いていたものを，現行学習指導要領ではすべて「function（関数）」にまとめたのです。なお，ここで扱っている関数は，すべて**比例関係を前提**にしています。

WHAT　割合の意味

　二つ目は割合の意味です。割合を別の言い方で表現してみるとどうなるでしょうか。これをベースにして3年以降の先生たちが常に同じ立ち位置で指導していったら，子どもは混乱しないでしょうね。

　割合は**わり算の答え，つまり商**です。3年生でわり算は包含除統合しますね。包含除統合の後に「わり算の答えとは何か」という質問に対してどのような答えを期待しますか。**「わられる数をわる数で取れるだけ取った回数」**です。つまり「何倍取れるか」と言える子にしたいのです。残念ながら，このような確認が十分かと言えばそうでもありません。だから，わり算で

行っている仕事の意味がよくわからないのではないでしょうか。包含除統合も，なぜそれを統合しないといけないのかわからず統合している場合も多いです。**包含除に統合することによって，倍の視点からわり算の商の統合が図られている**ということなのです。5年生の割合ができないのは，実は3年生の指導にも問題があると言えるでしょう。

　二量の関係が $a \times b = c$ と表現されるとき，逆算として $c \div b = a$ は等分除，$c \div a = b$ は包含除です。ということは，b は p，割合です。$a \times b = c$ は，a の b 倍が c です。これは，a を1とみたとき，c の大きさが b（p）になるということで，これを正しく3年生で指導しておくことが大切です。先生たちの多くが「難しい」と言うけれどもなんにも難しくありません。「わられる数をわる数でとれるだけ取った回数，その回数を倍と言います」と伝えていけばいいのです。

HOW　割合のゴールは？

　最後に考えてもらいたいことは，「同種と異種を分けて考えるのか，同じとしてみなすのか」ということです。先ほども話題にしましたが，割合と比は同種の二量の割合でいいのでしょうか。6年の縮図・拡大図の場面で考えてみましょう。

　Aは縦：横＝2：3の紙，Bは縦：横＝3：4の紙があります。Aは拡大図になると，4：6，6：9，8：12となります。Bは，拡大図になると，6：8，9：12，12：16となります。この拡大図を重ねてみましょう。右図（図1）のようになります。そして紙の右上の頂点の位置をつないでいくと直線のグラフを2本引くことができます。Aのグラフは $y = \frac{2}{3}x$，Bのグラフは $y = \frac{3}{4}x$ になります。この $\frac{2}{3}$，$\frac{3}{4}$ が比例定数，または傾きとなります。難しい言い方をすると，変化率ともいいます。つまり，$y = ax$ のグラフになるので，比例ですね。

$2 : 3 = \frac{2}{3}$

$3 : 4 = \frac{3}{4}$

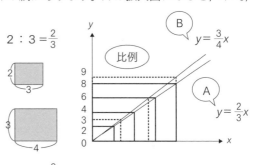

図1

　中学校の関数での問題解決の三種の神器と言えば，式，表，グラフです。比例のグラフをかいたので，次は表に表してみましょう。表は大変なので，数直線にしますよ。

　数直線にすると，右図（図2）のようになります。縦の長さが2倍になると，横の長さも2倍になっています。つまり，比例関係になっていますね。比例というのは，異種の二量の割合ですね。しかし，Aは縦：横＝2：3の紙，Bは縦：横＝3：4としていました。同種の二量ですね。Aの紙2：3の比の値は $\frac{2}{3}$，Bの紙3：4の比の値は $\frac{3}{4}$ です。先ほど，グラフの傾きで出てきましたね。数直線でいうと，横を1とみたときの縦の大きさになります。つまり比例定数，商になりますが，この両者は同種でしょうか，それとも異種でしょうか。縦を測定値，横を p，割合とする

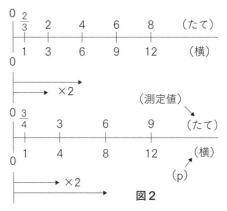

図2

と，横の長さ，割合を2倍，3倍とすると，縦の測定値も2倍，3倍となる。そのような関係

を表していることになります。

　これと，全く同じような関係が，縮図・拡大図の学習で取り上げられる棒の高さと影の長さの教材でも見られます。測定値の量が同質，つまり両方とも長さであれば同種と言えるのでしょうか。棒の高さを2倍，3倍とすると，影の長さも2倍，3倍となるわけですから，量自体は同質です。

　同種，異種をどのように捉えたらよいのか，または小学校の関数指導の出口をどうするか等について問題意識をもってほしいと思います。中学校では，2：3 = x：24 を解決する際に，外項同士，内項同士をかけ合わせて 2 × 24 = 3 × x とします。この際，異種の二量も同種の二量も問われなくなる。小学校では異種と同種に整理して処理してきたのに，最後にはその区別がなくなる。

　では，なぜそこまで丁寧に指導してきたのか。5年の割合では，数直線でいうと縦が2倍になると横も2倍というように横の関係で考えてきたのが，先ほどの紙の問題の比では縦の関係で処理しているわけです。

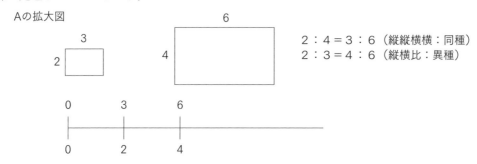

Aの拡大図

2：4 = 3：6（縦縦横横：同種）
2：3 = 4：6（縦横比：異種）

　2：4 = 3：6 は，縦：縦と横：横の関係です。数直線でいうと横の関係です。2：4 の比の値は $\frac{1}{2}$。左は右の $\frac{1}{2}$ の縮図ということです。数直線の横の関係なので，これは同種の二量の割合です。

　でも多くの場合は，同じ縮図を探す際 2：3 の関係になっているものを探して 2：3 = 4：6 としています。ということは，数直線でいうと縦の関係をみています。縦横比が同じになる縮図や拡大図を探しています。でも，この縦横比の関係とは，これまでの約束事でいうと数直線の縦の関係になるので異種の二量の関係になるわけです。

　でも，比を同種で取り扱ったり異種で取り扱ったりしていることを問題にせずに課題設定していることが多いのです。教科書もあまりそのあたりを議論しようとはしていません。割合の深い理解として，異種の二量及び同種の二量のそれぞれの系統を整理したときに，小学校の出口では同種と異種との区別する必要があるのか，またはつけなくてもよいのか，つけなくてよいのであればどのような形で整理して統合していくのかなどと問題意識をもちながら実践研究をしていきたいものです。

【編著者】

齊藤 一弥（さいとう かずや）

島根県立大学人間文化学部教授，NPO 法人エデュ・ネットワーク・プラン代表理事。
東京都出身。横浜国立大学大学院教育学研究科修了。横浜市公立学校教員（横浜市立三ツ沢小学校等），横浜市教育委員会授業改善支援課首席指導主事，指導部指導主事室長として「横浜版学習指導要領」策定，横浜型小中一貫教育等の企画・推進などに取り組む。平成 24 年度より横浜市立小学校長を経て，平成 29 年度より高知県教育委員会事務局学力向上総括専門官・教育課程推進専門官。平成 30 年 10 月より現職。

文部科学省中央教育審議会教育課程部会算数・数学ワーキンググループ委員，学習指導要領等の改善に係る検討に必要な専門的作業等協力者（小学校算数），小学校におけるカリキュラム・マネジメントの在り方に関する検討会議協力者。

令和 4 年秋には，NPO 法人エデュ・ネットワーク・プラン（ENP・https://edu-network-plan.org/）を設立。地域を越えて学び合うネットワークづくりに取り組む。

主な編・著書に『数学的な授業を創る』『「数学的に考える力」を育てる授業づくり』『小学校新学習指導要領ポイント総整理 算数』（東洋館出版社），『算数 言語活動 実践アイディア集』（小学館），『シリーズ学びの潮流 4 しっかり教える授業・本気で任せる授業』『小学校教育課程実践講座・算数』『新教育課程を活かす能力ベイスの授業づくり』（ぎょうせい）などがある。

【担当・執筆者一覧】

齊藤 一弥 （はじめに，第 1 章 論説，第 2 章 各解説コメント）

ENP「数学的な授業を創る会・横浜グループ」

小林雅弘　小山雅史　元田光二　八田安史　大井慶亮　刀根正秀　能登谷亮
太田博英　岡田秀亮　岡田かおり　葛谷 勲　村上友美　青木真璃奈　丸山健太郎
梅本樹徳（第 2 章 6）　三上 顕（第 2 章 9）　小畠政博（第 2 章 11）
横地健一郎（第 2 章 12）　黒澤震哉（第 2 章 13）　純岡尚史（第 2 章 15）
黒木正人（第 2 章 16）　山田 薫（第 2 章 17）

ENP「数学的な授業を創る会・豊中グループ」

木下幸夫　松井恵子　松波典和　田渕幸司　宮浦恵美　久保田宏幸　山村祐子
沖野谷英貞（第 2 章 1）　坂田 愛（第 2 章 4）　伴野聡美（第 2 章 5）
桑原俊和（第 2 章 7）　盛 佑輔（第 2 章 10）　直海知子（第 2 章 14）

ENP「数学的な授業を創る会・大阪グループ」

仲田弘伺　富張 恵　盛田恭平　川添奈央子　中谷昌嗣　近藤政伸　竹本将司
佐々木祥　至田文美（第 2 章 2）　山口 真（第 2 章 3）　杉田聖輝（第 2 章 8）

ENP「島根・土曜日学習会グループ」

錦織裕介（第 2 章 18）　鶴原 渡　肥後和子　大室俊一　吾郷将樹

カスタマーレビュー募集

本書をお読みになった感想を下記サイトにお寄せ下さい。レビューいただいた方には特典がございます。

https://www.toyokan.co.jp/products/5279

数学的な授業を創る 実践編

2023（令和5）年12月12日　初版第 1 刷発行

編著者：齊藤一弥
発行者：錦織圭之介
発行所：株式会社 東洋館出版社
　　　　〒101-0054 東京都千代田区神田錦町2丁目9番1号
　　　　コンフォール安田ビル2階
　　　　（代　表）電話 03-6778-4343　FAX 03-5281-8091
　　　　（営業部）電話 03-6778-7278　FAX 03-5281-8092
　　　　振　替　00180-7-96823
　　　　Ｕ Ｒ Ｌ　https://www.toyokan.co.jp

印刷・製本：藤原印刷株式会社
装　丁：水戸部功

ISBN978-4-491-05279-3／Printed in Japan